Los secretos sexuales

En este libro, tu pareja y tú aprenderéis

Cómo hacer que la mujer tenga múltiples orgasmos regularmente

y supere las dificultades para tener orgasmos.

Cómo hacer que el hombre tenga múltiples orgasmos sin perder la erección

y supere sus problemas de erección y eyaculación precoz.

Cómo ambos pueden disfrutar orgasmos más largos e intensos extendidos a todo el cuerpo

y tener más deseo, energía y creatividad.

Cómo armonizar el deseo masculino y femenino para satisfacerse mutua y plenamente

y las artes del masaje genital, el sexo oral y los movimientos de penetración.

Cómo el sexo puede ser curativo y mantenerte joven

y posiciones sexuales que favorecen la sanación y la armonización.

Cómo conectar el amor y el deseo

y cultivar el amor mutuo.

Cómo experimentar la unión del alma y el orgasmo del alma

y la importancia de la sexualidad para la relación espiritual.

Cómo mantener la carga sexual en tu relación

y cultivar la pasión y el placer a lo largo de toda una vida de encuentros amorosos.

LA PAREJA MULTIORGÁSMICA

LA

Secretos sexuales

PAREJA

que toda pareja

MULTI-

debería conocer

ORGÁSMICA

Cómo potenciar enormemente
el placer, la intimidad y la
salud de la pareja

**Mantak Chia,
Maneewan Chia,
Douglas Abrams
y Dra. Rachel Carlton Abrams**

Neo Person

Primera edición: abril 2001
Quinta edicion: junio 2002

Título original: *The multiorgasmic Couple*

Traducción: Miguel Iribarren

© Mantak Chia, Maneewan Chia, Douglas Abrams y Rachel Carlton Abrams, 2000

De la presente edición en castellano:
© Neo Person Ediciones, 2000
   Alquimia, 6
   28933 Móstoles (Madrid) - España
   Tels.: 91 614 53 46 - 91 614 58 49
   E-mail: alfaomega@sew.es - www.alfaomegadistribución.com

Depósito legal: M. 21.338-2002
ISBN: 84-88066-86-4
Impreso en España por: Artes Gráficas COFÁS, S.A.

CONTENIDOS

AVISO: *Estas prácticas son poderosas.* Las técnicas que se presentan en este libro pueden mejorar profundamente tanto tu salud como tu sexualidad. Sin embargo, aquí no se ofrecen diagnósticos médicos ni sugerencias respecto a la medicación. Si tienes un problema de salud, debes consultarlo con tu médico. Las personas que tienen la presión sanguínea alta, enfermedades del corazón o debilidad general deben tener cuidado con estas prácticas. Si tienes preguntas o dificultades con la práctica, contacta con algún instructor del Tao sanador que viva en tu área (véase Bibliografía: «Libros e instructores del Tao sanador»).

Las prácticas son placenteras. Como este libro está basado en una tradición que tiene más de tres mil años de experiencia sexual real, los autores son muy conscientes del esfuerzo que implica cambiar tu vida sexual, aunque sea muy placentero. Una cosa es aprender los secretos sexuales y otra muy distinta ponerlos en práctica. Las técnicas que ofrece este libro han sido comprobadas y refinadas por innumerables amantes a lo largo de miles de años en el laboratorio de la vida real. Hemos tratado de presentarlas de la manera más simple y clara posible, pero el único modo de beneficiarse realmente de ellas es practicarlas.

Conocer un poco más a los autores ayudará a entender mejor este libro y los numerosos beneficios que se derivan del acto sexual multiorgásmico. Permítannos explicar cómo hemos llegado a escribir esta obra junto a Mantak y Maneewan Chia, ya que nunca tuvimos la intención de escribir un libro sobre la sexualidad.

Tropezamos con la sexualidad taoísta cuando Rachel ingresó en la facultad de Medicina; en aquella época, además de estudiar, Doug trabajaba más de diez horas diarias. Nos sorprendió profundamente aquella novedosa forma de hacer el amor, mucho más profunda y placentera, y también toda la energía extra de que disponíamos para nuestro trabajo y nuestras vidas en general.

La sexualidad taoísta, también denominada «artes de alcoba», es una tradición con más de cinco mil años de antigüedad, que conoce desde hace mucho tiempo los orgasmos múltiples para el hombre y muchos otros secretos de la satisfacción sexual. Se desarrolló para ayudar a las parejas a experimentar una forma de hacer el amor más placentera y curativa. Teniendo en cuenta toda la vergüenza y la desinformación respecto a la sexualidad con la que muchos hemos crecido, las artes de alcoba taoístas fueron una revelación.

Compartimos los libros existentes sobre sexualidad taoísta con nuestros amigos, quienes nos dijeron que, aunque las prácticas sonaban muy bien, no sabían cómo ni por dónde empezar. Desgraciadamente no había un libro simple que explicase paso a paso, al hombre y a la mujer de la calle como nosotros, cómo hacerse multiorgásmicos y cómo experimentar los aspectos más ricos del coito: la sanación física, la intimidad emocional y la profundidad espiritual. Por fin, después de mucha insistencia por parte de nuestros amigos, nos prestamos a intentar escribir ese libro.

Después de extensas lecturas e investigaciones, llegamos a la clara conclusión de que Mantak y Maneewan Chia eran los mejores profesores, los más auténticos y prácticos, de esta tradición. Mantak Chia estudió con maestros taoístas durante muchos años, aprendiendo la sabiduría sexual que destiló en un sistema único al que ha denominado «amor sanador». Los beneficios de su práctica son más amor y sanación, además de un aumento del placer y la pasión. Mantak Chia ha impartido su enseñanza a miles de alumnos de todo el mundo, ha formado a cientos de profesores y está considerado el primer profesor mundial de sexualidad taoísta y de otras poderosas disciplinas taoístas como el tai chi, el chi kung y algunas más.

Aprendimos rápidamente que los maestros taoístas también eran médi-

La sexualidad taoísta, también denominada «artes de alcoba», es una tradición con más de cinco mil años de antigüedad que conoce desde hace mucho tiempo los orgasmos múltiples para el hombre y muchos otros secretos de la satisfacción sexual.

cos y que estudiaban la respuesta sexual humana de manera muy precisa e intuitiva. Nos interesaban los beneficios concretos que el lector moderno pudiera experimentar en su propia alcoba, mostrándose tal y como es. Queríamos unificar la comprensión y las técnicas taoístas, refinadas a lo largo de miles de años, con los más avanzados descubrimientos científicos.

Decidimos escribir un libro principalmente destinado a los hombres al que dimos el nombre de *El hombre multiorgásmico,* porque buena parte del amor sanador depende de la capacidad del hombre para cultivar su sexualidad y, en el caso ideal, de convertirse en multiorgásmico. El libro tocó una fibra sensible y ha sido leído por cientos de miles de personas en todo el mundo, además de haberse traducido a más de diez idiomas.

Mientras comentábamos el primer libro con lectores de todo el país, se nos preguntaba continuamente cuándo íbamos a escribir un libro para parejas que ayudara tanto a los hombres como a las mujeres a incorporar el amor sanador a sus vidas. Finalmente, después de varios años y de incontables borradores, ofrecemos *La pareja multiorgásmica.* Esperamos haber hecho justicia a esta rica tradición presentando al lector moderno la sabiduría sexual que tan desesperadamente necesitamos en estos tiempos de confusión carnal.

Este libro se ha beneficiado de la experiencia, sabiduría y habilidad de muchas personas a las que nos gustaría mostrar nuestro reconocimiento y dar las gracias: los instructores del Tao Universal que enseñan estas prácticas en todo el mundo y que han contribuido a este libro, entre los que incluimos a Michael Winn, Marcia Kerwit y B.J. Santerre; los sexólogos orientales y occidentales cuyas investigaciones han hecho posible este libro, entre los que se encuentran Felice Dunas, Beverly Whipple y Teresa Crenshaw; el extraordinario equipo de edición de Harper San Francisco, que incluye a John Loudon, Terri Leonard, Lisa Zuniga, Priscilla Stuckey, Karen Stough, Joseph Rutt, Joan Olson, Steve Kennedy, Kris Ashley, Calla Devlin, Margery Buchanan, Laura Beers, Jim Warner, Kathi Goldmark, Sam Barry y Steve Hanselman; a todos nuestros lectores, amigos y consejeros que han contribuido a mejorar el manuscrito, en especial Megory Anderson y Heather Kuiper; y a nuestra agente, Heide Lange, que posee tres cualidades —experiencia, conocimiento y habilidad— en igual y extraordinaria medida.

Finalmente, nos gustaría dar las gracias a los lectores, tanto masculinos como femeninos, de *El hombre multiorgásmico,* que nos ha dicho que las artes de alcoba han transformado su sexualidad. Esperamos que tu pareja (o futura pareja) y tú podáis encontrar tanta alegría y satisfacción como nosotros en esta profunda y tremendamente poderosa práctica del amor sanador.

Douglas Carlton Abrams
Rachel Carlton Abrams
Santa Cruz, California
17 de abril de 2000

Por más chocante que para muchos resulte oírlo, tanto las mujeres como los hombres pueden tener múltiples orgasmos. En este libro, tu pareja y tú aprenderéis a experimentar múltiples orgasmos en todo el cuerpo. No obstante, esto no pasa de ser el principio de los conocimientos sexuales que exponemos. Cuando tu pareja y tú seáis multiorgásmicos, ambos experimentaréis mucho más placer individualmente. También podréis armonizar vuestras necesidades sexuales y alcanzar juntos niveles de intimidad y éxtasis mucho más satisfactorios.

Orgasmos múltiples para *todos* los hombres

Pocos son los que saben que los hombres pueden tener múltiples orgasmos. Aunque este hecho ha sido reconocido en Oriente durante miles de años y ha sido confirmado en Occidente por las investigaciones llevadas a cabo por Alfred Kinsey y otros desde la década de los cuarenta [1], aún sorprende a muchos hombres y mujeres.

En nuestra anterior obra, *El hombre multiorgásmico*, analizamos las pruebas científicas más recientes y presentamos las antiguas técnicas para ayudar a los hombres a convertirse en multiorgásmicos. Tratamos de ofrecer a los hombres un manual que les permita experimentar su sexualidad de una manera más sana y satisfactoria. En la presente obra, intentamos dar a las parejas una guía, o lo que los taoístas llaman un «libro de cabecera», para ampliar la capacidad de ambos, hombre y mujer, de experimentar placer, salud e intimidad.

La capacidad masculina de sentir orgasmos múltiples ha sido confirmada por los estudios de Alfred Kinsey y otros investigadores desde la década de los cuarenta.

Orgasmos múltiples para *todas* las mujeres

El hecho de que las mujeres pueden tener múltiples orgasmos es bien conocido; no obstante, más del 50 por 100 de las mujeres nunca han tenido orgasmos múltiples o no tienen orgasmos regularmente. En este libro enseñaremos a todas las mujeres a convertirse en multiorgásmicas, y a las que ya son multiorgásmicas les enseñaremos a expandir e intensificar sus orgasmos.

Armonizar el deseo sexual

Cuando ambos miembros de la pareja son multiorgásmicos, el coito les permite alcanzar juntos muchas cumbres de placer orgásmico. Otro elemento

El coito multiorgásmico permite a hombres y mujeres armonizar sus ritmos y deseos sexuales, que a menudo son muy diferentes.

igualmente importante es que el hecho de ser multiorgásmicos permite a hombres y mujeres armonizar sus ritmos y deseos, que a menudo son diferentes, para poder tener una vida amorosa profundamente íntima y satisfactoria.

Pero el placer sensual, a pesar de lo exquisito y agradable que puede ser, sólo es el principio.

Salud física, intimidad emocional y crecimiento espiritual

Este libro, basado en miles de años de conocimiento sexual, muestra a las parejas cómo usar su energía sexual para cultivar los demás aspectos de su relación, entre los que se cuentan la salud física, la proximidad emocional e incluso el desarrollo espiritual. En el mundo moderno estamos fragmentados: hemos separado los genitales del resto de nuestro cuerpo, y el cuerpo del espíritu. En este libro mostraremos a las parejas cómo volver a reunir las piezas para permitirles alcanzar niveles de salud, intimidad y unión espiritual cuya existencia pasa desapercibida para la mayoría.

La pérdida de la sabiduría sexual

Vivimos tiempos de gran libertad sexual, pero también de gran confusión sexual.

En el mundo moderno hemos perdido la sabiduría sexual. Vivimos tiempos de gran libertad sexual, pero también de gran confusión en esta área de la vida. Vemos que la sexualidad se emplea por doquier para producirnos excitación, pero sigue estando muy vinculada con la vergüenza. Muchos de los lectores pueden sentirse avergonzados por el simple hecho de abrir un libro sobre sexualidad (¡que habla ni más ni menos que de múltiples orgasmos!) en una librería. Esto es muy comprensible si tenemos en cuenta que la mayoría de nuestras iglesias, sinagogas, mezquitas y templos miran el sexo a través de la estrecha lente del miedo y del moralismo. La mayoría nos sentimos ansiosos, cuando no abiertamente avergonzados, a la hora de abordar deseos y necesidades sexuales.

Incluso a las personas con actitudes «sanas» hacia el sexo les resulta difícil hablar a sus parejas de sus deseos sexuales. Puede que no tengamos mucho problema para decir a nuestra pareja dónde frotarnos el hombro, pero solemos mostrarnos más reticentes a la hora de decirle dónde frotar nuestras «partes íntimas». Un elemento importante para superar las vergüenzas que nos restringen reside en aprender que la sexualidad es algo natural, y en descubrir una visión más sana y holística de la misma.

Descubrir la sabiduría sexual

En este libro presentamos la sabiduría sexual de la tradición taoísta (doaísta). Originalmente, los taoístas eran un grupo de buscadores de la antigua

China (hacia el año 500 a. C.) dedicados a comprender la salud y la espiritualidad. En la presente obra llamaremos a la tradición sexual taoísta «amor sanador», ya que los taoístas consideraban que el coito era una poderosa manera de sanarnos y de sanar a nuestra pareja. También recibía el nombre de «Kung Fu sexual». Kung Fu significa simplemente «práctica»; por lo tanto, Kung Fu sexual no significa otra cosa que «práctica sexual». (Puedes estar tranquilo; no te va a tocar romper ladrillos con la frente ni tendrás que practicar el karate con tu pareja en la cama).

El sexo está vinculado con la salud

Los taoístas eran médicos, y el bienestar corporal en general les preocupaba tanto como el placer sexual. Para los taoístas de entonces y de ahora, el sexo está relacionado con la salud, no con la moralidad.

Para los taoístas, el sexo está vinculado con la salud, no con la moralidad.

Los taoístas investigaron con detenimiento el poder curativo del coito. Además de administrar píldoras a sus pacientes, los médicos taoístas solían recetarles hacer el amor en diversas posiciones para ayudarles a curarse de sus enfermedades.

Las prácticas sexuales taoístas —o, como les llamaremos en este libro, el amor sanador— comenzaron como una rama de la medicina china, ya que se entendía que una vida sexual activa es parte esencial de la salud y de la longevidad. En estudios realizados sobre grupos de la tercera edad, la medicina moderna ha confirmado recientemente que el sexo es un factor de vital importancia para conservar nuestra salud a largo plazo.

Entre los primeros taoístas, el sexo era una ciencia seria que debía ser estudiada y comprendida como cualquier otra rama de la medicina. Los taoístas eran una especie de protosexólogos, los precursores de Masters y Johnsons, por así decirlo. Del mismo modo que estudiamos nutrición para llevar una dieta saludable y estudiamos cocina para preparar comidas deliciosas, los taoístas esperaban que la persona estudiara sexualidad para hacer que ésta fuera más sana y placentera.

Armonía sexual y amor para toda una vida

Los taoístas consideraban que la armonía sexual era parte esencial de la satisfacción marital. Evidentemente, ésta fue una de las principales motivaciones que llevaron a desarrollar las artes de alcoba. Los taoístas sabían, como sabe cualquier terapeuta familiar moderno, que si hay problemas en la cama, toda la relación se resiente. En cualquier caso, la armonía sexual no es algo que resulte fácil de alcanzar. Los miembros de la pareja a menudo tienen necesidades muy dispares. Teniendo en cuenta que ni todas las mujeres ni todos los hombres son iguales, los taoístas entendían que la excitación sexual y la respuesta sexual femenina son, normalmente, muy diferentes de las del hombre.

Los taoístas achacaban estas diferencias entre hombre y mujer a sus energías sexuales específicas (que llamaban *yang* y *yin*). Explicaremos a las parejas cómo influyen estas energías en nuestra sexualidad y cómo emplear estos conocimientos para satisfacer las necesidades de ambos.

Merece la pena señalar que, aunque la principal preocupación de los taoístas era armonizar la sexualidad masculina y la femenina, las prácticas son igualmente válidas para parejas gays y lesbianas. Para los taoístas, todos tenemos energía masculina (yang) y femenina (yin), y ellos sabían que era esencial para las parejas —sean heterosexuales u homosexuales— armonizar las diferencias existentes entre dos personas cualesquiera. Además, las prácticas para producir placer, sanación, intimidad emocional y unidad espiritual son igualmente importantes e intensas para las parejas de gays y lesbianas.

Una nueva evolución sexual

Aunque muchas de las prácticas taoístas para lograr la satisfacción sexual y la salud física tienen más de dos mil años de antigüedad, siguen siendo tremendamente eficaces. A lo largo de los últimos veinte años, desde que estos antiguos secretos de alcoba han comenzado a ser transmitidos a las parejas modernas, se ha producido una evolución silenciosa pero profunda en los dormitorios y en las relaciones de pareja de todo el mundo. Esperamos que las artes sexuales y la ciencia del sexo que presentamos en este libro te ayuden como han ayudado a los miles de personas que las han practicado.

Antes de que tu pareja y tú podáis explorar las alturas del amor sanador es importante que cada uno cultive su potencial sexual personal. En «Solo: multiplicar y expandir tus orgasmos», expondremos cómo tanto los hombres como las mujeres pueden hacerse multiorgásmicos. A continuación, en el Capítulo 3, explicaremos a las parejas cómo pueden expandir su energía sexual para experimentarla en todo el cuerpo. La capacidad de hacer circular la energía por todo el cuerpo será importante para las prácticas siguientes, que se introducen bajo el título «Duo: compartir la pasión, la sanación y la intimidad con tu pareja».

PRIMERA PARTE

Solo:

multiplica

y expande

tus orgasmos

CAPÍTULO 1

Fuegos artificiales: orgasmos múltiples para los hombres

En este capítulo aprenderás a:

- Separar el orgasmo de la eyaculación.
- Desarrollar la fuerza y la sensibilidad sexuales para poder tener orgasmos sin eyacular.
- Hacerte multiorgásmico.

Cuando un hombre se convierte en multiorgásmico es capaz de satisfecerse mejor a sí mismo y, además, es mucho más capaz de satisfacer a su compañera.

Cualquier hombre puede hacerse multiorgásmico; sólo necesita una comprensión básica de la sexualidad masculina y algunas técnicas simples*. Los orgasmos múltiples son muy placenteros y pueden expandir el placer orgásmico masculino, pero también abren un nuevo mundo al hombre y a su pareja. Para la mayoría de los hombres, su sexualidad está enfocada en el objetivo, frustrante en último término, de la eyaculación, más que en el proceso orgásmico de hacer el amor. Cuando un hombre se convierte en multiorgásmico, no sólo es capaz de darse mucha satisfacción, también se vuelve capaz de satisfacer mucho más plenamente a su compañera. Los orgasmos múltiples son uno de los mayores regalos que el hombre puede dar tanto a su compañera como a sí mismo. La lectura de este capítulo permitirá a las mujeres ayudar a sus compañeros a entender esta nueva capacidad que están desarrollando.

Orgasmo y eyaculación

El orgasmo y la eyaculación son procesos diferentes.

Para convertirte en un hombre multiorgásmico tienes que entender algunos rasgos básicos de tu anatomía. El dato más importante es que el orgasmo y la eyaculación son dos procesos diferentes. El hecho de que orgasmo y eyaculación no sean lo mismo resulta tan sorprendente para la mayoría de los hombres (y mujeres), que tenemos que explicar con exactitud lo que les diferencia. Empecemos definiendo orgasmo y eyaculación. Fisiológicamente, un orgasmo es la contracción y pulsación que la mayoría de los hombres sienten en su pene, próstata y zona pélvica. Viene acompañado de un aumento del pulso cardíaco, del ritmo respiratorio y de la presión sanguínea, y tiene como resultado una repentina liberación de tensión[1].

Obviamente, un orgasmo es mucho más que estos cambios fisiológicos descritos de un modo más bien mecánico. Para muchas personas es el punto álgido de su sexualidad, y es uno de los momentos más intensos y placenteros que puede vivir el ser humano. Si has tenido un orgasmo alguna vez, y casi todos los hombres los han tenido, sabes exactamente a qué me estoy refiriendo.

Por otra parte, la eyaculación es simplemente un reflejo que ocurre en la base de la columna vertebral y produce la expulsión del semen. En resumen, es simplemente un espasmo muscular involuntario.

De acuerdo, es un espasmo muscular placentero, pero no deja de ser un espasmo muscular. Como tantos hombres han aprendido a conectar el placer del orgasmo con la eyaculación, es importante entender que la mayor parte de

---

* En este capítulo resumimos brevemente la información presentada en nuestro primer libro. Para una exposición más amplia y detallada de los múltiples orgasmos masculinos, léanse los tres primeros capítulos de *El hombre multiorgásmico*.

los rayos y relámpagos que asocias con ésta son en realidad parte del orgasmo, vaya o no acompañado de eyaculación.

Dentro de un momento revisaremos las pruebas científicas que muestran que los hombres pueden tener múltiples orgasmos, pero puede ser más fácil comenzar por tu propia experiencia. De hecho, has experimentado múltiples orgasmos en algún momento de tu vida. Muchos hombres los experimentan cuando entran en la adolescencia y comienzan a eyacular.

Como tal vez recuerdes, los muchachos sólo comienzan a producir semen (y por tanto son capaces de eyacular) cuando entran en la adolescencia, hacia los trece años de edad. No obstante, la mayoría de los chicos se masturban antes de cumplir esa edad y, en esas ocasiones, experimentan orgasmos sin eyacular.

Muchos chicos siguen masturbándose después del primer orgasmo, y como no llegan a eyacular, mantienen la erección. Alfred Kinsey, investigador pionero de la sexualidad, en su famosa obra *Sexual Behaviour in the Human Male*, informaba de que la mitad de los muchachos preadolescentes (de doce años o menos) podían experimentar dos orgasmos seguidos, y casi un tercio eran capaces de experimentar cinco o más, uno tras otro. Su conclusión fue: «Es posible llegar al clímax sin eyacular» [2].

Sin embargo, los orgasmos múltiples no son únicamente un juego de niños ni uno de los placeres perdidos de la juventud. Kinsey también estudió a hombres mayores y concluyó: «El orgasmo puede producirse sin la emisión de semen... Estos hombres experimentan verdaderos orgasmos, que reconocen claramente como tales, aunque no eyaculan» [3]. El doctor Herant Katchdourian, profesor de sexualidad humana de la Universidad de Stanford y autor del clásico libro de texto *Fundamentals of Human Sexuality*, explica: «Algunos hombres son capaces de inhibir la emisión de semen [evitar la eyaculación] mientras experimentan las contracciones del orgasmo: en otras palabras, tienen orgasmos no eyaculatorios. Tales orgasmos no parecen estar seguidos por un período refractario [pérdida de erección], lo que permite a estos hombres tener orgasmos múltiples o consecutivos como las mujeres» [4].

Desde hace mucho tiempo ha habido estudios anecdóticos de hombres que afirmaban tener orgasmos múltiples, pero los primeros estudios de laboratorio de los orgasmos múltiples masculinos fueron llevados a cabo por los investigadores William Hartman y Marilyn Fithian. Examinaron a treinta y tres hombres multiorgásmicos, hombres que podían tener dos o más orgasmos sin perder la erección.

Mientras los hombres tenían relación sexual con sus parejas, Hartman y Fithian registraron su ritmo cardíaco, que pasa de las 70 pulsaciones por minuto que habitualmente se tienen en reposo a 120 pulsaciones durante el orgasmo (véase ilustración). También midieron sus contracciones pélvicas (que podían registrarse a través de los movimientos involuntarios del ano que acompañan

La mitad de los muchachos preadolescentes fueron capaces de experimentar dos o más orgasmos seguidos, y casi un tercio de ellos fueron capaces de tener cinco o más orgasmos, uno tras otro.

Gráfico de la excitación del hombre multiorgásmico.

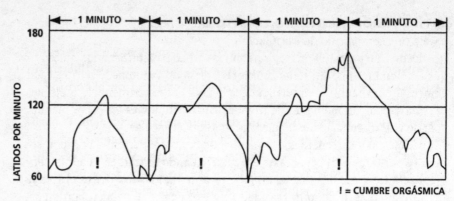

al orgasmo). Descubrieron que los gráficos de excitación de los hombres multiorgásmicos eran exactamente iguales a los de las mujeres multiorgásmicas.

En el estudio de Hartman y Fithian, la cantidad media de orgasmos que tiene el hombre multiorgásmico resultó ser de cuatro. Algunos tuvieron la cantidad mínima de dos y hubo uno que llego a tener dieciséis. En otro estudio llevado a cabo por los investigadores Marion Dunn y Jan Trost, la mayoría de los hombres declararon tener entre dos y nueve orgasmos antes de perder la erección [5].

En su famoso libro *El punto* G, Alice Ladas, Beverly Whipple y John Perry argumentaron que la sexualidad masculina y la femenina son mucho más parecidas de lo que solemos pensar. Además de descubrir el punto G, también dijeron que los hombres podían tener múltiples orgasmos, como las mujeres. Tendemos a pensar que la sexualidad masculina es más bien simple, e idéntica de un hombre a otro, mientras que la sexualidad femenina es compleja y cambia dramáticamente de una mujer a otra. La verdad es que la eyaculación es algo simple, como lo son todos los reflejos corporales (piensa en cuando te golpeas el hueso de la risa, por ejemplo), pero el orgasmo, en el que interviene nuestro órgano sexual más sofisticado, el cerebro, es muy complejo y varía mucho dependiendo de la persona, de su experiencia sexual e incluso de cada orgasmo concreto.

Por tanto, si los hombres pueden tener múltiples orgasmos como las mujeres y más de la mitad de los muchachos experimentan múltiples orgasmos antes de la adolescencia, ¿qué les hace perder esa capacidad?

Aparentemente, la mayoría de los hombres pierden su capacidad de tener orgasmos múltiples cuando empiezan a eyacular en la adolescencia. Los orgasmos y la eyaculación tienen lugar a pocos segundos uno de otro, y para la mayoría de los hombres se convierten en una única y misma cosa. En la sección siguiente aprenderás (o posiblemente reaprenderás) a volver a separarlos. Esto te permitirá experimentar el *crescendo* del orgasmo muchas veces antes de alcanzar el estallido eyaculatorio, e incluso sin que éste llegue a producirse.

En uno de los estudios realizados, la cantidad media de orgasmos que tiene el hombre multiorgásmico resultó ser de cuatro. Algunos tuvieron la cantidad mínima de dos, y hubo uno que llegó a tener dieciséis.

Entiende tu propio orgasmo

Ahora que entiendes la diferencia entre orgasmo y eyaculación, es importante entender la naturaleza del orgasmo masculino y en qué se diferencian los orgasmos múltiples (no eyaculatorios) de los clásicos (eyaculatorios).

Los orgasmos múltiples comienzan como cualquier otro: empiezas por excitarte, hasta que te sientes cerca del punto de la eyaculación. A medida que aprendas a ser más consciente de la excitación tal como se expone en la sección siguiente, podrás detener la estimulación justo antes de llegar al «punto sin retorno», pasado el cual la eyaculación es inevitable. Justo antes de llegar a ese punto experimentarás una serie de contracciones en tus genitales que durarán entre tres y cinco segundos. Estos placenteros orgasmos pélvicos pueden dar la sensación de un revoloteo o de una ligera liberación de presión. Se denominan orgasmos «de fase contráctil», y con el tiempo, a medida que aprendes a jugar en su límite, pueden llegar a ser tan intensos como los orgasmos eyaculatorios a los que estás acostumbrado. No te dejes desanimar si al principio no son muy intensos. Cuando puedas identificar y separar estas contracciones orgásmicas de la eyaculación, podrás multiplicarlas e intensificarlas.

Esta fase contráctil del orgasmo es el momento de la verdad: en lugar de seguir adelante hasta la eyaculación, detendrás o disminuirás la estimulación el tiempo suficiente para recuperar el control de tu excitación. También puedes contraer tu músculo PC, que describiremos a continuación, lo que te ayudará a mantener cierto control si sientes que estás a punto de eyacular.

Para tener orgasmos múltiples, en lugar de pasar la cresta y eyacular, disminuirás ligeramente tu excitación y te prepararás para tener otro orgasmo. En los orgasmos múltiples, la excitación que sientes es como una ola que en lugar de romper es barrida por otra ola mayor que te eleva aún más que la primera. Algunos hombres multiorgásmicos describen este proceso como caer hacia atrás en el orgasmo en lugar de caer hacia delante en la eyaculación. Estas descripciones no pasan de ser meras metáforas que pueden ayudarte a descubrir tus propios procesos orgásmicos.

Es importante recordar que no debes luchar demasiado por experimentar la fase contráctil de los orgasmos. La mayoría de los hombres dicen que deben detenerse justo antes de eyacular y *relajarse* en el orgasmo. A muchos hombres no les resulta fácil cambiar de objetivo y dejar de eyacular, pero los orgasmos múltiples te permiten experimentar un proceso orgásmico que es mucho más satisfactorio para tu pareja y para ti.

En la sección siguiente te enseñaremos a fortalecer el músculo PC y a desarrollar tu sensibilidad sexual para que puedas multiplicar y intensificar tu potencial orgásmico personal.

Multiplica tu orgasmo

En este libro exponemos dos maneras de intensificar tu placer sexual. La primera es multiplicar el número de orgasmos (tener dos, tres, cuatro, o más sin perder la erección) y la segunda es expandir el orgasmo a todo el cuerpo (véase Capítulo 3). Para aprender a multiplicar el número de orgasmos, tienes que aprender a desarrollar tanto la *fuerza sexual* como la *sensibilidad sexual*. Empecemos por analizar la *fuerza sexual*.

EL DESARROLLO DE LA FUERZA SEXUAL

Muchos hombres dedican años de su vida a fortalecer sus bíceps, trapecios u otros músculos para parecer fuertes, pero hay un músculo oculto que les será más útil en la cama que cualquier otro. Este «músculo sexual» es el músculo pubococcígeo o músculo PC. Es un grupo de músculos que se extiende desde el hueso púbico («pubo») en la parte anterior del cuerpo hasta la rabadilla o cóxis («coccígeo») en la espalda (véase ilustración en página 27).

Estos músculos son esenciales para tu salud sexual. Los primeros centímetros de tu pene están enraizados en el músculo PC, y su fortalecimiento lleva a tener unas erecciones más robustas, orgasmos más intensos y un mejor control eyaculatorio. Esta última característica es la que hace que el desarrollo del músculo PC sea fundamental para hacerse multiorgásmico. En resumen, usarás el músculo PC para echar el freno literalmente cuando sientas que te estás acercando a la eyaculación.

El lugar donde es más fácil sentir el músculo PC es el perineo, inmediatamente detrás de los testículos y delante del ano. En realidad ya estás muy familiarizado con tu músculo PC, aunque es muy posible que no lo conozcas por ese nombre. El músculo PC es el que usas para evitar orinarte cuando no puedes ir al servicio o para expulsar las últimas gotas de orina.

Y lo que es más importante para los orgasmos múltiples: el músculo PC también es el que produce las contracciones rítmicas de tu pelvis y ano durante el orgasmo. Los taoístas descubrieron que en las contracciones pélvicas participaba la próstata masculina. Aprendiendo a contraer tu músculo PC alrededor de la próstata puedes aprender a detener la eyaculación y profundizar tus contracciones orgásmicas. Cuando contraes la próstata, sientes un temblor o escalofrío recorrer tu cuerpo. En la sección siguiente vas a aprender un ejercicio simple que te permitirá detener el flujo de orina y fortalecer tu músculo PC.

DETENER LA CORRIENTE

El modo más simple de encontrar y fortalecer tu músculo PC es apretar los músculos de la pelvis la próxima vez que vayas al baño. Puedes practicar de pie o sentado. Si tienes un músculo PC relativamente fuerte, serás capaz

Emplearás el músculo PC para echar literalmente el freno cuando sientas que te estás acercando a la eyaculación.

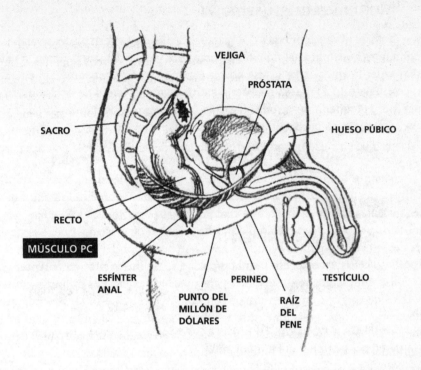

VEJIGA

PRÓSTATA

SACRO

HUESO PÚBICO

RECTO

MÚSCULO PC

ESFÍNTER ANAL

PERINEO

TESTÍCULO

PUNTO DEL MILLÓN DE DÓLARES

RAÍZ DEL PENE

Anatomía sexual masculina; el músculo PC, que es importante para hacerse multiorgásmico, se extiende desde el hueso púbico hasta la rabadilla.

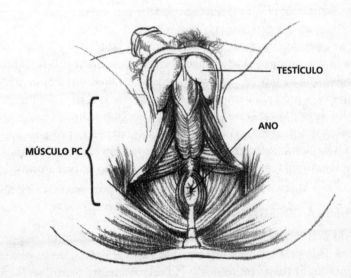

TESTÍCULO

ANO

MÚSCULO PC

Otra visión del músculo PC (que en realidad es un grupo de músculos).

de detener y recomenzar el flujo de orina durante la micción. Si esta práctica te resulta difícil es porque tu músculo PC está débil. Al principio, si detienes la micción a medio camino, puede que sientas punzadas. Es algo completamente normal que debería desaparecer transcurridas unas semanas. Si las punzadas continúan es posible que tengas una infección, en cuyo caso deberías visitar al médico y curártela antes de continuar con ésta u otras prácticas del libro. Como en el caso de cualquier otro músculo que empieces a ejercitar y fortalecer, es posible que el músculo PC se resienta un poco al principio. Al igual que en cualquier otro tipo de ejercicio, debes comenzar la práctica poco a poco.

Ejercicio 1

DETENER LA CORRIENTE

1. INSPIRA: mientras te preparas para orinar, inspira profundamente.

2. ESPIRA Y EMPUJA: espira lentamente y expulsa la orina con fuerza. (Apretar los dientes ayuda a intensificar esta práctica).

3. INSPIRA Y CONTRAE TU MÚSCULO PC: inspira y contrae tu músculo PC para detener el flujo urinario.

4. ESPIRA Y VUELVE A EMPUJAR: espira y comienza de nuevo a orinar.

5. REPITE HASTA ACABAR: repite los pasos 3 y 4 (orinar durante la espiración y detener la corriente en la fase de inspiración) de tres a seis veces o hasta que hayas acabado de orinar.

Para empezar, expulsa la orina como si tuvieras prisa y trataras de acabar cuanto antes. Para intensificar la práctica puedes ponerte de punta sobre los dedos de los pies y apretar los dientes, pero lo más importante de la práctica es comenzar y detener la micción todas las veces que puedas.

En *El hombre multiorgásmico* enseñamos a los hombres otros ejercicios que también pueden ser de ayuda para fortalecer el músculo PC. En cualquier caso, todos los ejercicios en los que interviene el músculo PC se basan en algo tan simple como contraer y expandir este músculo. A diferencia de otro tipo de ejercicios, como el levantamiento de peso, puedes practicar este ejercicio mientras conduces o ves la televisión, e incluso mientras asistes a una reunión de trabajo.

La parte más importante de esta práctica es empezar y detener la micción todas las veces que puedas.

ENCONTRAR EL CAMINO

Vacía la vejiga

Si tienes la vejiga llena, siempre debes orinar antes de darte placer en solitario o de hace el amor. Tener la vejiga llena hará que sientas ganas de eyacular y puede dificultar la retención de la eyaculación.

DESARROLLA TU SENSIBILIDAD SEXUAL

La fuerza sexual sólo constituye la mitad de la práctica; la sensibilidad sexual es igual de importante o más. Cuando hablamos de sensibilidad no nos referimos a tu sensibilidad a la excitación sexual de tu compañera, que comentaremos en un capítulo posterior, sino a tu propia sensibilidad. Convertirse en multiorgásmico, como convertirse en un amante hábil, requiere que descubras y aprendas a dominar tu propia excitación.

A diferencia de las viejas técnicas que proponían retrasar la eyaculación aprendiendo a insensibilizarse o a distraerse con trivialidades, para hacerte multiorgásmico tienes que aumentar tu sensibilidad sexual y concentrarte más directamente en tu excitación sexual.

Hacerse multiorgásmico, como convertirse en un amante hábil, requiere que descubras y aprendas a dominar tu propia excitación.

EXCITACIÓN SEXUAL Y ENERGÍA SEXUAL

A pesar de que la excitación sexual forma parte significativa de nuestras vidas y es una circunstancia que se repite frecuentemente, la mayoría entendemos muy poco de este fenómeno. Al proceso de excitación le hemos denominado «estar calientes o cachondos», u otras lindezas parecidas, y nos produce una risa tonta como si se tratara de un proceso ilícito o juvenil. De hecho, la excitación es el proceso de expansión de nuestra energía sexual, y es esencial para nuestra vida y salud. Según el Tao, todos necesitamos sentirnos excitados —sentir la vivificante energía sexual— cada día, porque cuando nos excitamos, nuestros cuerpos producen más hormonas sexuales.

Para el taoísmo, y recientemente también para la endocrinología, una rama de la medicina occidental, las hormonas sexuales son importantes para nuestra salud general, e incluso algunos las consideran la fuente misma de la juventud. (Comentaremos esta cuestión detenidamente en el Capítulo 5, «Sanación sexual».) La razón por la que el sexo vende y se usa para comercializar tantos productos es que nos sentimos atraídos hacia las imágenes que estimulan nuestra energía y nos hacen segregar hormonas sexuales. Para los hombres multiorgásmicos es muy liberador darse cuenta de que pueden acceder a esta energía rejuvenecedora cada día y a lo largo de todo el día.

Según el Tao, todos necesitamos sentirnos excitados —sentir la vivificante energía sexual— cada día, porque cuando nos excitamos, nuestros cuerpos producen más hormonas sexuales.

Cuando aprendemos a hacer circular nuestra energía sexual, como explicamos en el Capítulo 3, ya no tenemos que esperar al siguiente encuentro sexual para acceder a ella.

Además, descubriremos que podemos controlar mucho más nuestra excitación y nuestra energía sexual. Desde la adolescencia, e incluso antes, la mayoría de los hombres sienten que no controlan su deseo sexual y su excitación, que son sus penes los que les llevan de aquí para allá. Cuando los hombres aprenden a ser multiorgásmicos y controlan su energía sexual, son capaces de cultivar y transformar esta energía, lo que les da una nueva sensación de libertad, porque la sienten sólo cuando y donde quieren.

Los hombres descubren una nueva sensación de libertad de sentir su energía sexual cuando y donde quieren.

En el Capítulo 3 aprenderás a hacer circular esta energía por tu cuerpo, pero antes tienes que aprender a tomar conciencia de las sutilezas de su expansión (es decir, de tu ritmo de excitación) para aprender a controlarla. Cuando seas capaz de controlar tu ritmo de excitación, podrás tener múltiples orgasmos fácilmente, sin traspasar la cresta de la ola que te lleva a la eyaculación. En la sección anterior has aprendido a echar el freno empleando el músculo PC. Ahora tienes que aprender a medir la velocidad de tu motor para saber cuándo echar el freno.

LOS ESTADIOS DE LA EXCITACIÓN

La mayoría de los hombres piensan que o bien están excitados o no lo están, o tienen una erección o no la tienen, pero en realidad la excitación y la erección pasan por varias etapas o estadios que es preciso conocer. Así como queremos conocer las marchas de nuestro automóvil, nos será muy útil familiarizarnos con las «marchas» de nuestra excitación. La respiración y el pulso cardíaco son indicadores importantes de la excitación —ambos se aceleran cuando te excitas—, pero el signo más evidente es el que te da el medidor sexual que llevas entre las piernas: la erección.

Los taoístas identificaron cuatro estadios diferentes en la erección, que denominaron los cuatro *logros*:

1. Alargamiento
2. Hinchamiento
3. Endurecimiento
4. Calor

En el primer estadio, el pene comienza a alargarse, pero aún no ha empezado a elevarse. En el segundo estadio, empieza a ensancharse y elevarse, pero aún no está duro. (En este estadio, el pene aún no está lo suficientemente duro como para penetrar a tu compañera, a menos que emplees la técnica de entrada suave que explicamos en el Capítulo 8.) En el tercer estadio, el pene se pone erecto y duro, pero aún no está caliente. En el cuarto y último estadio, el pene está duro y caliente. En esta etapa, los testículos se acercan al cuerpo y se preparan para eyacular. Relajar la respiración y elevar la energía sexual, alejándola del pene (véase Capítulo 3), te ayudará a mantenerte en el estadio tres y en el principio del cuatro, sin cruzar el límite eyaculatorio al final del cuarto estadio.

CONTROLA TU RITMO DE EXCITACIÓN

El primer paso para controlar tu ritmo de excitación y hacerte multiorgásmico es aprender a controlar la respiración. La respiración es el fundamento de todas las artes marciales y de las prácticas meditativas, y el Kung Fu sexual no es una excepción. La respiración está conectada directamente con el ritmo cardíaco. Si respiras rápidamente, como después de hacer ejercicio o hiperventilar, tu ritmo cardíaco aumenta. Como comentamos con anterioridad, el ritmo cardíaco acelerado forma parte del orgasmo, y la respiración rápida indica que éste se está aproximando. Aprendiendo a ralentizar y profundizar la respiración, aprenderás a controlar el ritmo de tu excitación y a deleitarte en los orgasmos sin precipitarte hacia la eyaculación.

RESPIRACIÓN PROFUNDA

La respiración profunda, o respiración «ventral», es esencial para nuestra salud general así como para el control sexual. Nuestro cuerpo emplea la respiración para intercambiar el oxígeno dador de vida y expulsar dióxido de carbono, un residuo corporal. Sin embargo, a causa del estrés, la mayoría de nosotros respiramos superficialmente, inspirando muy poco oxígeno y espirando muy poco dióxido de carbono. La respiración profunda, o respiración «con el vientre», es la que empleabas de niño, antes de que las tensiones comenzaran a recortarla. Los taoístas sabían que si uno quiere mantenerse joven debe imitar a los niños, y la respiración no es una excepción. En el ejercicio siguiente reaprenderás a respirar profundamente y, en este caso, el beneficio será sentir más placer además de mejorar la salud.

Cuando estás cerca de la eyaculación, la capacidad de respirar profundamente y de ralentizar el ritmo cardíaco es esencial. Incluso después de haber aprendido a ser multiorgásmico, no te olvides de respirar profundamente. La respiración profunda permitirá que circule la energía sexual por todo tu cuerpo, lo que expandirá tus orgasmos y reducirá cualquier presión que experimentes al retrasar o evitar la eyaculación.

Aprendiendo a ralentizar y profundizar la respiración, aprenderás a controlar el ritmo de tu excitación y a deleitarte en los orgasmos sin precipitarte hacia la eyaculación.

Inspira por la nariz

Cuando practiques cualquiera de los ejercicios propuestos en este libro, inspira siempre por la nariz, porque así el aire se filtra y se calienta. Cuando se inspira por la boca, el aire no se filtra ni se calienta, y en este caso resulta más difícil de asimilar para nuestro cuerpo.

Ejercicio 2

RESPIRACIÓN VENTRAL PARA LOS HOMBRES

1. **SENTARSE:** siéntate en una postura cómoda y relaja los hombros.

2. **MANOS EN EL ABDOMEN:** sitúa las manos sobre el abdomen, justo debajo del ombligo.

3. **INSPIRA PROFUNDAMENTE:** inspira profundamente a través de la nariz dejando que sobresalga el vientre.

4. **ESPIRA COMPLETAMENTE:** manteniendo el pecho relajado, espira con fuerza para que el vientre vuelva hacia la columna vertebral. Deberías sentir que el pene y los testículos se elevan ligeramente.

5. **CONTINÚA CON LA RESPIRACIÓN ABDOMINAL:** inspira y espira nueve, dieciocho o treinta y seis veces.

Los ejercicios 1 y 2 son simples pero esenciales. Aunque desearás seguir leyendo y probar otros ejercicios, cuanto más practiques estos dos, más fáciles serán los ejercicios multiorgásmicos avanzados.

Aprende a controlar la eyaculación

Es posible aprender a hacerse multiorgásmico durante el coito con una compañera, pero resulta mucho más fácil desarrollar esta nueva capacidad trabajando en solitario. Como en el caso de cualquier otra habilidad, para hacerse multiorgásmico hace falta practicar, y te resultará mucho más fácil centrarte en tu excitación si no tienes que preocuparte por la de tu compañera. Además, es mucho más fácil desarrollar el músculo PC y detenerse a tiempo si no tienes que preocuparte por interrumpir el clímax de tu compañera. Finalmente, a medida que aprendas a ser multiorgásmico, bastará con detenerte un momento, respirar profundamente y contraer tu músculo PC para evitar la eyaculación. Aunque este libro está escrito para las parejas, será positivo para ambos dedicar algún tiempo a la práctica en solitario.

CULTIVO DEL SEXO EN SOLITARIO

Los estudios realizados muestran que casi todos los hombres se masturban, incluso los casados y los hombres mayores. Además, casi todos los hombres se sienten culpables cuando lo hacen. Si piensas que la masturbación no te produce ningún sentimiento de culpa, pregúntate si estarías dispuesto a decir a tu compañera cuando acaba de llegar a casa: «Cariño, estoy en el baño (o en la habitación) masturbándome. Enseguida salgo». La mayoría no tendríamos problema alguno para informar a nuestra compañera de que estamos «en el baño», con lo que ella supondría que estamos aliviando nuestra vejiga o intestinos, pero no permita Dios que aliviemos otro impulso corporal igualmente básico.

El sentimiento de vergüenza respecto a la masturbación está muy extendido, especialmente en la sociedad occidental, donde ha recibido el nombre de autoabuso.

Los taoístas no sentían ninguna culpa respecto a la masturbación. Como hemos mencionado, para ellos el sexo está relacionado con la medicina, no con la moralidad. De hecho, los taoístas llamaban a la masturbación *cultivo en solitario* o *ejercicio genital*, y la consideraban imprescindible para aprender a controlar la eyaculación y hacer circular la energía de vida.

La masturbación o cultivo en solitario puede ser un satisfactorio complemento del sexo en compañía y, si aprendes a tener orgasmos sin eyacular, también resultará energizante. Como describiremos en el último capítulo, puede ser igualmente de ayuda si tu compañera no está en el estado de ánimo apropiado o si suele estarlo menos veces que tú.

Tenemos dos sugerencias importantes para el aprendizaje del cultivo en solitario:

1. *Haz el amor contigo mismo.* Como explicaremos en el Capítulo 6, la energía sexual expande las emociones que estás sintiendo. Si sientes amor mientras te excitas, tu energía sexual en expansión aumentará ese amor. Si estas enfadado o te sientes solo, la energía sexual en expansión también aumentará el enfado o la soledad. Por lo tanto, entra en el cultivo solitario con un sentimiento de amor y alegría por la oportunidad de darte ese placer vivificante, y tu energía sexual expandirá el amor y la alegría.

Además, el cultivo de la energía sexual mientras sientes amor y bondad facilitará mucho el control de la eyaculación. Resulta mucho más difícil controlar la eyaculación si estás impaciente o enfadado.

Los taoístas llamaban a la masturbación *cultivo en solitario* o *ejercicio genital,* y la consideraban imprescindible para aprender a controlar la eyaculación y hacer circular la energía de vida.

2. *Tómate el tiempo que necesites*. Cuanto más prolongues el cultivo en solitario y retrases la eyaculación, más rápidamente aprenderás a ser multiorgásmico. Hartman y Fithian, pioneros de la investigación sexual que examinaron a muchos hombres multiorgásmicos, concluyeron que si el hombre puede aprender a masturbarse durante quince o veinte minutos, puede hacer el amor durante todo el tiempo que quiera con su compañera. Aprender a tener paciencia contigo mismo te permitirá tener paciencia cuando estés con otra persona.

Cuando aprendas a separar el orgasmo de la eyaculación, en este capítulo, y a hacer circular la energía sexual por todo tu cuerpo, en el siguiente, podrás experimentar oleadas de placer orgásmico y sentir que esa energía recorre tu cuerpo. Como lo describió un hombre multiorgásmico: «Es algo a medio camino entre la masturbación y la meditación».

El cultivo en solitario es algo que está a medio camino entre la masturbación y la meditación.

Recuerda que la duración del cultivo en solitario debe depender de tu estado de ánimo y del momento. Como siempre que hablamos de hacer el amor, no se puede prescribir un tiempo determinado. Lo importante es la calidad. (Para sugerencias adicionales y técnicas del tao de la masturbación referirse a *El Hombre multiorgásmico*, páginas 67-78).

ENFRIAMIENTO

Ahora que has aprendido a controlar el músculo PC y la respiración, ya tienes los dos pasos esenciales para hacerte multiorgásmico. Pero también hay otras técnicas que te ayudarán a enfriarte un poco cuando sientas que estás a punto de hervir.

Detente antes de llegar al punto sin retorno. Siempre es mejor detenerse demasiado pronto que demasiado tarde. Al empezar, la mayoría de los hombres tendrán que detenerse entre diez y veinte segundos antes del punto sin retorno.

Presiónate el pene o el perineo. Presionar la punta o la base del pene con el pulgar y dos dedos (véase la ilustración de la página 35) puede reducir el impulso eyaculatorio. También te permitirá enfocar la atención, lo que te ayudará a concentrar la energía expansiva. Evidentemente, aplicar esta presión mientras estás haciendo el amor resultará extraño, por lo que es más conveniente poner la mano por detrás y presionarse en el perineo. Esta presión te ayudará a enfocar la atención e interrumpir el reflejo eyaculatorio. La presión en cualquier punto del perineo puede ayudar, pero lo más eficaz es aplicarla en el famoso punto del millón de dólares. Este punto se llamaba así porque costaba un millón de dólares (o, en aquellos tiempos, el punto del millón de monedas de oro) que un maestro taoísta te enseñara dónde estaba. El punto del millón de dólares se encuentra justo delante del ano, pero antes de la raíz del pene, que se extiende por detrás de los testículos (véase pág. 27).

Respira. Cuando sientas que estás llegando al punto sin retorno, tendrás que respirar profundamente, tal como practicaste en el ejercicio 2. Obviamente, cuando estés cerca de la eyaculación, la inspiración se acelerará mu-

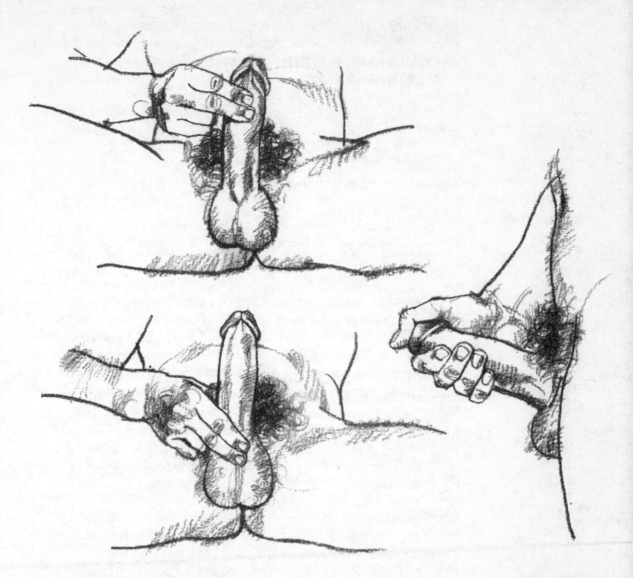

cho. Contener la respiración durante unos segundos hasta que ceda el impulso de eyacular, también será una gran ayuda. La respiración profunda permite contener la energía sexual expansiva. Por otra parte, las respiraciones rápidas y superficiales también pueden ayudar a dispersar la energía sexual. Analiza cuál de estas alternativas funciona mejor en tu caso.

Contrae el músculo PC. El músculo PC rodea la próstata, que es por donde debe pasar el semen en la fase de expulsión del orgasmo. Apretar la próstata durante la fase contráctil del orgasmo (cuando se producen las contracciones involuntarias), te permite detenerte y evitar pasar de la contracción (orgasmo) a la expulsión (eyaculación).

Presionar el glande o la base del pene con los dedos puede reducir el impulso eyaculatorio del hombre.

Ejercicio 3

CONVERTIRSE EN UN HOMBRE MULTIORGÁSMICO

1. LUBRICA: comienza lubricándote el pene. (La lubricación, como puede que ya sepas, potenciará las sensaciones y permitirá que se prolongue el cultivo en solitario. Generalmente, el aceite es mejor que la loción, que se seca con más rapidez.)

2. AUTOPLACER: date placer como prefieras.

3. PRESTA ATENCIÓN A TU EXCITACIÓN: presta mucha atención a tu grado de excitación. Intenta tomar conciencia de los niveles de excitación progresivos: percibe el cosquilleo en la raíz del pene, los estadios de la erección, los cambios que se producen en la respiración y el aumento del ritmo cardíaco.

4. RESPIRA Y CONTRAE TU MÚSCULO PC: a medida que sientas que te acercas al punto sin retorno, detente, respira profundamente y contrae ligeramente el músculo PC alrededor de la próstata. Puedes presionarte en el pene o en el perineo, pero la respiración y el músculo PC son lo más importante, como también lo es saber detenerse a tiempo.

5. SIENTE CONTRACCIONES ORGÁSMICAS EN LA PELVIS: continúa dándote placer y acercándote cada vez más al punto sin retorno. Si equiparamos la ausencia total de excitación con el cero y la eyaculación con el diez, el orgasmo se produce en el 9,8; por lo tanto, debes ir despacio. Activa y detén la excitación, alcanzando progresivamente puntos de mayor tensión (9,0, 9,1, y así sucesivamente) y déjate caer hacia atrás en la fase contráctil del orgasmo sin precipitarte hacia la eyacculación. Percibe la contracción involuntaria de la próstata (y ano), que se produce durante la fase contráctil del orgasmo. Recuerda que, al principio, estos orgasmos de la próstata pueden parecerte mínimos. Al final no podrás distinguirlos de los orgasmos eyaculatorios, pero tienes que aprender a andar antes de poder correr.

6. DISFRUTA: después de pasar por varias cumbres sin eyacular, detente. Te sentirás en paz y/o energizado. Puede, incluso, que sientas que tu energía sexual comienza a elevarse por el cuerpo, y percibas un cosquilleo o una ligera presión en el torso o la cabeza. Esto es algo completamente natural y supone el principio de la transformación de tus orgasmos genitales en orgasmos de todo el cuerpo.

Es posible que tengas que probar varias veces antes de poder sentir la fase contráctil del orgasmo sin traspasar el límite de la eyaculación, pero no te preocupes, con un poco de práctica y de paciencia pronto podrás tener múltiples orgasmos, que serán tan intensos y placenteros como cualquier orgasmo eyaculatorio.

ENCONTRAR EL CAMINO

Presión pélvica

La presión que se siente en la zona pélvica es el resultado natural del aumento de flujo sanguíneo y de energía sexual en tus genitales. Si la presión te resulta incómoda, puedes eyacular, o puedes respirar profundamente (como se describe en el ejercicio 2) masajeándote ligeramente el perineo y los testículos. Estas prácticas ayudan al cuerpo a asimilar esta poderosa energía curativa. En el capítulo siguiente aprenderás a hacer circular esa energía, extrayéndola de los genitales y extendiéndola por el resto del cuerpo.

La próstata

Cuando un hombre se excita, su próstata se alarga ligeramente de manera natural. La contracción del músculo PC alrededor de la próstata durante y después del autoplacer o de hacer el amor te ayudará a controlar la eyaculación y, además, reducirá cualquier presión que pueda sufrir tu próstata.

Las contracciones del músculo PC extraerán la energía de la pelvis, extendiéndola por el resto del cuerpo (véase Capítulo 3). Esto reducirá aún más la presión sobre la próstata y los testículos. Según los maestros taoístas, también puedes masajearte el perineo, los testículos y la rabadilla para ayudarte a aliviar la presión y dispersar la energía sexual acumulada.

Si sientes una quemazón cuando orinas o un dolor prolongado en la pelvis, puede que tengas una infección en el tracto urinario. Debes acudir al médico y curar la infección antes de continuar con estas prácticas. Mientras dure la infección, tendrás que eyacular con más regularidad.

CUÁNDO DETENERSE

La mayoría de los hombres dejan de masturbarse o de hacer el amor cuando eyaculan. Cuando te hagas multiorgásmico, este punto final tan evidente dejará de existir. Por lo tanto, tendrás que decidir cuándo te sientes satisfecho y cuándo lo está tu compañera. Algunos días querrás una experiencia sexual rápida y otros querrás hacer el amor con mucha calma. Tus necesidades variarán con el estado de ánimo del momento.

Cuando empieces a ser multiorgásmico haciendo el amor, es importante que te des y que des a tu compañera tiempo para acoplaros. No querrás convertir el sexo en una obligación ni en una prueba de resistencia para ti o para ella. Por lo tanto, habla con tu compañera y deja que el deseo de ambos determine la duración del encuentro. Cuanto más cultive ella su músculo PC y su deseo sexual, más compatibles seréis.

Tu músculo PC es como cualquier otro —se fortalece con el uso—, pero, al igual que sucede con todos los ejercicios, no debes excederte ni forzar. Por otra parte, si te cultivas en solitario o en pareja durante más de veinte minutos, lo que puede ocurrir con frecuencia cuando te hagas multiorgásmico, es importante que pierdas la erección cada veinte minutos para que la sangre contenida en el pene vuelva a circular por tu cuerpo.

Es importante que pierdas la erección cada veinte minutos para que la sangre contenida en el pene vuelva a circular por tu cuerpo.

CUÁNDO EYACULAR

El placer no era el único motivo que llevaba a los taoístas a hacerse multiorgásmicos. También creían que los orgasmos múltiples son sanos y curativos para el cuerpo. Cuantos más orgasmos tiene un hombre sin eyacular, más energía sexual puede hacer circular por su cuerpo. Y mientras que para los taoístas los orgasmos son energizantes, las eyaculaciones son agotadoras. Aunque no hay nada malo en eyacular de vez en cuando, los taoístas sentían que a medida que un hombre se hace mayor, la eyaculación excesiva puede dejarle físicamente agotado. Los taoístas consideraban que los problemas con la erección eran, a menudo, una señal de agotamiento físico. (Si tienes problemas para conseguir o mantener una erección, quizá desees leer «Encantar la serpiente: superar de la impotencia», en *El hombre multiorgásmico*.)

Si eres muy joven, puede que no hayas experimentado el agotamiento que sigue a la eyaculación, pero, después de eyacular, la mayoría de los hombres se sienten cansados y tienen ganas de dormir. (Comentaremos detalladamente los puntos de vista médicos y taoístas sobre este tema en el Capítulo 5, «Sanación sexual».)

Según los taoístas, cada vez que tienes un orgasmo (sin eyacular), generas más energía en tu cuerpo. Por lo tanto, si al final acabas eyaculando, la pérdida de energía no será tan notable. Ésta es la razón por la que la eyaculación después de múltiples orgasmos te deja menos agotado que la vieja eyaculación rápida. Si tienes media docena de orgasmos y después eyaculas, perderás aproximadamente la mitad de la energía que en una eyaculación rápida.

Los taoístas recomiendan que cada hombre eyacule de acuerdo a sus propias circunstancias, que dependen de su edad, de su salud y de su coyuntura vital. Si tiendes a caer enfermo o trabajas duro, querrás conservar más energía. Como el resto del mundo natural, en invierno también querrás conservar más energía. Sin embargo, si estás de vacaciones, tal vez desees eyacular más. Evidentemente, si estás intentando tener un hijo, tendrás que eyacular cuando tu compañera esté ovulando. En general, Sun Ssu-miao, uno de los grandes médicos de la antigua China, recomendaba eyacular dos veces al mes para conservar la salud y alcanzar la longevidad.

Sun Ssu-miao también ofreció directrices más específicas para decidir con qué frecuencia eyacular:

> Un hombre de *veinte* años puede eyacular una vez cada *cuatro* días.
> Un hombre de *treinta* años puede eyacular una vez cada *ocho* días.
> Un hombre de *cuarenta* años puede eyacular una vez cada *diez* días.
> Un hombre de *cincuenta* años puede eyacular una vez cada *veinte* días.
> Un hombre de *sesenta* años no debe eyacular.

Un hombre puede conservar la salud y alcanzar la longevidad eyaculando dos veces al mes.

Por supuesto, un hombre de cualquier edad puede disfrutar del sexo y de los orgasmos múltiples no eyaculatorios. Los taoístas no veían razón para que hombres y mujeres no siguieran practicando el sexo hasta el día de su muerte. Si te preocupa la reducción del número de eyaculaciones o su prohibición después de los sesenta años, has de saber que cuando hayas experimentado los orgasmos no eyaculatorios, el orgasmo típico palidece en comparación y no se echa de menos.

En cualquier caso, lo importante es no pasarlo mal con la eyaculación. Cuando sientas que has ido más allá del punto sin retorno y vas a eyacular, disfrútalo. Muchos de los hombres que quieren practicar el amor sanador se muestran intransigentes consigo mismos cuando tienen problemas para controlar sus eyaculaciones. Céntrate en estar con tu pareja y en intercambiar amor sanador, no en el hecho de eyacular o no.

Aunque eyacules, puedes aprender a hacer circular tu energía sexual por el cuerpo (tal como aprenderemos en el próximo capítulo). Esto reducirá mucho la sensación de agotamiento que sigue a la eyaculación. Además, después de eyacular, también puedes contraer el músculo PC y apretar tus músculos pélvicos para reducir la cantidad de energía perdida.

En definitiva, lo más importante es que hagas el amor contigo mismo y con tu compañera. Cultivar la compasión por ti mismo y por tu compañera es mucho más importante que la cantidad de energía que puedas conservar.

De los orgasmos genitales a los orgasmos en todo el cuerpo

Las técnicas físicas descritas en este capítulo, especialmente la respiración y la contracción del músculo PC, te permitirán separar el orgasmo de la eyaculación y hacerte multiorgásmico. Sin embargo, el verdadero secreto que te permitirá mantener el control de la eyaculación a largo plazo —y los orgasmos múltiples— es aprender a hacer circular tu energía sexual, extrayéndola de los genitales y extendiéndola por el resto del cuerpo. Si la energía sexual continúa acumulándose en tus genitales, acabará produciendo la eyaculación, a menos que dejes de hacer el amor o aprendas a dirigirla hacia otras partes del cuerpo. La eyaculación sólo puede ocurrir si hay suficiente sangre y energía en los genitales para activarla.

Tal como explicaremos en el Capítulo 3, llevando la energía hacia arriba y alejándola de los genitales podrás controlarla el tiempo que desees. Conservando y haciendo circular la energía, la intensidad del orgasmo se multiplica, prolongando el placer corporal y mejorando la salud.

La combinación de fuerza sexual (músculo PC), sensibilidad sexual (conciencia del ritmo de excitación), y capacidad de hacer circular la energía sexual por el cuerpo ayuda enormemente al hombre a hacerse multiorgásmico.

Las mujeres no tienen que preocuparse del gasto energético, ya que, cuando tienen un orgasmo (e incluso cuando eyaculan[6]), pierden muy poca energía. Aún así, la elevación de su energía sexual les permite expandir el orgasmo, aumentar su nivel energético y mejorar su salud general. Esto es especialmente importante en el caso de las mujeres a las que les cuesta sentir deseo.

Tanto tu compañera como tú podréis expandir vuestros orgasmos genitales a todo el cuerpo a medida que aprendáis a hacer circular por él la energía y el placer. Ésta es la base que permite transformar esa maravillosa sacudida orgásmica en una experiencia extática, curativa, íntima y, para algunos, incluso espiritual. El resto de las artes de alcoba te están esperando.

Conservando y haciendo circular la energía, la intensidad del orgasmo se multiplica, prolongando el placer corporal y mejorando la salud.

CAPÍTULO 2

El estanque del deseo: orgasmos múltiples para las mujeres

En este capítulo descubrirás:

- El poder de tu deseo y cómo ejercitar tu pasión.

- Tu huella dactilar erótica.

- Cómo robustecer tu músculo PC para fortalecer los orgasmos.

- Los nueve pasos hacia el orgasmo múltiple para la mujer.

- Cómo superar las dificultades que te impiden tener un orgasmo.

Todas las mujeres tienen el potencial necesario para disfrutar de una vida sexual apasionada y profundamente satisfactoria. Muchas mujeres tienen problemas para experimentar plenamente su deseo y tener orgasmos con regularidad. Según un estudio recientemente publicado que comentaremos más adelante, un tercio de las mujeres sólo experimentan el orgasmo ocasionalmente, y otro tercio de ellas no lo experimentan en absoluto. Si te encuentras entre estas mujeres, este capítulo te ayudará a alcanzar tu verdadero potencial orgásmico y multiorgásmico.

Si eres de las mujeres que experimentan placer y orgasmos fácilmente, este capítulo y el siguiente te ayudarán a intensificar el placer y los orgasmos que disfrutas. Aunque ya seas multiorgásmica, te recomendamos encarecidamente que te tomes el tiempo necesario para leer y practicar los ejercicios de este capítulo. Los mensajes que las mujeres recibimos sobre nuestros cuerpos, nuestro deseo y nuestro placer son tan insistentes que resulta difícil abrazar plenamente nuestra identidad sexual. Este capítulo te ayudará a cultivar tu potencial para que sientas un placer y una intimidad más hondos.

El deseo es la energía de vida

El deseo no es únicamente el impulso que nos lleva a la alcoba; es el pulso que nos mantiene vivos.

El deseo no es únicamente el impulso que nos lleva a la alcoba; es el pulso que nos mantiene vivos. El deseo sexual está relacionado con el deseo que nos motiva en todos los aspectos de nuestra vida. Según los taoístas, la energía sexual, o *ching*, es parte esencial de nuestra energía física total, llamada *chi*. Las personas que estén en contacto con su energía sexual tendrán más energía para perseguir sus sueños y conseguir sus objetivos. En el Capítulo 3, comentaremos detalladamente cómo cultivar la energía sexual y cómo transformarla para incrementar tu energía general. Pero antes tenemos que centrarnos en nuestros niveles normales de deseo y placer para aprender a potenciarlos.

DAR PRIORIDAD AL PLACER

Para que florezca nuestra vida sexual, tenemos que dar prioridad al placer.

Aunque todas nosotras tenemos el potencial de vivir enormes deseos y grandes pasiones, todas afrontamos obstáculos que dificultan su experimentación. Las exigencias de nuestra vida laboral, familiar o social suelen mantenernos más ocupadas de lo que nos gustaría estar. A menudo dejamos el coito para el momento de acostarnos, y entonces tenemos que elegir entre la intimidad y un sueño muy necesario. En un reciente y detallado estudio realizado sobre una muestra de más de 12.000 parejas, los autores concluyeron que el cansancio constituye el mayor obstáculo para disfrutar satisfactoriamente del sexo [1]. Para que florezca nuestra vida sexual, tenemos que dar prioridad al placer.

Entre nosotras las mujeres existe una suposición muy arraigada que nos lleva a creer que nuestro deseo y nuestra sexualidad no son tan importantes como otros aspectos de nuestra vida: nuestro compañero, nuestros hijos, nuestro trabajo, nuestros hogares. Nos resulta difícil dar prioridad a nuestro bienestar personal en cualquier ámbito de nuestra vida, pero especialmente cuando se trata de algo tan enfocado en nosotras mismas como nuestro propio placer. Pero, así como las demás esferas de nuestras vidas afectan a nuestra sexualidad, nuestra sexualidad puede afectar positivamente a todas las demás esferas de nuestra vida. Una mujer satisfecha sexualmente es mucho más feliz y optimista, además de una mejor compañera, madre o trabajadora.

Como cualquier otra cosa que realmente merezca la pena, la sexualidad requiere que le demos prioridad y le dediquemos tiempo. Del mismo modo que tenemos que dedicar tiempo a nuestra familia y a nuestro trabajo, también necesitamos tomarnos tiempo cada semana —alejadas del teléfono, de los niños o de otras demandas— para nutrir nuestra vida sexual. No esperemos que nuestro cuerpo esté en forma si no practicamos ejercicio regularmente. Lo mismo ocurre con nuestra sexualidad. Para tener una vida sexual saludable, tenemos que ejercitar nuestra pasión con regularidad.

EL IDEAL DE BELLEZA

Otro obstáculo que las mujeres solemos interponer al deseo es la sensación de que no somos lo suficientemente atractivas como para ser deseadas, o incluso para sentir nuestro propio deseo. Nuestra sociedad suele indicar que sólo hay un tipo de cuerpo femenino que sea hermoso: un cuerpo inmaculado e irrealmente delgado. Es una pena que la sobreabundancia de imágenes de mujeres con cuerpos muy finos que presentan los medios de comunicación nos haya llevado a perder de vista el hecho de que cada cuerpo es hermoso y único. Y más precisamente, cada cuerpo, sin importar su forma ni su tamaño, es capaz de dar y recibir placer.

Los cuerpos que vemos en los carteles, en los programas de televisión, en las revistas y en los anuncios de cosméticos nos influyen enormemente. Hablando desde el punto de vista médico, la mayoría de las modelos están muy por debajo de su peso ideal. También es importante recordar que estas imágenes «ideales» son relativas a cada tiempo y cultura. Las estrellas de cine y las modelos occidentales de hace cincuenta años pesaban, como media, un 20 por 100 más que las de ahora, y estaban mucho más cerca de su peso óptimo.

En otras culturas se admiran otros tipos de cuerpos muy diferentes (pechos grandes o pequeños, labios grandes o pequeños, caderas grandes o pequeñas). Nuestras curvas son las que nos hacen femeninas, y la mayoría de los hombres (y mujeres) prefieren que sus compañeras tengan bastante más cuerpo que las que aparecen en los anuncios. Más adelante en este mismo capítulo nos dedicaremos a conocer y amar nuestros cuerpos, haciendo de ello parte integral del desarrollo de nuestro deseo y placer.

Así como las demás esferas de nuestras vidas afectan a nuestra sexualidad, nuestra sexualidad puede afectar positivamente a todas las demás esferas de nuestras vidas. Una mujer satisfecha sexualmente es mucho más feliz y optimista, además de una mejor compañera, madre o trabajadora.

Todos los cuerpos, sin importar su forma ni su tamaño, son capaces de dar y recibir placer.

Acumula deseo: explora tus posibilidades eróticas

El primer paso hacia los orgasmos múltiples y una vida sexual más satisfactoria reside en aumentar la intensidad de nuestro deseo. A lo largo de los ejercicios siguientes podrás explorar tu potencial erótico. Estos ejercicios te resultarán útiles independientemente de la cantidad de deseo que experimentes actualmente.

Aquellas de vosotras que os sentís preocupadas porque experimentáis «demasiado» deseo, debéis saber que los taoístas consideraban que tener mucho deseo era una gran bendición y una fuente de energía para cultivar nuestra vida física, emocional y espiritual. Aunque el deseo sexual puede distraernos (puede incluso ser molesto) cuando queda insatisfecho o somos incapaces de expresarlo, el hecho de aprender a movilizar tus energías en tu propio beneficio transformará tu vida. El incremento de energía sexual, o *ching,* puede transformarse en energía física o *chi,* que mejora nuestra salud y bienestar corporal. Cuanto más deseo y energía tenemos, de más vitalidad disponemos. La práctica del amor sanador te dará acceso a tu energía sexual cuando y como quieras, y te permitirá canalizar cualquier remanente de esta energía hacia tu vida creativa, emocional o espiritual. Mostraremos cómo transformar nuestra energía en el Capítulo 3.

Si descubres que tienes constantemente más deseo que tu compañero, anímale a leer este libro y *El hombre multiorgásmico.* Cuando los hombres aprenden a hacerse multiorgásmicos (sin eyacular), descubren que tienen mucho más deseo sexual y que son mucho más capaces de satisfacer a sus compañeras. Los hombres suelen estar muy ocupados con su trabajo y demás deberes; por lo tanto, es importante para ambos que os toméis tiempo para centraros en vuestra vida sexual alejados de vuestras obligaciones.

La mayoría estamos fuertemente influidas por las actitudes respecto a la sexualidad que nos encontramos siendo niñas. La comodidad o incomodidad que sentían los adultos respecto a su propio placer corporal nos enviaban mensajes contundentes respecto al valor y deseabilidad de la sexualidad. ¿Qué modelo de relación sexual comprometida te proporcionaron tus padres?

Además de proporcionar modelos de relación sexual, los padres tienen diversas actitudes respecto al potencial sensual y sexual de sus hijos. Reflexiona sobre el contacto físico en el seno de tu familia. ¿Había muchos abrazos joviales o muy poco contacto? ¿Experimentaste el contacto como afecto al que dabas la bienvenida, o era algo incómodo?

Además de nuestra familia, las actitudes culturales más extendidas respecto a la sexualidad también tienen una profunda influencia en nuestra sexualidad. Tanto si las aceptamos como si nos rebelamos contra ellas, conforman nuestro ser sexual.

Nuestra sexualidad surge de nuestra historia sexual personal, las situacio-

Ejercicio 4

TU HUELLA DACTILAR ERÓTICA

Responde a cada una de estas preguntas para comprender tu sexualidad personal y única. Quizá desees anotar las respuestas, o puede que te baste con responderlas en tu cabeza. Podría resultarte útil escribir un diario para explorar tu sexualidad a través de los ejercicios que proponemos en este libro. No tienes por qué compartir tu diario con nadie, ni siquiera con tu compañero, a menos que desees hacerlo.

De adulta:

1. ¿Qué momentos de tu vida recuerdas como los de más deseo o más placer?

2. ¿Qué lugares, momentos del día o compañeros te han excitado más?

3. ¿En qué se parecen y en qué se diferencian específicamente esos momentos de tu vida actual?

De niña:

1. ¿Qué actitudes hacia la sexualidad y hacia el cuerpo prevalecían en tu familia durante tu infancia y adolescencia?

2. ¿Cómo fue tu primera experiencia sexual? ¿La tuviste sola o con otra persona?

3. ¿Cómo han influido esas experiencias en tu visión actual de tu cuerpo y de tu vida sexual?

Y ahora:

1. En tu vida actual, ¿qué cosas aumentan o disminuyen tu deseo?

2. Si pudieras diseñar la situación erótica perfecta, ¿cómo sería? (No limites tu imaginación en esta parte del ejercicio. Tu vida de fantasía no tiene por qué tener relación alguna con tu vida actual. No existe mayor generador de deseo que la imaginación activa.

La exploración de tu historia sexual te ayudará a descubrir tu huella dactilar erótica.

nes y experiencias que nos parecían sexys mientras crecíamos. La exploración de tu historia sexual te ayudará a descubrir tu huella dactilar erótica.

¿Qué has redescubierto de ti misma? ¿Puedes poner riendas a tus deseos del pasado para que alimenten tu vida actual y tus relaciones? Una vez que has «encontrado» tu deseo —que puedes haber sentido en el pasado o en un presente real o imaginado—, ese deseo es tuyo. Puedes traerlo a tu vida actual haciendo uso de la imaginación. Mientras haces los ejercicios de este capítulo, recrea esas situaciones específicas (sean hechos pasados o fantasía futura) que te ponen caliente. Puedes hacerlo en la intimidad de tu hogar, y es muy probable que necesites usar la memoria y la imaginación.

Explorando tu huella dactilar erótica te estás abriendo a tu pasado íntimo. Nuestras historias sexuales pueden ser un gran recurso erótico, pero la mayoría de nosotras tenemos recuerdos incómodos e incluso dolorosos de nuestro pasado sexual que pueden interferir en nuestra satisfacción presente. La exploración y comprensión de nuestro pasado quita poder a esos recuerdos negativos, y reclama ese poder, trayéndolo al presente. Te animamos decididamente a que explores y compartas estas experiencias con una persona en quien confíes, que puede ser tu compañero, una amiga o tu terapeuta. Si lo anterior te resulta imposible, intenta dibujar, pintar o escribir sobre esas experiencias. Cuanto más capaz seas de dirigir la luz de tu actual comprensión madura hacia las sombras del pasado, menos poder tendrán sobre ti y más podrás disfrutar de la sexualidad en esta época de tu vida.

EROS COTIDIANO

Uno de los secretos del deseo es que comienza mucho antes de que lleguemos a la alcoba. Los poetas de todo el mundo han sabido que el camino que recorremos antes de hacer el amor es tan importante como el destino mismo. Cada mujer tiene su huella erótica personal, pero muchas de nosotras compartimos ciertas imágenes y situaciones que aumentan nuestro deseo. Muchas mujeres descubren que aumentar la sensualidad en su vida cotidiana les ayuda a mantener su cuerpo despierto a su potencial sensual y sexual.

Es importante alimentar este aspecto de ti de cualquier modo que te sirva: ponte prendas que acaricien tu cuerpo, huele velas, flores, o perfumes, escucha música sensual, toma baños calientes a la luz de las velas o toma comidas afrodisíacas. Según el Tao, la belleza energiza a las mujeres. Aportando belleza y sensualidad a tu vida cotidiana, expandes tu deseo y tu alegría general.

> **Según el Tao, la belleza energiza a las mujeres. Aportando belleza y sensualidad a tu vida cotidiana, expandes tu deseo y tu alegría general.**

Manténte viva a las posibilidades eróticas del mundo que te rodea. Date cuenta de la hermosa diversidad de los cuerpos que tienes ante ti. Si puedes mirar y apreciar la belleza del cuerpo de otras mujeres sin juzgarlas, serás capaz de aceptar tu propio cuerpo con su forma hermosa y única.

Ábrete a las posibilidades eróticas del arte y de la naturaleza. Permítete bailar al son de una música agradable, o siente el viento acariciar tu cuerpo, dejando que te excite. Manténte abierta al mundo que te rodea, no para atraer a otras personas, sino para darte placer. Descubrir las posibilidades eróticas de nuestra vida nos da un poder increíble. Según el Tao, nuestra energía sexual es el cimiento mismo de nuestro ser y es esencial para sentirnos plenamente vivas.

Esta exploración de tu deseo es un proceso que puede transformar tu vida, una gran y novedosa aventura en la que te estás embarcando. Como en el caso de cualquier otra enseñanza o habilidad que aprendas, cuanto más tiempo le dediques, más provecho obtendrás de ella. Las pequeñas cantidades de tiempo que inviertas en tu potencial sexual darán como resultado enormes beneficios en forma de placer recibido, de una relación más profunda con tu compañero, de una vida más alegre y de un aumento de tu vitalidad general.

Conoce tu cuerpo

Ahora que hemos empezado a encender la llama del deseo, es el momento de abrazar y explorar nuestros cuerpos. Desgraciadamente, muchas mujeres sienten ansiedad cuando miran su cuerpo desnudo. Durante años, las mujeres han aprendido a evaluar sus cuerpos comparándolos con ideales de belleza inalcanzables. El Tao reconoce que cuando celebramos y admiramos imágenes o cuerpos ideales, hacemos que todos las demás se sientan inadecuados.

Mientras te estés dedicando a actualizar tu potencial orgásmico, procura tomarte unas vacaciones de las críticas corporales. Haz todo lo que puedas para no quejarte ni preocuparte por tu cuerpo, por sí mismo ni comparado con otros. ¡Es asombroso lo difícil que esto puede llegar a ser! Procura recor-

Las pequeñas cantidades de tiempo que inviertas en tu potencial sexual darán como resultado enormes beneficios en forma de placer recibido, de una relación más profunda con tu compañero, de una vida más alegre y de un aumento de tu vitalidad general.

Ejercicio 5

AMA TU CUERPO

1. EMPIEZA DESDE ARRIBA: empieza desde lo alto de tu cabeza y ve descendiendo, percibiendo la particular composición artística de tu cuerpo. Date cuenta del color, forma y textura de tu pelo, del color de tus ojos y de la forma de tu cara. Nota lo suaves que son tus labios en comparación con tus mejillas. Observa tus orejas y cómo tu cuello se prolonga hacia abajo, hacia los hombros; observa la longitud de tus brazos.

2. NO A LOS CRÍTICOS CORPORALES: cuando tengas un pensamiento negativo como «la parte posterior de mis brazos está flácida», tómate unos momentos para apreciar verbalmente esa parte de tu cuerpo y su función. Por ejemplo, agradece a tus brazos el gran trabajo que hacen cuando levantan pesos, escriben o abrazan.

3. APRECIA CADA PARTE DE TI: encuentra algo amable que decir a cada parte de tu cuerpo. A medida que desciendas por tu cuerpo, aprecia la forma particular de tus pechos, el color de tus pezones, las suaves curvas de tu vientre y de tus caderas, tu trasero, la redondez de tus muslos, la longitud de tus piernas, la estabilidad de tus pies. El cuerpo de cada mujer tiene una hermosura única. Puedes sentir deseo y ser deseada tal como eres.

A un cuerpo juzgado y criticado le cuesta mucho más sentir placer que a un cuerpo amado y apreciado.

dar que a un cuerpo juzgado y criticado le es mucho más difícil sentir placer que a un cuerpo amado y apreciado. A medida que nos miramos y nos tocamos, entramos en el proceso de amarnos.

Encuentra un espejo de cuerpo entero o lo más parecido posible a ese tamaño. De nuevo vas a necesitar estar libre de interrupciones durante un rato y contar con una iluminación suave.

La mayoría de nosotras estamos familiarizadas con la forma y el tamaño de nuestras manos porque las vemos todos los días, pero muy pocas estamos familiarizadas con el tamaño y la forma de nuestra anatomía sexual. Te será muy útil familiarizarte con tus zonas erógenas para darte placer o para enseñar a tu compañero a dártelo. Si no has visto nunca qué aspecto tienen tus genitales, te recomendamos decididamente que dediques a ello unos minutos.

Encuentra un momento en privado en el que estés segura de que no te van a interrumpir. Túmbate, preferentemente sobre una cama o sofá, apóyate sobre cojines y ponte un espejo de mano ante los genitales para poder verlos con facilidad. Si apoyas el espejo sobre un cojín, tal vez puedas enfocar sobre él una linterna u otra luz directa para verte mejor.

Íntimo y personal: un espejo puede ayudar a la mujer a familiarizarse con su anatomía sexual.

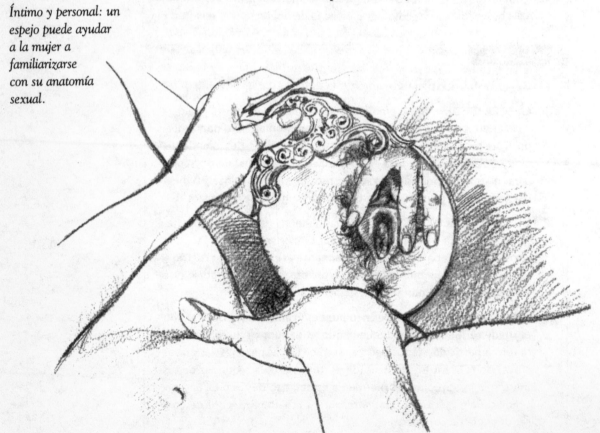

Ejercicio 6

ÍNTIMO Y PERSONAL

1. LOS LABIOS EXTERNOS: ponte un espejo entre las piernas para poder ver tus genitales. Notarás que los labios externos (o labia majora), que son más anchos, están recubiertos externamente de pelo. Si los separas, verás los labios menores de la vagina (o labia minora), que no tienen pelo.

2. EL CLÍTORIS: separa los labios internos y mira su parte superior, el punto donde se encuentran (o el punto que señala las doce en la esfera de un reloj si estás mirando al espejo). Ahí verás tu clítoris, un bultito de medio centímetro. Notarás (y necesitarás una buena iluminación para ello) que hay un tejido, denominado «capucha», que rodea al clítoris y que puede retirarse para observar el clítoris mismo.

3. LA VAGINA: si avanzas directamente hacia abajo (es decir, hacia el ano) encontrarás la uretra, una pequeña apertura que a veces resulta difícil de ubicar, debajo del clítoris. Es de ahí de donde sale la orina. Un centímetro o dos más abajo está la vagina. A menudo la apertura de la vagina está recubierta por capas de tejido. Si presionas hacia abajo, como si fueras a hacer de vientre, notarás que este tejido se abre, mostrándote habitualmente la entrada de la vagina, que penetra en tu cuerpo como un canal.

4. LA CERVIZ: la única parte accesible de tu anatomía sexual que no podrás ver en esta exploración es la cerviz. Aunque no puedas verla sin la ayuda de un espéculo (un aparato que abre la vagina), sí puedes sentirla. Si pones uno o dos dedos dentro de tu vagina, los introduces hasta el fondo y empujas hacia abajo como si fueras a hacer de vientre, tocarás algo que te dará la sensación de ser parecido a la punta de una nariz. Eso es la cerviz.

5. EL PERINEO: debajo de la vagina notarás que los labios internos se unen en una zona muy muscular recubierta de piel normal y a veces de pelo, llamada «perineo».

6. EL ANO: en el fondo del perineo puedes ver el ano, que es una zona de piel arrugada y circular que contiene un músculo fuerte.

Ahora que has visto tus propios genitales, tal vez te ayude conocer algunos datos relativos a esta zona tan personal y a menudo misteriosa de tu cuerpo.

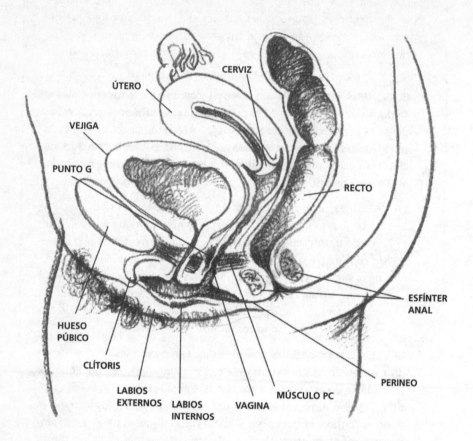

Anatomía sexual femenina

Labios externos: aunque todas las mujeres tienen vello púbico, su color, textura y cantidad es diferente. En general, los labios de la vagina son de color rosa pálido, rojo, marrón o marrón oscuro, dependiendo del color de la piel. En la mayoría de las mujeres pueden tener una forma muy irregular, y todas las formas y tamaños son completamente normales. Cuando la mujer se excita, tanto los labios internos como los externos se llenan de sangre y se hinchan de un modo parecido al pene de los hombres. De hecho, los labios externos de la mujer y el glande del pene masculino están compuestos del mismo tejido que el feto en el comienzo de su desarrollo. Estos tejidos pueden ser muy sensibles si se les acaricia con delicadeza durante el encuentro sexual.

Clítoris: el clítoris es el equivalente anatómico de la punta del pene masculino y tiene tantas terminaciones nerviosas como ésta, aunque concentradas en un espacio mucho menor. Esto hace que sea el órgano sexual más sensible de ambos sexos. También es el único órgano que está dedicado exclusivamente al placer sexual. El clítoris desnudo es extremadamente tierno y delicado, y la mayoría de las mujeres prefieren la estimulación indirecta, bien a través de la piel que lo rodea, desde un lado, o a través de la capucha. El clítoris se hincha durante la excitación sexual y se hace mucho más prominente.

Vagina: la vagina suele estar bien lubricada gracias a las glándulas que tiene en la entrada. Casi todas las mujeres desprenden constantemente por la vagina un flujo claro, blancuzco o amarillento. Es algo normal y puede considerarse que ése es el modo que tiene la vagina de limpiarse.

Cerviz: la cerviz es el cuello del útero, y se halla en el fondo de la vagina. Cuando menstrúas, la sangre sale a través de la cerviz, y cuando das a luz, ésta se dilata para permitir la salida del bebé. Algunas mujeres dicen que la cerviz puede ser estimulada durante el encuentro sexual, mientras que a otras les resulta dolorosa cualquier presión sobre ella. Si te duele cuando el pene de tu compañero te golpea en la cerviz, basta con reajustar el ángulo de penetración.

Perineo: el perineo se extiende a lo largo del centímetro o dos que separa la vagina del ano, y es la colección de músculos que forman la base de la pelvis y soportan todos los órganos sexuales y pélvicos. Esta colección de músculos recibe el nombre de músculo pubococcígeo o PC. Más adelante, en este mismo capítulo, hablaremos detalladamente de estos músculos que son esenciales para hacerte orgásmica y multiorgásmica. A veces el perineo es muy sensible al contacto y puede excitarse sexualmente.

Ano: el ano, que tiene muchas terminaciones nerviosas, puede ser muy excitante para algunas personas. Muchos de los nervios que inervan la vagina, inervan también el recto. La mayoría de las mujeres prefieren estar muy excitadas antes de dejarse tocar esta zona, aunque algunas tienen mucha sensibilidad en ella en todo momento.

Cuando se trata de tocar esta zona, la limpieza es un punto a tener en cuenta. Si planeas tocarla, puede ser una buena idea lavarse el ano con agua y jabón antes del autoplacer o de hacer el amor. Recomendamos no usar jabón en la zona vaginal porque puede producir irritación.

Recuerda también que no debes tocar el ano y después pasar directamente a la vagina u otras áreas de la anatomía sexual sin lavarte antes las manos. Es importante no permitir que las bacterias del ano se acerquen o entren en la vagina, que tiene sus propias bacterias. El uso de guantes de látex, preservativos o protectores dentales durante la estimulación resuelve muy bien el problema, ya que se puede prescindir de ellos después de la estimulación anal. (En resumen, cualquier cosa que entre en el ano ha de ser lavada antes de entrar en la vagina.)

Date placer

Nuestra sociedad mantiene muchos tabúes contra la estimulación sexual de la mujer, aunque han disminuido algo en los últimos veinte años. Hace cincuenta años, aproximadamente un tercio de las mujeres se habían masturbado antes de cumplir veinte años. Ahora el número se acerca a la mitad.

Sin embargo, muchas mujeres sienten aprensión o culpabilidad ante la perspectiva de tocarse o masturbarse. ¡Otras no pueden vivir sin ello! Cualesquiera que sean tus sentimientos debes tener en cuenta que los principales expertos en sexualidad creen que la masturbación es absolutamente vital para incrementar el placer sexual, tanto si estás sola como con un compañero. No hay otra forma mejor de descubrir dónde y cómo te gusta que te toquen o te den placer. De hecho, no hay otra forma mejor de mejorar tu actuación sexual, y de ayudar a tu compañero a satisfacerte, que conocer íntimamente tu paisaje sexual.

De hecho, no hay otra forma mejor de mejorar tu actuación sexual, y de ayudar a tu compañero a satisfacerte, que conocer íntimamente tu paisaje sexual.

Algunas mujeres temen que la masturbación disminuya su deseo de hacer el amor con su compañero, pero, en realidad, suele ocurrir lo contrario. En general, cuanto más consciente seas de tu cuerpo y más sexualmente activo esté, más desearás vivir la sexualidad con un compañero amoroso.

La masturbación no es un sustitutivo del encuentro con un compañero, pero ofrece una alternativa creativa y maravillosa. Esto significa que ninguno de los miembros de la pareja depende completamente del otro para satisfacer su necesidad sexual, lo que da a ambos la libertad de decir sí o no al encuentro sexual sin dejar al otro en la estacada.

En el amor sanador y en las prácticas meditativas de la sexualidad taoísta, la masturbación recibe el nombre de cultivo en solitario.

En el amor sanador y en las prácticas meditativas de la sexualidad taoísta, a la masturbación se le conoce con el nombre de cultivo en solitario. En dichas prácticas se despierta la energía sexual para después transformarla y almacenarla en el cuerpo, favoreciendo así la vitalidad y la longevidad. Exploraremos detalladamente estos temas en el Capítulo 3. Tienes que empezar por descubrir el camino del autoplacer para después aprender a cultivarte en solitario.

Para realizar la exploración corporal necesitarás al menos treinta minutos libres de interrupción. La habitación debe ser cómoda y dar sensación de intimidad y privacidad. Tal vez desees ajustar la iluminación, la música y la cama para procurarte el ambiente deseado. Si deseas lubricarte, puedes usar un aceite natural (de oliva o almendra) u otro soluble en agua. Los nuevos lubricantes, que son más finos, son fáciles de usar y más parecidos a tus secreciones naturales.

No debes esforzarte por tratar de alcanzar el orgasmo durante esta exploración. La cuestión reside en familiarizarte con lo que le gusta a tu cuerpo. Si descubres que te estás acercando al orgasmo, está muy bien, por supuesto. A continuación te facilitamos un mapa detallado para explorar tu cuerpo y encontrar tus zonas erógenas. Puede que desees leerlo hasta el final antes de empezar el ejercicio. Siéntete libre de seguir la guía de tu propio placer.

Los tocamientos pueden inducir sentimientos de ansiedad en algunas de nosotras. Esto es comprensible dadas las actitudes negativas hacia el contacto existentes en nuestra sociedad. Sin embargo, nada puede enfriar más la calidez del placer que un escalofrío de miedo.

Al principio de cada ejercicio de este capítulo y en cualquier momento en que sientas ansiedad, te sugerimos que practiques la respiración abdominal. Los taoístas han empleado esta práctica durante miles de años para calmar la mente y extender la energía curativa por el cuerpo. También es similar a los ejercicios de respiración profunda recomendados clínicamente por muchos terapeutas para liberar tensiones y relajarse.

Ejercicio 7

RESPIRACIÓN ABDOMINAL PARA LAS MUJERES

1. **SIÉNTATE:** siéntate en una postura cómoda y relaja los hombros.

2. **PONTE LAS MANOS EN EL ABDOMEN:** sitúa las manos sobre el abdomen, un poco por debajo del ombligo.

3. **INSPIRA PROFUNDO:** inspira profundamente a través de la nariz dejando que sobresalga el vientre (como si hubieras comido mucho).

4. **ESPIRA COMPLETAMENTE:** manteniendo el pecho relajado, espira con fuerza para que la pared del vientre vuelva hacia la columna.

5. **CONTINÚA CON LA RESPIRACIÓN VENTRAL:** inspira y espira nueve veces sintiendo cómo se relaja tu cuerpo. Reconoce los pensamientos que te crucen por la cabeza y déjalos pasar. No insistas en ningún pensamiento particular; simplemente obsérvalos y déjalos pasar. Practica así hasta que seas capaz de observar los pensamientos sin reaccionar emocionalmente a ellos.

EXPLORACIÓN CORPORAL

1. RELÁJATE: siéntate o túmbate en una posición cómoda.

2. RESPIRA: haz nueve respiraciones profundas para relajar el cuerpo y la mente.

3. LA CABEZA: empieza por deslizar los dedos por el pelo, sintiendo la sensación del cuero cabelludo con la punta de los dedos o las uñas. Desplaza los dedos sobre tu rostro, sintiendo las curvas de tus labios y mejillas. Algunas mujeres encuentran sus orejas muy eróticas. Dibuja círculos alrededor de los lóbulos de las orejas o acaricia la piel que las rodea.

4. EL CUELLO: baja las manos hasta el cuello, sintiendo la sensación que te produce tocarte la nuca y, por delante, la base del cuello, donde éste se une con el pecho. ¿Cuáles son los puntos especialmente sensibles para ti, los que más responden?

5. LOS BRAZOS: sigue bajando por cada uno de los hombros y por los brazos. Tal vez descubras que la parte interior de tus brazos es muy sensible, como lo son las axilas. Las manos y los dedos también pueden ser muy sensibles, especialmente la piel que queda entre los dedos. El cuerpo puede excitarse por una variedad de sensaciones. Si lo deseas, puedes probar a lamer o chupar partes de tu mano, los dedos o brazos y después soplar sobre ellas. También puedes usar plumas o tejidos suaves para deslizarlos por tu piel a fin de estimularte más.

6. LOS PECHOS: cógete los pechos con las manos. Dibuja círculos por la parte externa de los pechos, sintiendo la suavidad de su piel. A algunas mujeres les gusta que les aprieten los senos, y otras prefieren toques ligeros. Avanza lentamente hacia los pezones. Para muchas mujeres los pezones son exquisitamente sensibles a la estimulación. Experimenta con un toque ligero y con una presión más intensa o apretando los pezones. En general, cuanto más excitada esté la mujer, más intensa puede ser la estimulación de los pechos y pezones. La mayoría de las mujeres prefieren empezar con un toque suave. Observa qué te hace sentirte mejor.

7. EL VIENTRE: a continuación, acaríciate el vientre sintiendo dónde se curva. Un vientre suave es considerado extremadamente sensual (por eso la danza del vientre es tan erótica). Tócate y explórate el ombligo.

8. LOS GLÚTEOS: usa las uñas para acariciarte la espalda y los glúteos. Abarca los glúteos con las manos y siente la solidez de su peso.

9. LAS PIERNAS: ahora desciende hacia los dedos de los pies. Los pies pueden ser muy sensibles, especialmente a lo largo del empeine y entre los dedos. Algunos amantes disfrutan chupándose mutuamente los pies. Usando aceite, desliza los dedos de las manos entre los dedos de los pies. Tócate el empeine y la parte posterior del talón. Masajéate las pantorrillas, sintiendo los músculos debajo. La parte posterior de las rodillas es sensible y a veces siente cosquillas. Asciende por la parte externa de los muslos y después por la parte interna. A medida que te acerques al triángulo púbico, notarás que la piel de los muslos se hace más suave y sensible.

10. EL TRIÁNGULO PÚBICO: desliza los dedos por el vello púbico. Siente la suavidad y plenitud de los labios externos de la vagina. Abre los labios externos con una mano, y con la otra explora los labios internos de la vagina. El aceite o un lubricante pueden serte útiles para mantenerte lubricada. Tócate el área que rodea la vagina y el perineo. ¿Dónde es más sensible tu piel?

11. EL CLÍTORIS: mueve los dedos alrededor del clítoris. A muchas mujeres les gusta la presión indirecta, bien desde un lado o desde encima del clítoris. Experimenta con distintos toques, presiones laterales y círculos alrededor; sigue con pellizcos suaves, ejerciendo una presión rítmica en contraste con otra presión más constante, o con toques ligeros contrastados con otros más firmes. Recuerda que se trata de explorar no es necesario tener un orgasmo.

12. LA VAGINA: lleva los dedos a la vagina. Usando aceite o lubricante si lo crees necesario, introduce un dedo en la vagina. Observa que la primera vez que entras está un poco más apretada y luego se abre más. La zona más tensa es tu músculo pubococcígeo o músculo PC, que comentaremos más adelante. La vagina es sorprendentemente elástica, por lo que puede adaptarse al grosor de un dedo, de cuatro dedos, de un gran pene o de un consolador. Explora las paredes de la vagina notando sus distintas texturas y sensaciones.

13. TU PUNTO G: a lo largo de la pared frontal del lado ventral, a una distancia de entre uno y dos tercios de dedo en la parte interior de la vagina, existe una zona del tamaño de una moneda pequeña que puede abultarse y elevarse cuando te excitas. Esta zona es el famoso punto G[2]. Los taoístas conocen este punto con el nombre de «perla negra». No siempre resulta fácil encontrarlo, pero la mayoría de las mujeres tienen mejor suerte cuando están excitadas, porque esa zona se agranda y sobresale.

Entra unos tres centímetros en la vagina con el dedo en forma de gancho o con un consolador y presiona rítmicamente en dirección ascendente, hacia el vientre. La ubicación del punto G varía dependiendo de cada mujer, por lo que tendrás que explorar. La estimulación del punto G da a menudo ganas de orinar (porque el tejido del punto G rodea a la uretra). Con cierta relajación y persistencia, este impulso da paso a una placentera sensación de plenitud. Los orgasmos producidos por este punto son distintos de los clitoridianos, algo más profundos y difusos. En los orgasmos causados por la excitación del punto G, algunas mujeres eyaculan un fluido claro a través de la uretra que no es orina[3].

14. OTROS PUNTOS: algunas mujeres tienen puntos X e Y a la izquierda o a la derecha del punto G y a la misma profundidad. Además, algunas mujeres descubren que en lo profundo de la vagina, bien justo delante o justo detrás de la cerviz, en el callejón sin salida, experimentan una sensación placentera en la penetración. Lugares tales como el punto G o la zona que queda justo en frente de la cerviz son más fáciles de estimular desde atrás, bien con los dedos, con un consolador o con el pene. Los puntos de la pared posterior de la vagina se estimulan mejor desde delante; por ejemplo, en la posición del misionero. Empleando los dedos, un consolador o un vibrador (¡o cualquier otro objeto largo y liso que tengas a mano!), observa por ti misma donde se encuentran tus puntos de placer.

15. EL PERINEO Y EL ANO: descendiendo de la vagina encontramos el perineo, el puente muscular entre la vagina y el recto. Cuando están excitadas, a algunas mujeres esta zona les resulta estimulante. Que el ano y la zona que le rodea sea sensible es aún más habitual. Si nunca te has tocado ni has recibido toques placenteros en esa zona, comienza con una estimulación muy ligera alrededor del ano. Tal vez quieras experimentar con la penetración (usando mucho lubricante), si te resulta placentera. A algunas mujeres esta zona no les resulta especialmente agradable; puedes saltarte esta parte de la estimulación si lo deseas.

Si este ejercicio te deja agradablemente excitada y deseando seguir, pasa a la sección siguiente donde exploramos nuestro potencial orgásmico. Si todavía te sientes tímida o incómoda, querrás repetir este ejercicio una serie de veces, y practicar la respiración abdominal cuando sea necesario. Recuerda: cuanto mejor conozcas lo que te excita, más placer experimentarás y podrás compartir con tu compañero. Permite que este ejercicio sea el catalizador de toda una vida de autoamor.

Cultiva tu potencial orgásmico

Un tercio de las mujeres no tienen orgasmos nunca; otro tercio los tiene ocasionalmente, y sólo el tercio restante los tiene regularmente.

Ahora que has explorado tus sensuales terrenos corporales, puedes aprender a llevarte al orgasmo cuando lo desees. Según los investigadores Beverly Whipple, William Hartman y Marilyn Fithian, un tercio de las mujeres no tienen orgasmos nunca; otro tercio los tiene ocasionalmente, y sólo el tercio restante los tiene regularmente [4]. Si eres una de las mujeres que nunca tiene orgasmos o sólo los tiene ocasionalmente, los ejercicios de este libro te ayudarán a tener todos los orgasmos que quieras, cuando quieras.

EL ORGASMO CLÍNICO

La experiencia del orgasmo es única para cada persona. Especialmente en el caso de las mujeres, la duración e intensidad del orgasmo puede variar enormemente de una persona a otra. También variará de una experiencia sexual a otra, incluso dentro del mismo encuentro amoroso. Dicho esto, a continuación damos la descripción clásica de un orgasmo femenino simple realizada por los pioneros de la investigación sexual, Masters y Johnson.

La excitación sexual atrae sangre hacia la zona pélvica, produciendo el agrandamiento del clítoris y los labios vaginales. Con el aumento de la estimulación, la mujer pasa de la fase de excitación a la del orgasmo, que consiste en una serie de contracciones del músculo pubococcígeo o músculo PC, el músculo que rodea al ano, la vagina y la uretra. La frecuencia de las contracciones es de aproximadamente una por segundo, y la duración total del orgasmo está entre tres y doce segundos.

La mujer experimenta un placer extremo y sensaciones pulsantes centradas en la zona pélvica que irradian hacia el exterior. Durante el orgasmo, el ritmo respiratorio, el ritmo cardíaco y el tono muscular aumentan. Después del orgasmo, la excitación se reduce a ritmo constante, produciendo una sensación general de paz y relajación en todo el cuerpo [5]. Esta descripción clínica, por supuesto, no llega a transmitir el maravilloso placer del orgasmo.

Éste es el modelo básico del orgasmo femenino, y es muy parecido a la experiencia masculina del orgasmo único. Algunas mujeres se excitan de este mismo modo y tienen un único orgasmo intenso. Otras mujeres pueden tener dos o más orgasmos discretos dentro de la misma sesión de autoplacer o del mismo encuentro sexual. Ciertas mujeres tienen lo que los taoístas denominan «orgasmos valle», en los que la excitación aumenta y el placer se mantiene entre múltiples orgasmos. No hay un modo específico de tener orgasmos que sea el adecuado. A medida que te hagas orgásmica y multiorgásmica, tu cuerpo encontrará su propia manera de sentir placer. Las pautas son diferentes de una mujer a otra, y también de un orgasmo a otro en la misma mujer. Veamos ahora algunos modos de cultivar la excitación y el orgasmo.

CALENTAMIENTO

Antes del autoplacer, a muchas mujeres les resulta extremadamente placentero leer literatura erótica o contemplar imágenes sexualmente excitantes. En contra de la creencia popular, a muchas mujeres estas experiencias les excitan tanto como a los hombres. Sin embargo, gran parte del material erótico al que tenemos acceso normalmente está escrito por y para los hombres, y satisface sus fantasías sexuales. Algunas de estas imágenes pueden ser excitantes para las mujeres, pero a menudo no es así. Ciertas mujeres se sienten ofendidas o traumatizadas por las imágenes y la literatura pornográfica. Afortunadamente, ahora existe una amplia oferta de literatura y películas eróticas hechas por y para mujeres. (Encontrarás algunas sugerencias en la sección Bibliografía, al final del libro).

A algunas mujeres les disgusta explícitamente el material erótico y, en cambio, les excitan mucho las novelas románticas. Sea cual sea el material que te resulte estimulante, desde lo más ligero a lo más duro, no hay absolutamente nada reprochable en usarlo para tu autocultivo. La fantasía es parte integral de nuestra sexualidad.

La fantasía de algunas mujeres es tan intensa que pueden tener orgasmos a partir de su propia imaginería sexual, sin necesidad de contacto físico. Gina Ogden, Beverly Whipple y Barry Komisaruk midieron las respuestas físicas de estas mujeres es un entorno clínico, probando que podían llegar al orgasmo exclusivamente a través de la imaginación [6]. Nunca subestimes el poder de la mente. Cuando aprendas a canalizar tu energía sexual por todo el cuerpo como se enseña en el Capítulo 3, podrás experimentar oleadas de placer orgásmico cuando lo desees.

Algunas mujeres sienten culpabilidad respecto a sus fantasías porque tienen contenidos excitantes pero molestos. Por ejemplo, las mujeres pueden fantasear con experiencias que nunca les gustaría tener en la vida real, como la violación. No hay por qué sentir vergüenza de lo que nos excita. Siempre que el encuentro sexual sea seguro y esté consensuado, no existe razón alguna para avergonzarse. Nuestra vida sexual es una compleja trama de instinto, experiencia e imaginación. No podemos separar los distintos hilos de su tejido, del mismo modo que no podemos separar los hilos de una telaraña sin deshacerla. Es importante señalar que nuestra vida de fantasía funciona mejor cuando está libre de juicios y restricciones. Debemos responsabilizarnos de nuestras acciones, pero en la imaginación tenemos una libertad total.

AYUDANTES PRÁCTICOS

Muchas mujeres prefieren excitarse con la ayuda de un vibrador o consolador durante el cultivo en solitario. En el mercado hay una amplia variedad de vibradores y consoladores, y te sugerimos que lo adquieras en una tienda donde te ayuden a conseguir uno que te permita sentirte cómoda. También puedes pedirlos a través de los catálogos de venta por correo o, si lo prefieres, por Internet. Experimenta con todas las herramientas sexuales para ver cuál te excita más. Muchas mujeres prefieren el vibrador para estimularse el clítoris y el consolador para la penetración. Hay consoladores de todas las formas y tamaños para complacer las preferencias individuales o para usos particulares (como la estimulación del punto G). Algunos juguetes sexuales están diseñados para la estimulación anal. El único modo de saber qué funciona mejor para ti es hacer la prueba. Algunas tiendas permiten a los clientes probar los aparatos allí mismo (siempre con las debidas precauciones sanitarias).

RELAJACIÓN Y SENTIDO DEL HUMOR

La mejor disposición de ánimo para la excitación y el orgasmo es la relajación.

La mejor disposición de ánimo para la excitación y el orgasmo es la relajación. Quizá los mayores enemigos del placer sexual sean la ansiedad y el estrés. Cuando empieces a sentirte ansiosa, detente y toma unas respiraciones como aprendimos en el ejercicio de respiración de la página 53.

Otro excelente antídoto del miedo y la ansiedad es la risa. Durante la exploración, sola o con un compañero, el sentido del humor será el activo más valioso. Todas nos sentimos un poco tontas y no muy atractivas cuando empezamos a explorar nuestro placer. «No puedo creer que ya tenga ____ años y que esté aquí con este aparato a pilas tratando de excitarme.» Es muy sano reírse de la situación. Pero, a continuación, sigue con la exploración corporal. Puede que necesites varias sesiones de autoplacer antes de encontrar la técnica que te active. Recuerda que encontrar los puntos placenteros, independientemente de que alcances el orgasmo o no, supone un incentivo importante.

Como en el último ejercicio, prepara el escenario para el autoplacer asegurándote de que no serás interrumpida en los próximos treinta minutos. Haz cualquier actividad que te ayude a relajarte: ejercicio, tomar un baño caliente, tomar un vaso de vino[7], poner música, encender velas, etc.

Ejercicio 9

HACIA EL ORGASMO

1. DATE PLACER: usando las técnicas aprendidas en el último ejercicio, comienza a tocarte empezando por las manos, pies, piernas y brazos y ascendiendo paulatinamente hacia las zonas más erógenas: pezones, clítoris y vagina. Como antes, experimenta con distintas caricias y áreas de estimulación.

2. PONTE PROVOCADORA CONTIGO MISMA: no tengas ninguna prisa. Cuando sientas que estás yendo hacia el orgasmo, prolonga la experiencia tocándote otras partes menos sensibles y volviendo a continuación a los puntos más sensibles. Llega cerca del orgasmo y vuelve a alejarte varias veces. Así aumentarás su intensidad.

3. PRUEBA CON UN AYUDANTE PRÁCTICO: si no te resulta fácil tener un orgasmo ni lo alcanzas con frecuencia, puede que necesites varias sesiones para conseguirlo a través de la autoestimulación. Si no tienes éxito con la estimulación manual y te resulta cómodo, usa un vibrador. Para muchas mujeres el vibrador es la forma más rápida de estimularse el clítoris y el camino más fácil para llegar al orgasmo.

4. ACTITUD DE GRATITUD: después del orgasmo o al acabar el ejercicio, tómate tiempo para seguir acariciándote el cuerpo. Agradece a tu cuerpo que te proporcione tanto placer. Y, lo más importante, siente agradecimiento hacia ti misma por dedicarte el tiempo necesario para darte este regalo de autoamor.

Para muchas mujeres el vibrador es la forma más rápida de estimularse el clítoris y el camino más sencillo para llegar al orgasmo.

Si no consigues llegar al orgasmo las primeras veces que lo intentes, ten paciencia contigo misma. Cualquier cantidad de placer que experimentes es positiva en sí misma. El orgasmo no es el objetivo último; el objetivo es sentir placer corporal. Lo único que se necesitas para practicar el cultivo en solitario y la sexualidad taoísta es generar energía sexual o *chi*. Para obtener más información sobre las dificultades con el orgasmo, léase la sección «Perderse el Big Bang: superar la anorgasmia» (anorgasmia es la ausencia de orgasmo), al final de este capítulo. Los siguientes ejercicios para fortalecer el músculo PC también te ayudarán a incrementar el placer que ya experimentas y a convertirte en multiorgásmica.

Tu músculo sexual

Si tuvieras que elegir un músculo esencial para el desarrollo y el placer sexual, éste sería el músculo PC, a veces llamado también el músculo del amor

Ejercitar este músculo es mucho más importante para tu vida sexual que todas las horas que practiques en el gimnasio.

El músculo PC de la mujer, que es importante para hacerse multiorgásmica, se extiende desde el hueso púbico a la rabadilla.

o músculo sexual. Ejercitar este músculo es mucho más importante para tu vida sexual que todas las horas que practiques en el gimnasio. El fortalecimiento de tu músculo pubococcígeo (PC) te ayudará a tener orgasmos cuando desees, mejorará tu capacidad de tener orgasmos múltiples y te dará la fuerza necesaria para dar un intenso placer a tu compañero durante el coito.

Tu músculo PC es la banda muscular que yace en el fondo de la pelvis y soporta todos los órganos sexuales y reproductivos, así como la uretra y el recto. La contracción del músculo PC aumentará el placer que sientes y la facilidad de tener orgasmos a partir de la estimulación tanto clitoridiana como vaginal. Beverly Whipple, coautora de *El punto «G»*, lo explica así: «Cuanto más fuerte es el músculo PC..., mayor es la respuesta orgásmica de la mujer. El fortalecimiento de tu músculo PC es la cosa más importante que puedes hacer para mejorar tus posibilidades de tener múltiples orgasmos» [8]. Cuando contraes el músculo PC, incrementas el flujo de sangre hacia la vagina y el perineo, lo que aumenta la energía sexual y la lubricación.

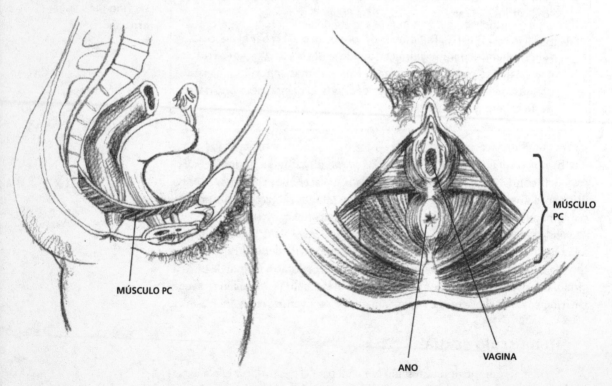

MÚSCULO PC

MÚSCULO PC

ANO

VAGINA

Puedes que hayas oído hablar de músculo PC en conexión con el parto. Los médicos suelen recomendar a las mujeres que practiquen unos ejercicios del músculo PC llamados Kegel antes y después de dar a luz[9]. Estos ejercicios están diseñados para fortalecer el músculo y mejorar su elasticidad durante el proceso natal. También mejoran los soportes musculares de la vagina y el útero después del parto y a medida que la mujer envejece.

Con la edad, la fuerza del músculo PC disminuye, a menos que lo ejercitemos regularmente. Si la mujer ha dado a luz varias veces, el músculo estará aún más debilitado. Por esta razón, a muchas mujeres les cuesta contener la orina cuando se hacen mayores. El fortalecimiento del músculo PC es importante para conservar nuestra salud general y realizar nuestro potencial sexual.

A medida que envejecemos disminuye la fuerza del músculo PC, a menos que se ejercite con regularidad.

FORTALECER EL MÚSCULO PC

Aprender a contraer el músculo PC puede suponer un buen desafío. La próxima vez que vayas a orinar, detén la expulsión de orina y vuelve a comenzar varias veces hasta vaciar la vejiga. Para conseguirlo tienes que activar el músculo PC. Debes tener la sensación de tirar de la uretra y de la zona vaginal ligeramente hacia arriba, hacia tu cuerpo.

Si no consigues detener el flujo de orina, tu músculo PC está débil. No te preocupes porque, como cualquier otro músculo del cuerpo, el músculo PC puede fortalecerse con el ejercicio regular. (Si a veces te cuesta retener la orina, especialmente en el momento de toser, estornudar o cuando te ríes, o si no puedes llegar al baño a tiempo, puede que tengas problemas anatómicos que deberías comentar con tu médico. Los ejercicios Kegel siguen siendo muy recomendables en estos casos, pero sería bueno escuchar el consejo del doctor.)

Algunas mujeres empujan hacia abajo en lugar de tirar hacia arriba cuando empiezan a practicar los ejercicios de fortalecimiento del músculo PC. Es importante que te familiarices con la sensación que se siente al elevar o apretar el músculo PC. Estos ejercicios no requieren el empleo de la musculatura abdominal. De hecho, se hacen mucho mejor cuando el resto de los músculos están relajados.

Para aprender estos ejercicios, resulta muy útil tener algo contra lo que contraer el músculo PC. Esa resistencia te permitirá apretar con más fuerza.

Ejercicio 10

APRETAR CON LA VAGINA

1. Túmbate o siéntate en el borde de una silla o en el inodoro, o méte-te dos dedos lubricados en la vagina.

2. Aprieta el músculo PC sobre los dedos. Debes sentir una ligera contracción en las paredes de la vagina, aproximadamente a dos centímetros y medio de la entrada.

3. Separa los dedos haciendo el signo de la paz. Vuelve a contraer el músculo tratando de juntar los dedos. Si no puedes conseguirlo, tu músculo PC necesita fortalecerse.

Cuando aprendes a contraer el músculo PC, ejercitarlo es relativamente fácil y simple. Existen muchas técnicas diferentes para ejercitar el músculo PC con distintos tiempos de contracciones y repeticiones. Una recomendación habitual es contraer el músculo, mantenerlo contraído durante diez segundos y soltar. Si no consigues tenerlo tanto tiempo apretado, tenlo el tiempo que puedas y después suelta. Para empezar puedes hacerlo diez veces e ir aumentando poco a poco hasta llegar a cincuenta contracciones tres veces al día.

ENCONTRAR EL CAMINO

Músculos circulares

La técnica empleada tradicionalmente por los taoístas para ejercitar el músculo PC es de gran ayuda. Hace uso del conocimiento taoísta de que todos los músculos circulares del cuerpo (ojos, boca, uretra, vagina y ano) están conectados. Apretando los músculos que rodean los ojos y la boca puedes aumentar la intensidad de los ejercicios PC. Para contraer los músculos que rodean los ojos, basta con apretarlos, y para contraer los músculos de la boca es suficiente con chupar, como el bebé cuando se le amamanta. Es mejor apretar el músculo PC durante la espiración, porque eso ayuda a relajar todos los demás músculos y a aislar el PC.

También puede resultar útil hacer los ejercicios PC contra la resistencia de un consolador o del pene de tu compañero introducido en tu vagina. Tal vez descubras que la contracción del músculo PC durante el encuentro sexual aumenta notablemente tu excitación. Contrayendo el músculo PC, aumentas la energía sexual en la región pélvica, extendiendo una cálida oleada de excitación por todo el cuerpo. Contraer el músculo contra un pene o consolador que está siendo retirado de la vagina puede resultar extremadamente estimulante, porque crea una sensación de succión en las paredes vaginales. Puede que desees experimentar y ver qué te resulta más excitante.

A medida que el músculo vaya fortaleciéndose más y más, tu amante podrá apreciar que las contracciones contra su pene son más vigorosas. Para la mayoría de los hombres resulta muy excitante que la mujer se contraiga contra su pene durante el coito. Los taoístas recomiendan decididamente que la mujer se contraiga alrededor del glande del pene, lo que dará vigor a todo el cuerpo masculino (véase Capítulo 5) y le permitirá experimentar altos grados de placer sin eyacular. Esta técnica también puede prolongar la cantidad de tiempo que se dedica al encuentro y aumentar las posibilidades de ambos de hacerse multiorgásmicos.

Ejercicio 11

CONTRACCIONES DEL MÚSCULO PC

1. INSPIRA Y CONCÉNTRATE: inspira y concéntrate en la vagina.

2. ESPIRA Y CONTRAE: al espirar, contrae el músculo PC.

3. INSPIRA Y RELAJA: inspira y relaja los músculos.

4. REPITE, ESPIRA/CONTRAE E INSPIRA/RELAJA: sigue contrayendo los músculos al espirar y relajándolos al inspirar. Contrae y relaja siguiendo la respiración, empezando con dieciocho veces y aumentando progresivamente hasta treinta y seis veces o más. (Después de cada serie de dieciocho, descansa un poco antes de continuar).

5. CONTRAE TODO EL TIEMPO QUE PUEDAS: ahora repite el ejercicio, pero en esta ocasión contrae los ojos, la boca, el músculo PC y el ano todo el tiempo que puedas antes de espirar. Haz nueve contracciones largas y después descansa antes de empezar otra serie de nueve.

Uno de los resultados de los ejercicios del músculo PC es que despertarán tu energía sexual estés donde estés. ¡Pueden añadir mucho aliciente a una aburrida reunión de negocios! Si puedes disfrutar de esa cálida energía, genial. Sin embargo, algunas mujeres se quejan de que el aumento de energía sexual las distrae. Si éste es tu caso, tendrás que aprender los ejercicios del Capítulo 3 que te enseñan a canalizar esta energía hacia el cerebro para incrementar tu nivel energético y concentración.

Hazte multiorgásmica

Las mujeres tienen una capacidad para el placer sexual prácticamente inagotable. Pero, aunque todas las mujeres tienen la capacidad de tener múltiples orgasmos, muchas no los experimentan, o no lo hacen regularmente. ¿Por qué algunas mujeres tienen orgasmos y otras no? ¿Por qué la misma mujer lo tiene unas veces y otras no? Muchas mujeres que no sabían que podían tener múltiples orgasmos los han descubierto al ir probando nuevas experiencias o nuevos compañeros, o al hacerse más expertas.

En el famoso estudio sobre sexualidad realizado por Alfred Kinsey en la década de los cincuenta, tan sólo un 14 por 100 de las mujeres eran multiorgásmicas. En 1970 el número de mujeres multiorgásmicas había aumentado muy poco, hasta el 16 por 100[10]. E incluso actualmente, las mujeres multiorgásmicas son muchas menos de lo que cabría esperar. En contra de la creencia popular, sólo entre un 15 y un 25 por 100 de las mujeres son multiorgásmicas[11].

Recientemente se ha enviado un cuestionario anónimo a 805 enfermeras con formación universitaria. Este estudio mostró que el 43 por 100 de ellas tenían múltiples orgasmos[12]. ¿Cómo es que las enfermeras tienen tanta suerte?

¿QUÉ ES LO QUE DIFERENCIA A LAS MUJERES MULTIORGÁSMICAS?

El mismo estudio que hemos mencionado examinó detenidamente las características que diferencian a las mujeres multiorgásmicas de las que tienen un único orgasmo.

Autoplacer: es más probable que las mujeres multiorgásmicas se masturben y hayan tenido orgasmos desde una edad más temprana. Aunque esto puede atribuirse a que su apetito sexual innato es más intenso, es muy probable que estas mujeres hayan crecido en un entorno más abierto a la exploración sexual, o que simplemente tuvieran la suerte de tropezarse antes con el orgasmo. Una de las mujeres multiorgásmicas que entrevistamos para este libro nos dijo que, siendo niña, desarrolló una marcada preferencia por el grifo de la bañera después de haber experimentado allí su primer orgasmo. Después de eso, nunca se negó a tomar un baño.

Las primeras experiencias de orgasmo condicionan nuestros cuerpos, acostumbrándolos a tener orgasmos. Aunque no podemos volver atrás en el tiempo y cambiar nuestras experiencias infantiles, lo que sí podemos hacer actualmente es tener más orgasmos, condicionando nuestro cuerpo para repetirlos una y otra vez. El cuerpo funciona a base de hábitos. Cuando nos ponemos al

En contra de la creencia popular, sólo entre un 15 y un 25 por 100 de las mujeres son multiorgásmicas.

volante del coche no necesitamos pensar demasiado sobre la conducción, y tampoco nos planteamos cómo cepillarnos los dientes antes de acostarnos. Lo mismo ocurre con cualquier comportamiento regularizado. A base de experiencia, desarrollamos senderos neuronales que nuestro cuerpo aprende a recorrer. El orgasmo no es diferente. Cuantos más orgasmos tengas, más *podrás* tener.

Conocen sus puntos placenteros: las mujeres multiorgásmicas exploran más su sexualidad. Esto no implica que tengan que interesarse más que las demás por los accesorios y aparatos sexuales o por las relaciones sexuales. Simplemente significa que han explorado (o han permitido a su compañero explorar) su paisaje sexual. Conocen los lugares de su cuerpo que les hacen vibrar y los que les hacen cantar. A medida que vayas haciendo los ejercicios de este libro y descubras tus puntos de placer, aprenderás a darte placer y podrás ayudar a tu compañero a dártelo.

Se estimulan física y mentalmente: las mujeres multiorgásmicas se estimulan el clítoris durante el encuentro sexual o hacen que se lo estimule su compañero. Como el clítoris es el órgano sexual clave para la mayoría de las mujeres, es absolutamente imprescindible que lo estimulemos o que hagamos que nuestro compañero lo estimule mientras tratamos de tener un orgasmo.

También es más probable que las mujeres multiorgásmicas empleen la estimulación vaginal cuando se masturban y que sientan orgasmos con la penetración vaginal de sus compañeros. Además de optimizar la estimulación clitoridiana, optimizan la estimulación de los puntos sensibles de su vagina. Por otra parte, también buscan y reciben más frecuentemente estimulación en los pezones y mantienen su mente estimulada con fantasías sexuales, películas eróticas y literatura.

Piden lo que desean: las mujeres multiorgásmicas son capaces de pedir lo que desean o de dirigir las manos, la boca o el pene de su compañero hacia donde quieren. Es más probable que den y reciban sexo oral. También estimulan, o hacen que sus compañeros estimulen, una gran variedad de zonas erógenas al mismo tiempo. Mezclan y combinan su estimulación, uniendo la de los pezones con la clitoridiana, y ésta con la estimulación de la vagina profunda o del punto G.

El hecho de que estas mujeres tengan múltiples orgasmos no es ningún misterio, ya que estimulan todas sus zonas sensibles con más frecuencia y tienen compañeros que están dispuestos a hacer lo mismo.

¿A qué conclusión puedes llegar? Usando estas claves de las mujeres multiorgásmicas y las habilidades aprendidas en los ejercicios realizados hasta ahora, los nueve pasos siguientes te ayudarán a tener múltiples orgasmos cuando los desees. Si quieres tener múltiples orgasmos con tu compañero, será una buena idea animarle a leer este breve programa de nueve pasos. Tu compañero se convertirá en un asistente mucho más hábil y capaz cuando haya leído las páginas siguientes.

A base de experiencia, desarrollamos senderos neuronales que nuestro cuerpo aprende a recorrer. El orgasmo no es diferente. Cuantos más orgasmos tengas, más podrás tener.

Nueve pasos hacia los orgasmos múltiples para cualquier mujer

PRIMER PASO: DEBES CREER

Los orgasmos no ocurren entre las piernas, sino entre las orejas. Sabemos que esto es cierto porque hasta las personas parapléjicas o tetrapléjicas, que no sienten nada de la cintura para abajo, siguen teniendo orgasmos cuando se les estimula en otras partes del cuerpo (por ejemplo, en el pecho o cuello). Muchas mujeres que se creen incapaces de tener múltiples orgasmos descubren que no es así cuando tienen «accidentalmente» un segundo orgasmo. Tienes que creer que puedes tener más de un orgasmo y trabajar conscientemente para conseguirlo. Experimentar múltiples orgasmos por primera vez requiere persistencia, pero recuerda que cuantas más veces los tengas, más fácil y rápidamente los tendrás la próxima vez.

SEGUNDO PASO: ACTIVA LA IMAGINACIÓN

La imaginación de la mujer es el principal instrumento de su deseo; por lo tanto, no te olvides de usarla. Recuerda que cuanto más excitada te sientas, más energía sexual tendrás y más fácil te resultará tener múltiples orgasmos.

Al principio de este capítulo hemos explorado las cosas que te excitan. Ahora no te olvides de usar estos conocimientos. Puedes anticipar el encuentro sexual con toques sexuales pasajeros o largos besos a lo largo del día. También puedes preparar el lugar de encuentro disponiendo una iluminación adecuada y perfumes que estimulen tu sensualidad. Si ciertos lugares o ciertos momentos del día te resultan más eróticos, hazlo allí y entonces. A veces una cita por sorpresa a media tarde con tu amante puede ser mucho más satisfactoria que en el momento de ir a dormir.

Si te gusta, explora literatura o películas eróticas. Compartirlas con tu amante puede ser un agradable preludio del encuentro sexual. Cuanto más vigorosa sea tu vida de fantasía, más podrás aumentar tu excitación a voluntad.

Aunque la fantasía es una parte importante del cultivo en solitario y del encuentro sexual, fantasear con otra persona mientras haces el amor con tu compañero puede distraerte del intercambio energético que se está produciendo entre vosotros. El encuentro sexual taoísta favorece la mezcla sutil de las energías sexuales para renovar la fuerza física y espiritual de los amantes. Si no estás mentalmente con tu compañero, este intercambio sexual no puede ocurrir. En cualquier caso, esto no significa que no puedas fantasear mientras haces el amor; tan sólo que tienes que estar presente emocional y espiritualmente ante tu compañero. Por ejemplo, podrías imaginar que ambos estáis solos en una cálida playa caribeña, en lugar de estar en vuestra habitación de Madrid.

Los orgasmos no ocurren entre las piernas, sino entre las orejas.

TERCER PASO: PUNTOS DE PLACER

Las mujeres multiorgásmicas potencian su excitación recibiendo estimulación en muchos puntos erógenos diferentes. Algunos de ellos (el clítoris, el punto G) son tan importantes que los comentaremos detalladamente a continuación. Ya habrás descubierto tus propios puntos sensibles en la exploración corporal realizada al principio del capítulo.

Si tocar la curva de tus oídos te vuelve loca o acariciar la parte interior de tus muñecas te conmueve, acaríciate esos puntos durante el autoplacer o haz participar de estos secretos a tu amante. Chupar los dedos de las manos o de los pies es un maravilloso preludio de la intensa estimulación que está por venir.

Para la mayoría de las mujeres, la estimulación de los pezones resulta extremadamente excitante. De hecho, algunas mujeres pueden llegar al orgasmo estimulándose exclusivamente los pezones. Si eres de las que disfrutas jugando con los pezones, pueden ser una gran fuente de energía sexual. Puedes estimulártelos durante el autoplacer o en el encuentro sexual con tu compañero. A la mayoría de los hombres les parecerá muy erótico observar cómo te estimulas.

La sensibilidad de los pezones varía mucho de unas mujeres a otras, y lo mismo ocurre con sus preferencias en cuanto a toques y caricias. Algunas mujeres prefieren siempre un toque ligero como la seda. A otras les resulta muy erótica una manipulación más enérgica de sus pechos y pezones que incluya pequeños tirones y pellizcos, chupeteos intensos y giros. En general, todas las mujeres prefieren toques ligeros cuando están menos excitadas y toques más intensos cuando aumenta la excitación.

A veces, recibir estimulación en los pezones en el momento equivocado o del modo equivocado puede producir dolores o náuseas. Es importante mostrar a tu compañero cómo te gusta ser tocada y darle un *feedback* continuado —verbal y no verbal— sobre tus preferencias. Si no tienes los pezones especialmente sensibles, recuerda que, como muchas otras partes del cuerpo, cuanta más atención les concedas, más sensibles se harán.

Recuerda que todo cosquilleo corporal aumentará tu *ching* o energía sexual, facilitando el acceso al segundo, tercer o cuarto orgasmo.

CUARTO PASO: EL ARTE DE LA LENGUA

Si el vibrador es la forma más simple de tener orgasmos para las mujeres durante el cultivo en solitario, el sexo oral es probablemente la manera más fácil de tener orgasmos para las mujeres en el encuentro sexual con sus compañeros. Resulta difícil superar el intenso placer que produce la estimulación directa del clítoris con la suave y maleable superficie de la lengua y el chupar de la boca. En la década de los cincuenta, el sexo oral se consideraba tabú en los países occidentales, pero, desde la revolución sexual de los años sesenta y setenta, está ampliamente aceptado y su práctica es frecuente.

Las mujeres multiorgásmicas potencian su excitación recibiendo estimulación en muchos puntos erógenos diferentes.

Si el vibrador es la forma más simple de tener orgasmos para las mujeres durante el cultivo en solitario, el sexo oral es probablemente la manera más fácil de tener orgasmos para las mujeres en el encuentro sexual con sus compañeros.

Cuando Susan Crain Bakos entrevistó a mujeres multiorgásmicas para su libro *Querida superlady del sexo*, descubrió que habitualmente las mujeres que experimentan múltiples orgasmos tienen el primero de ellos mientras reciben sexo oral. Estas mujeres informaron de que podían tener más fácilmente el segundo orgasmo después del sexo oral que si el primer orgasmo había tenido lugar durante el coito o por medio de la estimulación manual. «Su otro "secreto" era una estimulación variada; cunnilingus seguido de penetración con estimulación manual simultánea. Además, a menudo hacían pequeños cambios de posición para sentir las sensaciones donde y como deseaban» [13]. La lengua es un instrumento perfecto para estimular el clítoris, porque es fuerte, flexible y suave.

En nuestra época, son muchas más las parejas que practican habitualmente el cunnilingus que hace cuarenta años, pero sigue habiendo parejas que, por diversas razones, no hacen de él parte activa de su vida sexual.

La sensación de incomodidad respecto al cunnilingus puede estar tanto de parte de quien da como de quien recibe. Sorprendentemente, hemos descubierto que muchas veces son las mismas mujeres las que se sienten más incómodas con la idea del sexo oral que sus compañeros.

La principal causa de preocupación parece ser la de tener la boca cerca de la zona genital y excretora del cuerpo de la otra persona. (En otras palabras, «la zona de ahí abajo es sucia».) Puede resultar revelador saber que la variedad y concentración de bacterias en la propia boca rivaliza fácilmente con la concentración bacteriana en el perineo o en la zona vaginal. No nos «ensuciamos» besando los genitales de nuestro compañero, y si te bañas con regularidad, tus genitales estarán lo suficientemente limpios como para recibir el beso de tu pareja.

La vagina tiene un mecanismo de autolimpieza plenamente satisfactorio. Poner en ella otras sustancias para «refrescarla» no hace sino alterar su saludable equilibrio original. No recomendamos la ducha vaginal en absoluto, a menos que haya sido prescrita por tu médico, porque altera el sano equilibrio bacteriano de tu vagina.

Evita emplear jabón en la zona genital, ya que los diversos aditivos y perfumes que contienen los jabones pueden resultar irritantes para la piel sensible de la vagina y la zona que la rodea. Lavarte con agua cuando te bañas (y antes del sexo oral si lo deseas) suele ser suficiente. (Los cabezales de ducha desmontables también son muy prácticos, pero ten cuidado con masajearte en la ducha; ¡quizá no quieras salir!)

Las secreciones vaginales de cada mujer tienen su propio perfume, que va cambiando a lo largo del mes según las fluctuaciones hormonales, y puede verse afectado por tu régimen alimenticio. Para la mayoría de los hombres, el olor de los genitales es agradable, y a muchos les resulta excitante. Existen buenas razones biológicas y evolutivas para ello. Si a tu compañero no le excita o le disgusta tu olor, probad a daros un baño juntos. Como último recurso, puedes sustituir el juego de la lengua por el de los dedos.

La vagina de la mujer sólo desprende un olor desagradable cuando tiene una infección. Si notas que tienes mucho flujo y/o un olor molesto, consulta con tu médico.

Si tu compañero aún no es un experto del cunnilingus, remítele al capítulo que trata de las parejas. Lo que retiene a la mayoría de los hombres a la hora de hacerse adeptos al cunnilingus no es la idea misma ni el olor, sino el miedo a no saber lo que hacen. Puedes ayudarles mucho indicándoles lo que te gusta y mostrándoles dónde eres más sensible. Un pequeño refuerzo positivo puede hacer maravillas.

QUINTO PASO: PROVÓCATE

El método de provocarse es una técnica sexual clásica con la que toda mujer debería contar en su repertorio sexual. Puede potenciar enormemente el placer sexual e incrementar la probabilidad del orgasmo y de los orgasmos múltiples. La técnica es simple pero muy eficaz.

Excítate o haz que tu compañero te excite hasta un punto moderado, y a continuación retira la estimulación que estás recibiendo para que tu deseo se reduzca parcialmente sin llegar a desaparecer del todo. A continuación aumenta la estimulación para que el grado de tu deseo se eleve por encima del punto alcanzado anteriormente. Ahora vuelve a retirar parcialmente la estimulación. Sigue aumentando lentamente el grado de excitación y detente un poco antes del orgasmo. Esto aumentará la intensidad del placer y hará que tengas mucha energía sexual en el momento del orgasmo. Inmediatamente después del orgasmo, comienza a estimularte de nuevo para mantener el nivel de excitación. Usar la técnica de la estimulación y la retirada te permitirá acumular energía para otro orgasmo.

Los puntos sensibles, sean vaginales, clitoridianos, pezones u otros, de algunas mujeres se muestran hipersensibles en el momento del orgasmo o inmediatamente después. Si éste es tu caso, haz que tu amante deje de estimularte brevemente (menos de un minuto), pero después pídele que continúe. Si esperas demasiado para recomenzar la estimulación después del primer orgasmo, puede que tu cuerpo entre en un período refractario, haciendo que el segundo orgasmo sea más improbable.

Aunque este método de provocarse puede acrecentar el fuego sexual, prolongarlo excesivamente puede resultar frustrante. Si lo practicas con tu pareja, asegúrate de informarle de cuándo el suspense erótico se convierte en aburrimiento y quieres avanzar al paso siguiente.

SEXTO PASO: EMPIEZA, PARA, VUELVE A EMPEZAR

Anteriormente, en este mismo capítulo, hemos explicado la localización del punto G. Además de este famoso punto, puedes haber hallado otros «puntos» por ti misma. Recuerda que son más fáciles de encontrar cuando estás plenamente excitada. Muchas mujeres comentan que han encontrado su punto G accidentalmente, a veces después de décadas de practicar el coito con el mismo compañero. Merece la pena que intentes distintos ángulos de penetración con los dedos, el pene o un consolador para ver si tienes una zona particularmente sensible en la vagina. Añadir la estimulación vaginal a la clitoridiana potencia enormemente el placer y la probabilidad de tener múltiples orgasmos.

Muchas mujeres describen que sus primeros orgasmos son clitoridianos, mientras que los posteriores, cuando están plenamente excitadas, ocurren más dentro de la vagina. Esos orgasmos profundos pueden ser extremadamente satisfactorios. Como los nervios que llevan las sensaciones del clítoris y de la vagina al cerebro son diferentes, algunos autores han sugerido que los orgasmos vaginales son muy distintos de los clitoridianos. Los orgasmos clitoridianos son más parecidos a los del pene, ya que el clítoris se agranda y se producen contracciones repetidas en el músculo PC. En los orgasmos vaginales, la mujer empieza a sentir profundas sensaciones de placer que se extienden por la pelvis.

Los Brauers estudiaron a las mujeres que eran capaces de tener estos profundos orgasmos vaginales y registraron sus electroencefalogramas (que muestran las ondas cerebrales). Su estudio demostró que las pautas de las ondas cerebrales de las mujeres cuando disfrutan de orgasmos vaginales profundos son similares a las de las personas que están en meditación profunda. [14]

Los orgasmos vaginales profundos eran bien conocidos entre las mujeres chinas que practicaban el Tao. Los ejercicios del huevo, que los taoístas han empleado durante siglos para fortalecer la vagina de la mujer, pueden potenciar la experiencia de estos orgasmos profundos (véase el capítulo sobre las mujeres en *El hombre multiorgásmico*, «Satisfacción garantizada»). La energía sexual generada por estos orgasmos puede hacerse circular fácilmente por el cuerpo para producir orgasmos que lo afectan íntegramente, como expondremos en el Capítulo 3. Los taoístas también creen que los orgasmos vaginales profundos son muy curativos y pueden energizar el resto del cuerpo. Comentaremos esto más detalladamente en el Capítulo 5.

Durante el coito, una de las mejores posiciones para estimular el punto G es hacer que el hombre penetre a la mujer por detrás mientras ésta se apoya sobre las manos y las rodillas o se tumba sobre el estómago (véase ilustración de la página 71). Esto permite al hombre moverse sobre ella en una posición más vertical y así, con una presión un poco más suave, estimular el

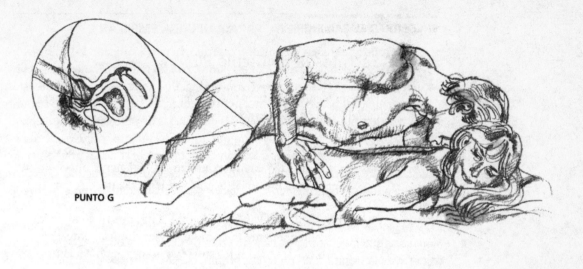

PUNTO G

punto G. El punto G suele estar unos centímetros dentro de la vagina, en su pared anterior (véase ilustración en página 50). Otra variante posible es que la mujer se ponga encima, con la cabeza hacia los pies del hombre. Y otra variante más consiste en que cuando la mujer esté en esta postura se recline hacia atrás, hacia el pecho de su compañero, apoyándose en las manos. En cualquiera de estas posiciones la mujer puede controlar la profundidad de la penetración y guiar el pene del hombre para que estimule su punto G. Cualquiera que sea el método empleado para estimularlo, este punto desencadenante del orgasmo te ayudará a doblar, triplicar o cuadruplicar tu placer.

SÉPTIMO PASO: TU MÚSCULO PC

En la sección sobre el fortalecimiento del músculo PC, comentamos extensamente la importancia de este músculo para el potencial orgásmico. La contracción del músculo PC es uno de los principales métodos empleados por los expertos taoístas para hacer que la energía sexual pueda fluir por el cuerpo. Puedes haber notado que, al practicar los ejercicios del músculo PC, aumenta tu deseo. La contracción del músculo PC durante el coito tiene el mismo efecto, incrementa tu placer y te acerca más a los orgasmos múltiples.

A medida que vaya aumentando la energía sexual con las contracciones del músculo PC, tu ritmo cardíaco aumentará y tu respiración se hará más corta. En esos momentos, estimularte el clítoris o acariciarte un punto sensible de la vagina puede llevarte al orgasmo. Como el músculo que se contrae en el orgasmo es el músculo PC, el hecho de fortalecerlo hará que las placenteras contracciones orgásmicas sean más intensas.

Punto G. El punto G puede estimularse cuando la mujer yace sobre su vientre y el hombre la penetra por detrás. A veces es mejor ponerse una almohada debajo de la cintura. El detalle muestra que el ángulo del pene en esta posición estimula el punto G.

Secretos del músculo PC

He aquí algunas técnicas que puedes probar para darte placer y
dárselo a tu compañero:

- ESTIMULA LA ENTRADA: cuando tu compañero (o
  consolador) te penetre, contráete rítmicamente alrededor de
  su pene para estimular la entrada de la vagina.

- ABSORBE A TU COMPAÑERO: haz que tu compañero te
  penetre lentamente mientras contraes rítmicamente el
  músculo PC, como si le estuvieras absorbiendo hacia tu
  vagina.

- APRIETA DURANTE LA RETIRADA: con un empuje
  regular hacia dentro y hacia fuera, aprieta tu músculo PC
  mientras tu compañero se retira. Esto crea una sensación de
  succión contra las paredes de tu vagina que puede ser muy
  placentera.

- MUY DENTRO: cuando tu compañero esté muy dentro de
  ti, haz que se quede quieto mientras contraes tu músculo PC
  contra él.

- CORTO Y LARGO: empleando la clásica técnica taoísta
  de hacer nueve penetraciones superficiales y una más
  profunda (véase Capítulo 4), aprieta brevemente contra tu
  compañero durante las penetraciones cortas. Durante la
  larga, aprieta continuamente mientras él se desliza adentro
  y afuera.

Como cualquier ejercicio, al principio estas técnicas PC pueden resultar
difíciles o cansinas. Empieza lentamente y haz lo que te resulte cómodo y placentero. Con el tiempo, tu control del músculo PC aumentará mucho tu capacidad orgásmica y el placer de tu pareja.

OCTAVO PASO: PROVOCARSE

Estés en una sesión de autoplacer o haciendo el amor con tu compañero, asegúrate de optimizar el toque clitoridiano. En concreto, hay muchísimas mujeres que necesitan estimulación clitoridiana durante el coito para llegar al orgasmo. Como dicen los investigadores Alan P. Brauer y Donna J. Brauer: «Cuando el pene de un hombre empuja dentro de la vagina de la mujer, él está estimulando directamente su órgano más sensible [el glande], pero sólo estimula indirectamente el de ella» [15]. Hay diversas formas de estimular el clítoris durante el coito. Tu compañero puede usar las manos y le resultará más fácil hacerlo en ciertas posiciones, como cuando la mujer está encima o cuando el hombre la penetra por detrás, en la postura que suelen adoptar los animales.

Para algunas mujeres resulta muy placentero sentir el roce del pubis de su compañero sobre su clítoris durante el coito. Es más fácil si tú te pones encima y de rodillas para dirigir hacia el clítoris la cantidad de presión que desees. También puede hacerse con el hombre encima, frotando su pubis contra el clítoris de su compañera. Puedes experimentar en distintas posturas y descubrir lo que funciona mejor para ti.

Estimular tu propio clítoris durante el coito está mejor que bien. A la mayoría de los amantes les resulta *muy* erótico ver a sus compañeras estimularse hasta llegar al orgasmo. Si tu compañero siente que le estás dejando de lado, puede dejar sus dedos descansar sobre los tuyos o posar los tuyos sobre los suyos.

Si es el vibrador lo que realmente te excita, no hay motivo alguno para que no lo uses durante el coito. Las vibraciones también pueden estimular a tu compañero. Si tu compañero siente que él es el único que puede tener una «cosa larga y dura» en la alcoba, explícale que no se trata de reemplazarle, sino de complementarle. Explícale que, como tienes muchos puntos erógenos, te ayuda mucho que se te estimule en varios de ellos simultáneamente. También puedes dejarle un turno para que te estimule con el vibrador antes o durante el coito.

NOVENO PASO: PEDIR AYUDA

Si estás tratando de sentir múltiples orgasmos con la autoestimulación, este paso no te es aplicable porque puedes seguir tus propios caprichos. Pero la mayoría de las mujeres que quieren experimentar múltiples orgasmos desean compartirlos con su compañero.

Para tener múltiples orgasmos es vital que pidas a tu pareja lo que quieres y necesitas. Merece la pena recordar que la calidad de la relación sexual dependerá de la calidad de la relación en general y de tu capacidad de comunicarte abiertamente con tu compañero. Lo que ocurre en el dormitorio (o donde quiera que hagas el amor) no está separado del resto de vuestra vida en común. Si estás enfadada o resentida con tu compañero, ese estado de ánimo se expresará en la relación sexual. Trata de resolver los sentimientos negativos antes de dar comienzo a la exploración sexual. (Por favor, véase el Capítulo 6, «Hacer el amor de verdad», donde hacemos una exposición más amplia de la intimidad emocional y sexual.)

Tu compañero también debe estar interesado en dedicar energía a que tú tengas múltiples orgasmos. Tu amante debe estar dispuesto a probar distintas posiciones y tipos de estimulación, y a escuchar tus instrucciones (verbales o no verbales) respecto a lo que necesitas. Si percibes que tu compañero se muestra reacio, recuérdale que la energía invertida producirá grandes logros para tu vida sexual, lo que te hará sentirte mucho más feliz y satisfecha.

Por otra parte, algunos hombres se implican tanto y tan *personalmente* en que su compañera tenga un orgasmo (o muchos) que si no esto no llega a ocurrir, lo achacan a su falta de pericia. Aunque esta actitud puede considerarse un progreso respecto a esa otra en la que el hombre gruñe, se da la vuelta y se queda dormido, tener un compañero obsesionado con tus múltiples orgasmos no te ayudará a conseguirlos. Tienes que estar en un estado de ánimo juguetón y relajado para llegar al segundo orgasmo, y eso es difícil cuando el orgasmo múltiple se convierte en un objetivo prioritario y de absoluta importancia.

La presión resultante de verte obligada a tener múltiples orgasmos para agradarle *a él*, puede impedirte tener múltiples orgasmos que te agraden *a ti*. Recuérdale que tu cuerpo es tuyo, y que el grado de placer que sientes no es un reflejo de su habilidad como amante, de tu atracción hacia él o de tu afecto por él. Explícale que, a diferencia de los bombones y de las flores, los orgasmos no son algo que él te pueda dar. Eres tú misma la que tiene que permitirse tener un orgasmo. Para expresarlo de otro modo, tú eres la que dirige el juego.

Por las experiencias de autocontacto y de encontrar tus puntos sensibles, ya deberías tener una idea de cómo te gusta ser tocada y estimulada. Es fundamental que seas capaz de comunicárselo a tu compañero durante el encuentro. La mayoría de los hombres valoran mucho un *feedback* respecto a cómo lo están haciendo. Recuerda que a tu compañero le puede resultar frustrante intentar agradarte si no escucha lo que te gusta y lo que te disgusta.

Dar un buen *feedback* es todo un arte que debe practicarse con amor. El dormitorio es un lugar donde todos nos sentimos vulnerables, donde estamos desnudos física y emocionalmente. Ten cuidado de centrarte en decirle a tu compañero lo que te gusta y lo que quieres más que lo que no quieres.

La presión resultante de verte obligada a tener múltiples orgasmos para agradarle *a él,* puede impedirte tener múltiples orgasmos que te agraden a ti.

Dar un buen *feedback* es todo un arte que debe practicarse con amor. El dormitorio es un lugar donde todos nos sentimos vulnerables, donde estamos desnudos física y emocionalmente.

Por ejemplo, decir cosas como «¡Párate!» o «¡Qué daño!» o «¡No lo estás haciendo bien!» no suele conducir al éxito. Generalmente, tu compañero se sentirá herido y se retirará. Si está tratando de complacerte, es importante que no te muestres crítica con sus intentos. Las críticas amortiguarán el deseo sexual de tu compañero y su deseo de complacerte. Si no te gusta lo que te está haciendo, es mucho más eficaz decirle: «Inténtalo un poco más allá» o «aplica un poco menos de presión. Sí, eso es». Como en cualquier proceso de aprendizaje, un amplio *feedback* positivo es una gran ayuda.

Si te resulta difícil hablar con tu compañero mientras hacéis el amor, o si eso te impide concentrarte en tu placer, emplea sonidos no verbales y habla de ello después. ¡Pero no te olvides de hablar! Por mucha vergüenza que sientas al principio, hablar las cosas es esencial para fortalecer vuestra relación sexual (y la relación en general).

Te sientas o no te sientas cómoda diciéndole a tu compañero lo que deseas, no olvides el poder de los sonidos no verbales para dirigirle hacia los lugares y tipos de toque que te gustan. Sé generosa con tus gemidos y expresiones que, además de dejar claro el tipo de toque que deseas, excitan a tu compañero. La mayoría de los hombres consideran que el mejor afrodisíaco son los sonidos de satisfacción de sus compañeras.

El mejor modo de usar los nueve pasos es cortarlos a la medida de tus gustos personales. El siguiente ejercicio destila las partes más importantes de los nueve pasos en una secuencia continua para acceder a ellos más fácilmente. Cada mujer tiene sus preferencias. Debes explorar qué combinación de los nueve pasos funciona mejor para ti.

Finalmente, no te preocupes si no tienes múltiples orgasmos la primera vez que lo intentas. Procura considerar tus intentos de alcanzar múltiples orgasmos como un juego y un proceso exploratorio que te proporciona sensuales compensaciones a lo largo de todo el camino. La sexualidad taoísta consiste en aumentar tu placer y energía sexual y armonizarla con la de tu compañero, y eso lo consigues experimentando placer, tengas orgasmos o no. Aunque los orgasmos son maravillosos, tan sólo son picos en la gran cordillera del placer.

> La mayoría de los hombres consideran que el mejor afrodisíaco son los sonidos de satisfacción de sus compañeras.

Perderse el «Big Bang»: superar la anorgasmia

Aunque la sexualidad taoísta no está tan orientada hacia objetivos como nuestra visión occidental, valora la importancia del orgasmo tanto para nuestro placer como para nuestra salud. Esta sección está destinada a las mujeres que tengan problemas para experimentar regularmente el placer sexual que desean después de haber completado los ejercicios de este capítulo.

Nuestro deseo sexual crece y decrece siguiendo los altibajos de nuestra sa-

---

Ejercicio 12

CONVERTIRSE EN UNA MUJER MULTIORGÁSMICA

1. DEBES CREER: puedes tener múltiples orgasmos.

2. EXCÍTATE MENTALMENTE: crea un ambiente sensual para hacer el amor y usa tu imaginación, o películas y literatura erótica para explorar tu vida de fantasía.

3. ESTIMÚLATE MÚLTIPLES PUNTOS DE PLACER: comienza acariciándote todo el cuerpo y seguidamente pasa a los puntos sensibles: cuello, orejas, pezones.

4. SIGUE EL CAMINO DE LA LENGUA: si estás sola, usa un vibrador. Si estás con tu compañero, usa el cunnilingus. Continúa estimulándote los demás puntos.

5. PROVÓCATE: con el vibrador o con el cunnilingus, emplea la técnica provocadora de excitación y retirada. A continuación, ten el primer orgasmo. Retoma la estimulación en el plazo de treinta segundos.

6. EMPIEZA, DETENTE Y VUELVE A EMPEZAR: avanza lentamente hacia la penetración. Si estás sola, usa un vibrador o consolador para estimular tu punto G. Si estás con tu compañero, usa las posiciones que favorecen la estimulación del punto G (por ejemplo, con el hombre por detrás).

7. USA EL MÚSCULO PC: contráete alrededor del consolador o del pene de tu compañero empleando cualquier técnica del músculo PC que te guste.

8. ESTIMÚLATE SIMULTÁNEAMENTE EL CLÍTORIS Y LA VAGINA: continúa estimulándote el clítoris durante la penetración.

9. PIDE AYUDA: dile a tu compañero lo que te gusta y necesitas. Ahora llévate a otra cumbre de placer. ¡Felicidades! Eres una mujer multiorgásmica.

---

lud general y las circunstancias de nuestra vida. Las mujeres que nunca han sido capaces de alcanzar el orgasmo, bien a través de la autoestimulación o con un compañero, son consideradas «anorgásmicas» o «sin orgasmo». La buena nueva es que al menos el 90 por 100 de ellas podrán experimentarlo.

La clave para llegar a ser orgásmica es practicar la autoestimulación y aprender dónde se es más sensible. Todos los expertos en sexualidad que tratan la anorgasmia recomiendan que se hagan los ejercicios descritos anteriormente en este capítulo para explorar y estimular el cuerpo. Deberías realizar estos ejercicios relajadamente durante al menos una semana antes de intentar estimularte hasta llegar al orgasmo. El hecho de darse la oportunidad de explorar sus cuerpos sin presiones permite a algunas mujeres relajarse e incrementar su energía sexual hasta tal punto que cuando intentan tener un orgasmo, lo consiguen.

No olvides la importancia de potenciar tu deseo en medio de un ambiente sensual y relajado. Considera la posibilidad de poner música, encender velas y emplear material erótico, como películas o literatura, de la manera que te resulte más cómoda. Si después de varias semanas aún no llegas al orgasmo, plantéate la posibilidad de comprarte un vibrador. La mayoría de las mujeres consiguen el orgasmo más fácilmente estimulándose el clítoris con un vibrador. (Consulta el apartado Bibliografía al final del libro.) También puedes intentar estimularte en otros puntos vaginales, como ya hemos comentado. Prueba otros métodos de estimulación, como el cabezal de la ducha o el chorro de agua caliente.

Los principales factores que impiden a muchas mujeres llegar al orgasmo son la incapacidad de relajar su cuerpo y los pensamientos repetitivos y distractores que inundan sus mentes. El orgasmo requiere que abandonemos el pensamiento racional y permitamos que el cuerpo se mueva como desee sin ejercer un control consciente sobre él. Abandonar el control resulta difícil para muchas personas de nuestra sociedad. La técnica de la respiración abdominal que aprendimos anteriormente en este mismo capítulo (Ejercicio 7) es esencial para relajar el cuerpo y la mente.

Debes emplear la técnica de respiración abdominal cuando comiences a sentirte ansiosa o tensa durante los ejercicios de autoestimulación. La respiración abdominal también te ayudará a acallar los pensamientos molestos que te distraen del placer corporal.

COMPARTE TUS ORGASMOS CON TU COMPAÑERO

La mayoría de los terapeutas sexuales recomiendan el empleo de la autoestimulación hasta que estés segura de que puedes conseguir un orgasmo sola. Después de experimentar los orgasmos en solitario, sin duda desearás compartirlos con tu compañero. En lugar de intentar llegar al orgasmo durante el coito, la mayoría de los terapeutas sexuales recomiendan que te des placer hasta alcanzar el orgasmo delante de tu compañero. Puede que te dé miedo o que sientas vergüenza, pero es una manera maravillosa de mostrar a tu compañero lo que te gusta. Te sentirás más cómoda si tu compañero también está dispuesto a darse placer delante de ti, lo que te permitirá aprender las técnicas que él emplea.

El paso siguiente es practicar toques suaves con tu compañero sin intentar llegar al orgasmo. Dichos toques pueden incluir masajes sensuales y estimulación sexual; el único requisito es que permanezcas relajada y disfrutes de la experiencia. Después de una o dos semanas de experimentar placer libre de presiones, haz que tu compañero te dé placer, tal como tú te lo has estado dando, hasta llegar al orgasmo.

Todos estos ejercicios requieren una comunicación abierta y honesta. Si te cuesta confiar en tu compañero o no puedes comunicarle lo que te da placer, será difícil que podáis experimentar el orgasmo juntos.

Como la mayoría de las mujeres necesita más estimulación que la propia de la penetración para alcanzar el orgasmo con sus compañeros, debes evitar el coito hasta que puedas alcanzar el orgasmo regularmente con tus propios toques o los de tu compañero. Recuerda que, como ya hemos dicho, estimularte tus propias zonas erógenas durante el coito es una excelente manera de tener un orgasmo junto a tu pareja.

Si a pesar de todo no consigues llegar al orgasmo, hay muchos lugares donde buscar ayuda. El libro *Para alcanzar el orgasmo* puede ser un buen comienzo (veáse Bibliografía). También te aconsejamos decididamente que busques el consejo de un terapeuta sexual. A menudo hemos vivido experiencias traumáticas en la primera infancia que nos impiden sentir placer abiertamente. No temas explorar las experiencias sexuales potencialmente negativas que hayas podido tener de niña o de joven. Los descubrimientos derivados de tu exploración pueden abrirte la puerta de la libertad sexual.

Finalmente, existen factores fisiológicos que influyen en la capacidad orgásmica de la mujer. Se comentarán detalladamente en la sección siguiente. ¡No te desesperes! Con tiempo y persistencia, casi todas las mujeres son capaces de experimentar orgasmos, y absolutamente todas las mujeres pueden incrementar el placer que sienten durante el cultivo en solitario o haciendo el amor.

Actualmente tendemos a considerar que la gran «O» [de orgasmo] es la totalidad y el fin último del sexo. Según los taoístas, el sexo y el cultivo de la energía sexual tienen un papel mucho más amplio e importante, ya que son la base de nuestra salud y vitalidad, y también de nuestra vida emocional y espiritual. Aun sin tener orgasmos puedes cultivar tu energía sexual, sentir mucho placer, mejorar tu salud y ampliar la intimidad emocional y espiritual de tu relación. En resumen, aunque dedicamos mucho tiempo a enseñar a hombres y mujeres cómo multiplicar sus orgasmos, éstos son parte de un proceso más amplio de expansión del potencial sexual, energético y creativo.

ANORGASMIA SITUACIONAL

Se considera que las mujeres que han sido orgásmicas y han dejado de serlo, por la razón que sea, están en «anorgasmia situacional». Joy Davidson, una experta en lo que ella misma denomina «disrupción orgásmica» dice: «Las pautas orgásmicas de las mujeres son mucho más delicadas que las de los hombres... Muchas veces los hombres pueden tener orgasmos basándose exclusivamente en la estimulación física, mientras que nosotras solemos tejer una complicada trama de pensamiento, potencial físico, fantasía y emoción alrededor de cada encuentro sexual» [16].

Si la mujer tiene un compañero nuevo, si sufre tensiones labores o familiares, si se ve sometida a un cambio de medicación, adquiere una nueva casa o pasa a otra fase de su vida, su pauta orgásmica puede cambiar. Generalmente esto puede atribuirse a una de varias causas comunes.

PERIMENOPAUSIA Y MENOPAUSIA

Las mujeres que entran en la perimenopausia, entre las edades de cuarenta y cincuenta y cinco años, suelen experimentar fluctuaciones repentinas de su equilibrio hormonal. Además de sufrir una caída de su nivel de estrógenos, lo que disminuye la lubricación del área vaginal y reduce el deseo, la mujer también experimenta una caída del nivel de testosterona. La testosterona parece ser uno de los factores fundamentales para la libido femenina y su potencial orgásmico. (Para un comentario más amplio sobre los cambios que ocurren en la menopausia, véase «Salud sexual para la mujer mayor», en el Capítulo 8.)

Parece que las mujeres que se someten a terapias de reemplazamiento hormonal durante la menopausia incrementan su deseo y su función sexual. Sin embargo, para la mayoría, la libido no vuelve a tener la fuerza que tenía a los treinta o cuarenta años. Los suplementos de testosterona suelen tener un efecto muy positivo en el impulso sexual, pero aún están en fase de experimentación y no se sabe a ciencia cierta cuáles son sus efectos secundarios ni su grado de seguridad. Si estás en este estadio de tu vida y descubres que tu impulso sexual o tu capacidad de alcanzar el orgasmo se ve disminuida, tal vez desees consultar con un médico e informarte sobre la terapia con testosterona u otras que puedan estar disponibles.

EMBARAZO Y POSTPARTO

Las mujeres que están embarazadas, en fase de post-parto o dando de mamar, también se quejan de una falta de deseo o de sensibilidad sexual. En algunas mujeres, la libido aumenta significativamente durante el embarazo, pero otras sufren una disminución. Durante el post-parto y mientras dan de mamar, casi todas las mujeres experimentan una reducción de su impulso sexual como consecuencia de la hormona prolactina, responsable de la producción de leche. Aunque esto pueda parecerte un inconveniente (y también a tu compañero), tu deseo debe recuperar sus niveles normales cuando acabes de amamantar.

No hace falta añadir que la lactancia es extraordinariamente importante para el bebé y que bien merece una reducción temporal del impulso sexual. Por otra parte, si bien la tendencia a iniciar el contacto sexual suele reducirse, también puede ocurrir que, una vez empezado el encuentro sexual, descubras que tu placer y potencial orgásmico no se han reducido. La mayoría de los padres novatos descubren que les queda muy poco tiempo para pensar en el sexo, y menos aún para practicarlo. Durante este período es esencial que continúes masajeando y tocando a tu compañero para mantener tu bienestar físico y emocional. (En el Capítulo 4 comentaremos los importantes efectos y beneficios hormonales que se derivan de tocar.) A medida que disminuya la lactancia y el bebé duerma mejor (¡por fin!), irás recuperando paulatinamente el deseo.

ANTICONCEPTIVOS

Otro enemigo habitual del impulso sexual y de los orgasmos es la píldora anticonceptiva. A pesar de que la píldora aumenta el deseo de algunas mujeres, la mayoría experimentan una disminución de la libido y de la capacidad de respuesta sexual. Los elevados niveles de estrógenos y progesterona que contiene suelen descompensar los niveles habituales de testosterona. Los anticonceptivos orales son un método de control de la natalidad excepcionalmente eficaz (¡posiblemente porque muchas de las mujeres que los usan no tienen deseo sexual!).

Si necesitas un anticonceptivo eficaz y planeas tener hijos en el futuro, te recomendamos que uses la píldora. Sin embargo, si su efecto sobre tu libido es muy acusado, tal vez quieras considerar otras alternativas. Recuerda que los anticonceptivos basados exclusivamente en la progesterona, como, por ejemplo, el Depoprogevera (la inyección que se toma cada tres meses), pueden tener el mismo efecto de reducir la libido. Los métodos de control de la natalidad que no reducen el deseo sexual tienen, desgraciadamente, otros inconvenientes y son menos fiables (condones con espermicida, diafragma, capucha cervical). Una excepción es el DIU, que es extremadamente eficaz y no tiene efecto hormonal alguno [17]. Los DIUs modernos son muy seguros, pero su uso se recomienda exclusivamente a las mujeres que ya han concebido o dado a luz y son monógamas [18].

ENFERMEDAD Y MEDICACIÓN

Cualquier enfermedad crónica puede reducir el impulso sexual y la capacidad orgásmica. En particular la diabetes, las enfermedades coronarias y la apoplejía pueden dificultar el proceso biológico del orgasmo. Las condiciones de alta presión sanguínea continuada, alto nivel de colesterol así como ciertos cuadros neurológicos también producen efectos adversos. Algunos de estos efectos pueden ser tratados o reducidos con medicación; por lo tanto, pide ayuda a tu médico.

Muchos medicamentos pueden influir en el deseo sexual. En el cuadro anexo se muestra una lista de los más empleados. Los más comunes son antidepresivos y antihipertensivos. Cuando los medicamentos que tomas influyen negativamente en tu deseo sexual, merece la pena comentar con tu médico la posibilidad de buscar alternativas. La mayoría de los médicos no mencionarán este tema a menos que el paciente lo plantee directamente; por lo tanto, no seas tímida. En muchos casos habrá medicamentos alternativos disponibles, y sólo en unos pocos casos la medicación óptima influirá negativamente en tu deseo sexual. Si es así, procura hacer todo lo que esté en tu mano para optimizar tu vida sexual y sensual.

Las drogas recreativas también pueden tener un efecto negativo sobre tu funcionamiento sexual. Las más habituales son los cigarrillos, el alcohol, la marihuana, los opiáceos (heroína y otros), el *speed* y los alucinógenos. El mejor sexo (y la mejor energía sexual) es la que se basa en un cuerpo, mente y corazón limpios. El amor sanador puede darte un viaje más sano e intenso que cualquier droga artificial, y no tendrás resaca a la mañana siguiente.

MEDICAMENTOS COMUNES QUE REDUCEN TU LIBIDO

Amiodarona (Trangorex)

Amitriptilina (Triptizol, Nobritol)

Carbamezapina (Tegretol)

Cimetidina (Fremet, Tagamet)

Diacepam (Valium)

Digoxina (Digoxina)

Ketoconazol (Fungarest, Panfungol, Ketasisdin)

Litio (Plenur)

Metildopa (Aldomet)

Metoclopramida (Primperan, Sinegastrin, Salcemetic, Trimulcer)

Metoprolol (Lopresor, Seloken)

Fenitoina (Fenitoina, Sinergina)

Progesterona

Propanodiol (Pitiryax)

Ranitidina (Quantor, Rubiulcer, Toriol, Zantac)

Espironolactona (Aldactora, Aldoleo, Resnedad, Spirometron)

MEDICAMENTOS HABITUALES QUE REDUCEN TU CAPACIDAD DE TENER ORGASMOS

Alcohol

Alprazolam (Trankimazin)

Amitripilina (Nobrotil)

Anfetaminas

Clonidina

Diazepam (Valium)

Fluoxetina (Prozac)

Labetalol (Trandate)

Metildopa (Aldomet)

Narcóticos

Setralina (Aremis, Bisitran)

RELACIÓN Y ESTILO DE VIDA

Si no existe ninguna razón fisiológica que explique la pérdida del orgasmo, examina tu relación y tu estilo de vida. ¿Tienes un nuevo compañero? ¿Tienes problemas emocionales con el compañero actual? ¿Puedes comunicar abiertamente con él? ¿Recibes suficientes caricias? ¿Consigues la estimulación necesaria de tus zonas erógenas (clítoris, pechos, las áreas más sensibles de la vagina)?

La satisfacción sexual también depende de mantener un estilo de vida que favorezca la salud corporal, mental y espiritual. ¿Han cambiado las circunstancias de tu vida llevándote a dormir menos y a sentir más preocupación o ansiedad? Para tener una vida sexual sana tienes que vivir una vida sana. Necesitas dormir lo suficiente y estar relajado para dedicarte al sexo. Si aún no lo practicas, podrías considerar la posibilidad de emprender un programa de ejercicios. Ciertos estudios demostraron que las mujeres que practican ejercicios aeróbicos tres veces por semana durante treinta minutos aumentan su capacidad de llegar al clímax. Puede que esto se deba a una mejora del funcionamiento cardiovascular, a un aumento del riego sanguíneo en el área genital o al simple hecho de sentirse más cómodas y mejor con sus cuerpos [19].

Recuerda que si has experimentado el orgasmo con anterioridad, tienes muchas probabilidades de volver a vivirlo. Ten paciencia. Realiza alguno de los ejercicios exploratorios que vienen al principio del capítulo. Si a pesar de todo sigues teniendo dificultades, puedes plantearte acudir a un terapeuta sexual. Por otra parte, la reducción de la libido es una de las principales señales de la depresión. Si sientes que esa puede ser la causa de tus dificultades, aún es más importante que consultes a un terapeuta o a tu médico.

Finalmente, como ya comentamos antes, la práctica del amor sanador abarca mucho más que los orgasmos. En los capítulos siguientes, a medida que te vayas abriendo más al placer, a la sanación, a la intimidad y al crecimiento espiritual, descubrirás motivos de alegría que harán que la cuestión de si has tenido o has dejado de tener un orgasmo te parezca insignificante.

CAPÍTULO 3

Mejor que el chocolate, mejor que el café: expande tus orgasmos y tu energía

En este capítulo aprenderás a:

- Cultivar y canalizar tu energía sexual.
- Emplear la energía sexual para revitalizarte.
- Sentir orgasmos en todo el cuerpo.

Los taoístas reconocían diversos niveles de orgasmo, clasificados según un orden progresivo de intensidad y sanación.

Multiplicar los orgasmos es maravilloso, pero, en realidad, sólo es el principio. A medida que aprendas a cultivar tu energía sexual podrás expandir los orgasmos a todo el cuerpo y generar una energía sexual que seguirá sanándote y energizándote muchas horas después de hacer el amor. Los taoístas reconocían diversos niveles de orgasmo, clasificados según un orden progresivo de intensidad y sanación.

ENCONTRAR EL CAMINO

Niveles progresivos de orgasmo

- ORGASMO GENITAL: es el más comúnmente experimentado. Los orgasmos genitales suelen ser rápidos y no liberan una gran cantidad de energía curativa.

- ORGASMO DE TODO EL CUERPO: el orgasmo de todo el cuerpo, que describimos en este capítulo, se produce cuando hacemos circular la energía hacia el cerebro y por todo el cuerpo.

- ORGASMO DEL ALMA: finalmente, el orgasmo del alma, que comentaremos en el Capítulo 7 con el nombre de «unión de almas», surge del intercambio de energía y de la fusión con la pareja.

¿Cómo es posible convertir las momentáneas contracciones orgásmicas en duraderos estados de éxtasis? Todo comienza con el despertar de la energía sexual que has aprendido en los dos últimos capítulos. Tal como hemos comentado, la expansión de la energía sexual (lo que inocentemente llamamos «ponernos calientes») es el secreto de nuestra vida sexual y de nuestra vida misma. Somos concebidos a través de la energía sexual, y esta misma energía sexual es la base de nuestra salud, creatividad y alegría, tanto dentro como fuera de la cama.

Aprender a cultivar la energía sexual te dará una libertad de la que pocos disponen: te permitirá sentir excitación sexual cuando desees y hacer circular esa poderosa energía para revitalizar el resto de tu vida cuando no lo hagas. Michael Winn, uno de los instructores veteranos del Tao sanador, nos explica que la energía sexual está a nuestra disposición veinticuatro horas al día, pero la mayoría estamos muertos de hambre y creemos que podemos satisfacer nuestra necesidad de ella en un coito que apenas dura unos minutos.

Una de las comprensiones más liberadoras para las personas que practican el amor sanador es que pueden tener acceso a su vida sexual en cualquier momento y lugar.

En primer lugar, debemos empezar a entender qué es esta energía sexual (más allá de cierto apetito incontrolable o de un duradero deseo que viene y va como quiere). A continuación podemos aprender cómo se relaciona con el resto de nuestra energía corporal y de nuestra vida en su totalidad.

Tu energía

Como mencionamos en la introducción, el amor sanador o Kung Fu sexual se desarrolló como una rama de la medicina china, uno de los sistemas curativos más antiguos del mundo, que es responsable de terapias tan eficaces como la acupuntura, la acupresión y el chi kung. La medicina china ha

Una de las comprensiones más liberadoras para las personas que practican el amor sanador es que pueden tener acceso a su vida sexual en cualquier momento y lugar.

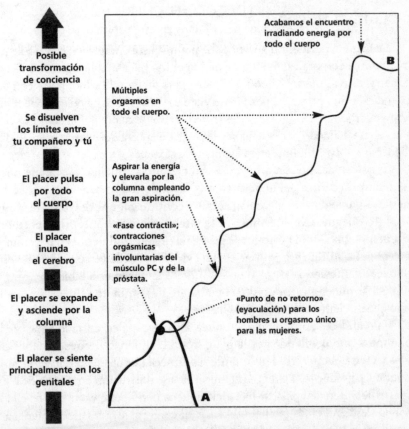

Posible transformación de conciencia

Se disuelven los límites entre tu compañero y tú

El placer pulsa por todo el cuerpo

El placer inunda el cerebro

El placer se expande y asciende por la columna

El placer se siente principalmente en los genitales

Acabamos el encuentro irradiando energía por todo el cuerpo

B

Múltiples orgasmos en todo el cuerpo.

Aspirar la energía y elevarla por la columna empleando la gran aspiración.

«Fase contráctil»; contracciones orgásmicas involuntarias del músculo PC y de la próstata.

«Punto de no retorno» (eyaculación) para los hombres u orgasmo único para las mujeres.

A

Tu potencial orgásmico: en lugar del orgasmo eyaculatorio ordinario para los hombres o el orgasmo único para las mujeres, tú y tu compañera podéis multiplicar y expandir vuestros orgasmos por todo el cuerpo.

A. El orgasmo eyaculatorio «Big Bang» ordinario para los hombres o el orgasmo único para las mujeres.
B. Múltiples orgasmos en todo el cuerpo empleando la *aspiración orgásmica ascendente*.

sabido desde siempre que, además de las estructuras corporales, existe una energía bioeléctrica, llamada *chi*, que circula constantemente por cada célula de nuestro cuerpo. A medida que la fisiología y la química occidentales han ido avanzando, han demostrado que tanto nuestro cuerpo como la totalidad del universo están compuestos de energía y cargas eléctricas. Como explica el doctor Felice Dunas: «Asumiendo diversas formas, el *chi* fluye constantemente por nuestros cuerpos creando las ondas cerebrales, haciendo latir el corazón, estimulando el sistema nervioso, impulsando el metabolismo celular...»[1].

La medicina china no es la única que reconoce la existencia de nuestra energía corporal, o *chi*. La occidental es posiblemente una de las pocas culturas que no cuenta con un término para designar esta energía bioeléctrica, aunque, habitualmente, incluso en Occidente hablamos de sentirnos *energizados* o de estar *bajos de energía*. En cualquier caso, el mejor modo de entender el *chi* no es explicarlo, sino sentirlo en el propio cuerpo.

Cultiva tu energía

La ciencia occidental aún no sabe por qué esta energía, o *chi*, circula por los circuitos corporales, pero la medicina china hace mucho tiempo que trazó mapas de esas rutas y aprendió a usarlas para mejorar la salud. Basta con que aprendas la ruta principal por la que viaje esa energía en tu cuerpo. Se llama órbita microcósmica, y se eleva desde los órganos sexuales por la columna hasta la cabeza, bajando por la lengua y la parte delantera del cuerpo hasta el ombligo, para volver finalmente a los órganos sexuales.

Estos canales no son arbitrarios. Surgieron al principio mismo de nuestro desarrollo dentro del útero materno. Cuando somos concebidos, nuestro cuerpo es parecido a un disco plano, que a continuación se dobla sobre sí mismo. Este pliegue deja «costuras» a lo largo de la parte anterior y posterior del cuerpo. La costura posterior se puede distinguir fácilmente en la columna vertebral. La costura anterior no es tan evidente. Puede verse cuando no está completamente cerrada, como en los niños que nacen con labio leporino, o en muchas mujeres que durante el embarazo muestran una línea oscura a lo largo de sus vientres llamada *linea nigra*.

En realidad, la órbita microcósmica son dos canales: uno asciende por la columna y otro desciende por la parte frontal. La lengua conecta ambos canales y cierra el circuito. Por lo tanto, *es esencial que aprendas a tocar la parte frontal del paladar con la punta de la lengua* (véase ilustración en página 88). En la parte delantera del paladar hay una pequeña hendidura, y a través de ella la energía desciende más fácilmente desde el cerebro, atravesando la lengua y bajando por la garganta y el pecho hasta el abdomen. (Si tienes la presión sanguínea alta, debes mantener la lengua en la mandíbula inferior en lugar

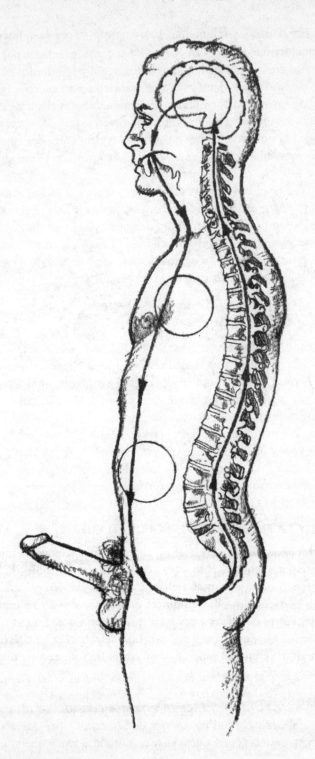

La órbita microcósmica: el circuito que la energía sigue de manera natural en el cuerpo. Existen tres depósitos de energía en el cerebro, el corazón y el abdomen.

de tocar el paladar, y también asegurarte de que haces descender la energía completamente hasta la planta de los pies.)

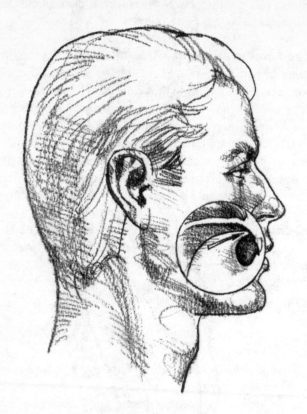

Tócate el paladar con la lengua.

SIENTE LA ENERGÍA MOVERSE POR TU CUERPO

Mucha gente se sorprende al averiguar que la energía se mueve constantemente por su cuerpo, pero, como en los enlaces invisibles de los átomos que mantienen nuestro mundo unificado, la energía siempre está presente, aunque en silencio. Sin ella ni siquiera estaríamos vivos. Generalmente no somos conscientes de esta energía sutil en constante movimiento, aunque, a medida que la cultivamos, podemos aprender a moverla con nuestra mente y a experimentarla como un cálido y suave cosquilleo que recorre nuestro cuerpo dándonos salud y placer.

¿Qué sensación produce la energía cuando se mueve por el cuerpo? Calidez y cosquilleo son dos de las sensaciones que con más frecuencia menciona la gente. Otros sienten punzadas (como electricidad está-

tica), pulsaciones, vibraciones, burbujas o zumbidos. La mayoría de las personas sienten que se mueve lentamente, sobre todo al principio, casi como si fuera miel. A veces puede desplazarse rápidamente, como si embistiera, pero siempre es importante no intentar forzarla. No te sorprendas si sientes la energía más en unas áreas de tu cuerpo que en otras.

¿Cómo puedo mover mi energía? Hay un antiguo dicho taoísta que afirma: «El *chi* sigue el pensamiento». El *chi* tenderá a acumularse e incrementarse dondequiera que enfoques tu atención. Este hecho ha sido comprobado a través de los experimentos de biorretroalimentación, que indican una mayor actividad de los nervios y músculos en el área donde la persona enfoca la atención. Puedes comprobarlo con un experimento. Concéntrate en calentarte las manos y nota cómo fluyen el *chi* y la sangre a través de ellas. La técnica occidental de la biorretroalimentación emplea este poder de la mente sobre el cuerpo para ayudar a la gente a controlar procesos corporales presuntamente inconscientes.

Recuerda: no estás tirando del chi *ni empujándolo, simplemente estás enfocando la atención en otro lugar. Esto es muy importante porque no quieres forzar la energía, ya que eso podría hacerte daño. La energía es muy poderosa; tienes que moverla lenta y delicadamente. De hecho, te resultará mucho más fácil mover tu energía si tienes el cuerpo relajado que si está rígido o tenso.*

> **No estás tirando del *chi* ni empujándolo; simplemente estás enfocando la atención en otro lugar.**

Energía sexual

La energía sexual, o *ching-chi*, es una de las formas más poderosas de energía bioeléctrica. Cuando te excitas, lo que sientes en tu cuerpo es una expansión de la energía sexual. Como comentamos anteriormente, el amor sanador se basa en el desarrollo de la capacidad de cultivar la energía sexual para que nos proporcione placer y salud, y favorezca nuestro crecimiento espiritual. En el ejercicio llamado *aspiración orgásmica ascendente* te enseñaremos a extraer la energía de los genitales para hacerla circular por el resto del cuerpo. Según los taoístas, como somos concebidos a través de un orgasmo, y la energía orgásmica inunda cada célula de nuestro cuerpo, necesitamos sentir esta energía rejuvenecedora regularmente —en el caso ideal, a diario— para conservar la salud.

Cuando seas capaz de hacer circular esta corriente energética, descubrirás que dispones de mucha más energía. Y, evidentemente, cuando seas capaz de elevar tu energía sexual hacia el cerebro, descubrirás que es más eficaz que la cafeína para revitalizarte cuando te sientas cansado. Además, a diferencia de la cafeína, no tiene efectos secundarios.

En medio de las prisas agotadoras que presiden la vida moderna en nuestro intento de compatibilizar el trabajo con la familia, nos suele quedar muy

> **Según los taoístas, como somos concebidos a través de un orgasmo, y la energía orgásmica inunda cada célula de nuestro cuerpo, necesitamos sentir esta energía rejuvenecedora regularmente —en el caso ideal, a diario— para conservar la salud.**

poca energía para hacer el amor. Sin embargo, cuando hacemos circular la energía sanadora, el encuentro amoroso puede rejuvenecernos más que cualquier estimulante artificial.

Generar, transformar y almacenar energía sexual

Antes de aprender a hacer circular la energía sexual y llevarla hacia el cerebro, tendrás que aprender a llevar la energía que ya tienes en el cerebro hacia el abdomen. Como ya hemos comentado, nuestros genitales son capaces de generar una enorme cantidad de energía (¡esto ya lo sabes!), pero esta parte del cuerpo no es eficaz a la hora de usar y almacenar energía. Por otra parte, nuestro cerebro transforma y proyecta esta energía de manera soberbia hacia el mundo a través del pensamiento y la creatividad. Sin embargo, el cerebro tampoco es muy eficaz a la hora de generar o almacenar energía. Por esta razón, no es nada recomendable dejar la energía en el cerebro durante demasiado tiempo. La energía siempre debe ser conducida al abdomen, porque los órganos del abdomen son ideales para almacenarla. Estos órganos abdominales almacenan y liberan energía hacia el cuerpo periódicamente y también en caso de necesidad. Como comentaremos en el Capítulo 5, para los taoístas es vital llevar la energía orgásmica a nuestros órganos si queremos conservar la salud.

ENCONTRAR EL CAMINO

Energía en el cuerpo

- GENITALES: generan energía.

- CEREBRO: transforma y proyecta la energía.

- ÓRGANOS: almacenan energía.

LO QUE SUBE, DEBE VOLVER A BAJAR

Una de las principales diferencias entre las prácticas sexuales taoístas y las prácticas sexuales tántricas de la India reside en la forma de canalizar la energía dentro del cuerpo. En el tantra, la energía sexual se eleva desde el chakra raíz (o punto energético de los genitales) hacia el cerebro. Ésta puede ser una experiencia profunda que despierte la mente, pero también puede producir molestias y ser peligrosa porque deja una gran cantidad de energía en el cerebro. Según los taoístas, que tomaron como modelo de sus prácticas el mundo natural, «lo que sube, debe volver a bajar». Por esta razón, los taoístas saben que es esencial llevar la energía que uno ha hecho ascender al cerebro de vuelta hacia el ombligo, donde puede almacenarse con seguridad y absorberse más fácilmente.

¿QUÉ TE DICE TU SENSACIÓN VISCERAL?

En nuestros días, la gente gasta la mayor parte de su energía en el cerebro. Nuestra civilización de la información exige un gasto constante de energía mental, y muchos podemos quedarnos atascados en la cabeza. Llevar la energía de la cabeza hacia el abdomen nos permite almacenarla en un lugar seguro y tenerla a nuestra disposición para alimentar nuestra vida sexual y nuestras ganas de vivir.

También hay otra razón, que los taoístas conocían, por la que es importante dirigir la energía hacia abajo. En nuestro abdomen reside otro centro de inteligencia que podríamos llamar «segundo cerebro» o «cerebro emocional».

Actualmente tendemos a pensar que todos nuestros pensamientos y emociones se originan en la cabeza. En cambio, los taoístas creían que las emociones son energías surgidas de distintos órganos del cuerpo, no sólo del cerebro. Este conocimiento también forma parte de nuestro acervo occidental. Siempre hemos asociado la emoción amorosa con el corazón y hemos sabido que existen centros nerviosos en el corazón, plexo solar y abdomen.

Existen nuevas y sorprendentes pruebas de que la extensión y complejidad de la red nerviosa del abdomen son similares a las del cerebro. Los investigadores ahora llaman a esta red nerviosa el «cerebro abdominal». En el lenguaje coloquial, solemos reconocer este hecho cuando usamos expresiones como: «Lo que me sale de las tripas es...» o «Tengo una sensación visceral...» A menudo se considera que este conocimiento visceral es más intuitivo y preciso. Los taoístas estaban particularmente interesados en el potencial del cerebro abdominal, porque emplea menos energía que el cerebro de la cabeza para «pensar» lo mismo.

A continuación vas a aprender a bajar la energía al abdomen por medio de la sonrisa interna. Esto permitirá a tu cuerpo usarla cuando la necesite. A medida que la energía vaya descendiendo hacia el abdomen, dirígela al ombligo. El ombligo es algo más que una cicatriz y un vestigio del cordón umbilical. Según los taoístas, cuando estábamos en el útero, todos los nutrientes fluían a nuestro organismo a través del ombligo, que continúa siendo *el centro energético* del cuerpo.

La sonrisa interna es el primer paso de la *aspiración orgásmica ascendente*. Así como tenemos que vaciar un vaso antes de volver a llenarlo, retirar la energía del cerebro con la sonrisa interna permitirá que éste vuelva a llenarse con la energía fresca y rejuvenecedora de los genitales.

Es esencial llevar la energía que uno ha hecho ascender al cerebro de vuelta hacia el ombligo, donde puede almacenarse con seguridad y absorberse más fácilmente.

Retirar la energía del cerebro con la sonrisa interna permitirá que éste vuelva a llenarse con la energía fresca y rejuvenecedora de los genitales.

LA SONRISA INTERNA

La sonrisa interna es un ejercicio simple pero extremadamente poderoso. Resulta muy apropiado que los taoístas, que trataban de alinearse con la naturaleza, llegaran a darse cuenta del profundo impacto de algo tan simple y ordinario como una sonrisa. Solemos pensar que sonreímos cuando estamos alegres, pero numerosas investigaciones demuestran que podemos invertir el orden de los sucesos: cuando sonreímos, nos sentimos más contentos, aunque no nos sintiéramos especialmente bien de partida. Todos hemos experimentado el poder de la sonrisa: podemos recordar un momento en el que estábamos tristes o enfermos y alguien, quizá un extraño, nos dirigió una amplia sonrisa que nos hizo sentir mejor inmediatamente. Los taoístas han conocido desde siempre el gran poder energético y curativo que tiene la sonrisa.

Los sabios taoístas decían que cuando sonríes, tus órganos liberan poderosas secreciones que alimentan todo el cuerpo. Por otra parte, cuando estás enfadado, atemorizado o tenso, tus órganos producen secreciones tóxicas que bloquean los canales energéticos, asentándose en los órganos y produciendo pérdida de apetito, indigestión, aumento de la presión sanguínea, aceleración del ritmo cardíaco, insomnio y emociones negativas. Aunque la presencia de dichas secreciones no ha podido demostrarse clínicamente, la conexión entre tensión y enfermedad está firmemente establecida en la literatura médica. Sonreír y cultivar la alegría y la felicidad es importante para tu bienestar general y para tener una vida amorosa sana.

ENCONTRAR EL CAMINO

Ojos sonrientes

Los taoístas notaron algo muy interesante respecto a la sonrisa. La verdadera sonrisa no viene sólo de la boca; también viene de los ojos. «Ojos sonrientes» es la expresión que transmite la esencia de esta comprensión. Cuando sonreímos de verdad, lo hacemos tanto con los labios como con los ojos. Por eso, cuando sonrías, trata de suavizar las comisuras de los labios y de los ojos, sonriendo desde ambos.

La sonrisa interna también te ayuda a cultivar el amor y la compasión, que es parte esencial del trabajo con la energía sexual. Como comentaremos en el Capítulo 6, para hacer el amor de un modo curativo es esencial conectar el deseo con el amor o, en otras palabras, mantener la energía sexual de nuestros genitales conectada con la energía compasiva de nuestro corazón. Como

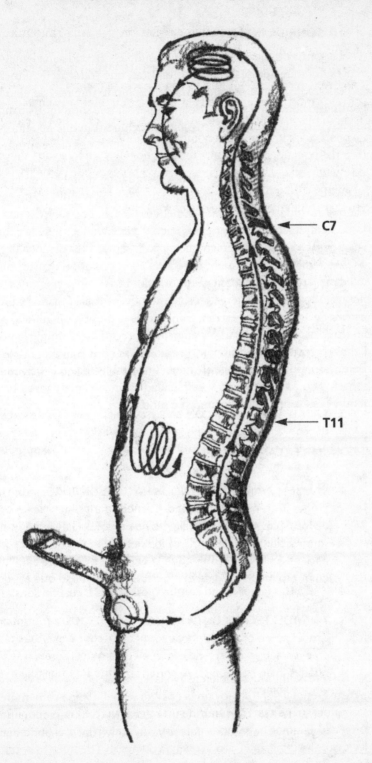

C7

T11

Sonrisa interna: bajar la energía al abdomen te ayuda a vaciar la cabeza para que pueda reabastecerse de la energía sexual que asciende por la columna.

la energía sexual amplía cualquier emoción que estés sintiendo, es esencial que no practiques, ni hagas el amor, cuando estés enfadado o sientas otras energías negativas intensas. En el encuentro sexual, tu actitud debe ser alegre y amorosa, tanto hacia ti mismo como hacia tu compañera. Además, trata de sonreír y mostrarte juguetón cuando hagas circular la energía.

No te sorprendas si necesitas tiempo para sentir que la energía desciende hacia tu abdomen. A los hombres les resulta más fácil elevar la energía que hacerla descender. Puede que tengas que hacer circular una mayor cantidad de energía sexual antes de poder sentir que desciende por la parte anterior de tu cuerpo. El Ejercicio 14, *aspiración orgásmica ascendente*, te dará abundante energía con la que trabajar o jugar. Disfruta.

Ejercicio 13

SONRISA INTERNA
LLEVA LA ENERGÍA HACIA ABAJO

1. RELÁJATE: relájate y respira hondo.

2. TÓCATE EL OMBLIGO: tócate el ombligo con las puntas de los dedos, abriéndolo ligeramente. (Esto activará el ombligo y te ayudará a bajar la energía.)

3. TÓCATE EL PALADAR CON LA PUNTA DE LA LENGUA: tócate el paladar con la punta de la lengua (véase ilustración en página 88) para conectar los canales anterior y posterior de tu cuerpo y permitir que la energía fluya de la cabeza al abdomen.

4. SONRÍE LLEVANDO LA ATENCIÓN HACIA EL OMBLIGO: sonríe mientras diriges la atención al ombligo. Cuando sonrías, suaviza las comisuras de los labios y de los ojos. Siente que el sol brilla sobre ti y, mientras sonríes, siente una energía cálida descender por la cabeza y el torso hacia el ombligo. Permite que la energía se acumule allí. Puedes dibujar espirales energéticas alrededor del ombligo que ayuden a absorberla.

5. TÓCATE EL PECHO CON LA PUNTA DE LOS DEDOS: a continuación, tócate el pecho con la punta de los dedos y sonríe mientras te enfocas en el corazón y en ablandarlo. A medida que el corazón se ablanda, puedes imaginar que se va abriendo como una flor roja irradiando amor y compasión.

6. LLEVA LA ENERGÍA HACIA EL ABDOMEN: continúa sonriendo y sigue llevando esa energía amorosa y compasiva hacia el abdomen.

Aspiración orgásmica ascendente

Después de descender la energía con la sonrisa interna, la harás ascender con la aspiración orgásmica ascendente. Elevar la energía sexual de tus genitales por la columna te permitirá sentir que una oleada fresca y revitalizante asciende por tu columna estimulando todos los nervios corporales en su camino. Durante el encuentro sexual, esta capacidad de elevar la energía sexual te permitirá expandir tus orgasmos genitales, convirtiéndolos en orgasmos de todo el cuerpo. Finalmente, a medida que cultives tu capacidad de elevar la energía, podrás sentir esta ola de placer orgásmico en cualquier momento sin tener que excitarte sexualmente. Ésta es una de las mayores delicias.

Conseguir que la energía circule hacia abajo y después hacia arriba puede llevar algún tiempo; por lo tanto, no te desanimes. Por otra parte, tal vez descubras que puedes movilizar la energía casi de inmediato. Depende mucho de tu conciencia corporal y de tu concentración. No te preocupes si no sientes gran cosa los primeros días o semanas de práctica. Si es la primera vez que practicas la meditación, el yoga o las artes marciales, te llevará más tiempo aprender estos ejercicios, pero pronto te quedarás sorprendido de lo fácil que es mover la energía. Como la energía fluye por los circuitos naturales de tu cuerpo, guiará tu mente al tiempo que tu mente trata de guiarla.

Los genitales son una poderosa fuente de energía. Estás aprendiendo a acceder a ella y a hacerla circular por tus circuitos corporales para revitalizarte. Una antigua metáfora taoísta compara nuestra energía corporal con el agua. Los genitales y la columna son como una noria que eleva la energía por la columna y la vierte en la cabeza para reabastecer al cerebro. A continuación fluye como una cascada hacia el abdomen, donde puede almacenarse en un depósito vivificante. Los taoístas sabían que no hay nada tan poderoso en la naturaleza como el agua, y que nada hay tan poderoso en nuestro cuerpo como la energía sexual. Por lo tanto, es esencial que aprendas a usarla de manera segura.

Como la energía fluye por los circuitos naturales de tu cuerpo, guiará tu mente al tiempo que tu mente trata de guiarla.

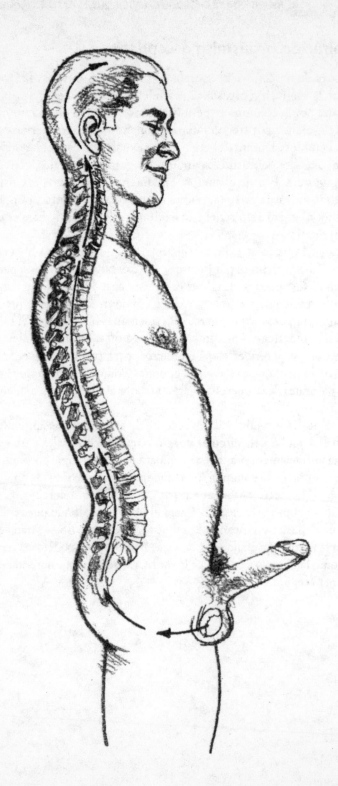

*Aspiración orgásmica
ascendente: hombre
aspirando energía
sexual de sus genitales
hacia la coronilla.*

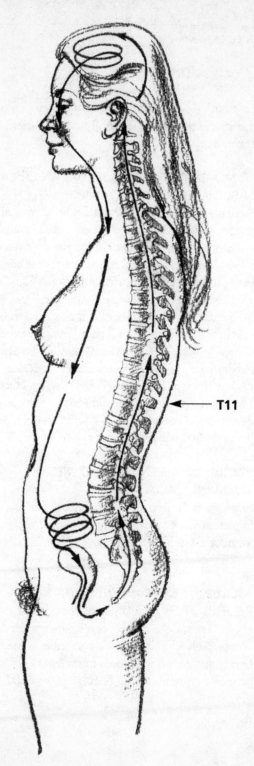

T11

Sonrisa interna y aspiración orgásmica ascendente: mujer llevando la energía hacia abajo con la sonrisa interna y después elevándola a la coronilla con la aspiración orgásmica ascendente.

Precauciones

La *aspiración orgásmica ascendente* es una práctica muy poderosa, por lo que tienes que seguir algunas indicaciones para preservar tu seguridad.

NUNCA DEJES ENERGÍA SEXUAL EN LA CABEZA DURANTE LARGOS PERÍODOS DE TIEMPO

Acuérdate de bajar la energía del cerebro al abdomen, donde puedes almacenarla con seguridad. En el pasado, muchos profesores de sexualidad oriental enseñaban a sus estudiantes a elevar la energía al cerebro sin enseñarles cómo hacerla descender. Esto produjo el denominado «síndrome Kundalini». Los taoístas conocían la importancia de completar el círculo. Si en algún momento sientes que tienes demasiada energía en la cabeza, debes practicar la sonrisa interna para llevarla al abdomen. Si continúas sintiendo que tienes demasiada energía en el cuerpo, siempre puedes hacer el Ejercicio 16, Hacer descender la energía, de la página 104 o el Ejercicio 17, Evacuar, en la página 106.
Bajar la lengua del paladar a la base de la boca ayuda a hacer descender la energía, y lo mismo se consigue bajando la mirada y llevando la atención a los pies.

PRECAUCIONES EN CASO DE PRESIÓN SANGUÍNEA ALTA

Si tienes la presión sanguínea alta, debes mantener la lengua en la mandíbula inferior, en lugar de tocarte el paladar, y asegurarte también de que haces bajar la energía hasta la planta de los pies.

ASEGÚRATE DE MANTENER UNA BUENA SALUD

Recuerda que la energía sexual es poderosa. Si tienes un cuadro clínico serio, debes hablar con un instructor del Tao Sanador (véase Bibliografía) antes de comenzar la práctica. Si tienes un herpes activo, no practiques hasta estar curado. Si tienes herpes pero está en remisión (es decir, si no es visible), entonces puedes practicar.

TÓMATELO CON CALMA

Tu actitud hacia la práctica es esencial. Asegúrate de estar
relajado y en un estado de ánimo juguetón. No intentes forzar que
la energía ascienda por tu columna ni que circule por tu cuerpo,
porque podrías hacerte daño.

PREPÁRATE

Siempre que puedas, practica con el estómago vacío, pero no
pases hambre. Espera al menos una hora después de haber comido.
El cuerpo necesita energía para digerir la comida que has tomado,
lo que significa que dispondrá de menos energía para hacerla
circular. Ponte ropa cómoda que no te apriete. En la habitación
donde practiques debe circular aire limpio, pero evita las
corrientes y el viento. Y recuerda que siempre debes respirar por la
nariz.

POSICIÓN

Al principio, no te tumbes de espaldas mientras realizas estos
ejercicios, porque la energía sexual podría quedarse pegada al
pecho y producir dolor. Para empezar, practica sentado,
de pie o túmbate de lado (preferentemente sobre el derecho).
Cuando domines los ejercicios podrás realizarlos en cualquier
posición. Asimismo, nunca pongas ningún objeto (como una
almohada) debajo de ti mientras estás tumbado de lado, porque
estarías doblando el canal energético, lo que podría producirte
dolor.

Ejercicio 14

ASPIRACIÓN ORGÁSMICA ASCENDENTE
ASPIRAR LA ENERGÍA HACIA ARRIBA

1. **LLEVA LA ENERGÍA A LOS GENITALES:** ahora que has aprendido a hacer descender la energía con la sonrisa interna, estás preparado para elevarla. Cúbrete la pelvis con las manos. Sonríe y lleva la energía a tus órganos sexuales. Toma conciencia del Sol que brilla en lo alto, sintiendo que su energía y la de tus ojos sonrientes calientan tus órganos sexuales. También puedes tocarte los genitales para aumentar tu energía sexual.

2. **CONTRAE EL MÚSCULO PC, EL PERINEO Y EL ANO:** cuando sientas un suave cosquilleo o movimiento de tu energía sexual, contrae muy suavemente tu músculo PC, el perineo y el ano. Esto hará que la energía se eleve de los órganos sexuales hacia el sacro (o rabadilla) y la parte inferior de la columna.

3. **DEJA QUE LA ENERGÍA SE ELEVE HACIA LA CABEZA:** deja que la energía ascienda por la columna hasta el cerebro. Mete ligeramente la barbilla hacia el cuello para ayudar a que la energía circule desde la columna a la cabeza.

4. **DIBUJA ESPIRALES DE ENERGÍA EN LA CABEZA:** dibuja espirales de energía en la cabeza empleando para ello la mente y los ojos. Dibuja nueve círculos en una dirección y otros nueve en la otra. Así ayudas a tu cerebro a absorber esta energía sexual creativa.

5. **ALMACENA LA ENERGÍA EN EL ABDOMEN:** vuelve a tocarte el ombligo, tócate el paladar con la lengua y sonríe con la boca y los ojos mientras diriges la energía hacia abajo. La energía volverá del cerebro al abdomen, donde puede quedar almacenada en los órganos.

Todos los pasos de la aspiración orgásmica ascendente te ayudan a elevar la energía, pero lo más importante de esta práctica es *contraer el músculo PC y el ano, porque es esta acción de apretar la que literalmente bombea la energía hacia la columna.* Pronto podrás aspirar la energía usando únicamente la mente y quizá una contracción anal. En cualquier caso, al principio es muy posible que tengas que aspirar la energía lenta y gradualmente.

Tal vez descubras que sientes mejor la energía en unos puntos de la columna que en otros. Esto es natural, ya que ciertas partes de la columna suelen ser más flexibles que otras. Si tienes la espalda o la pelvis tensas, te resultará difícil aspirar energía sexual por la columna.

ENCONTRAR EL CAMINO

Soltarse

Puedes relajar fácilmente la columna sentándote en el borde de una silla y balanceando la pelvis de un lado a otro. Balancéate desde las caderas y no desde los hombros, como una danzarina del vientre. Sonríe y balancea la parte inferior, la parte media y la parte superior de la columna.

Cuando hayas aprendido a hacer la sonrisa interna y la aspiración orgásmica ascendente, te resultará fácil hacer circular la energía en cualquier situación: mientras caminas, esperas tu turno en el supermercado, conduces o descansas tumbado en la cama. Aunque a todos les parecerá que estás dedicado a tus labores cotidianas, estarás cultivando tu energía sexual y sintiendo extáticas oleadas de energía orgásmica.

No siento mi energía sexual. Te hemos sugerido que practiques la aspiración orgásmica ascendente cuando tu energía sexual no está demasiado activada. Cuanto más activada esté, más difícil será de controlar. En el caso de los hombres esto significa que tenderán más a eyacular, perdiendo la energía que están tratando de elevar. Sin embargo, si sientes que no tienes suficiente energía sexual, estimúlate hasta el 90 o 95 por 100 del camino hacia el orgasmo. Los hombres y mujeres que han aprendido a separar el orgasmo de la eyaculación pueden llegar al orgasmo mientras elevan la energía hacia el cerebro. Cuando estés a punto de tener un orgasmo o estés en medio de él, detente y realiza el ejercicio de la aspiración orgásmica ascendente de tres a nueve veces, o hasta que sientas elevarse la sensación orgásmica.

No puedo elevar la energía por la columna. Si tienes problemas para aspirar la energía por la columna, puedes usar el bombeo natural de la columna para ayudarla a elevarse. El fluido cerebroespinal baña el cerebro y la columna. Los bombeos del sacro (la parte posterior de la pelvis) y de la base del cráneo hacen circular este fluido y pueden ayudarte a aspirar energía por la columna. Estos bombeos, empleados actualmente por los médicos osteópatas, eran bien conocidos por los antiguos taoístas. Puedes practicar los ejercicios siguientes estando de pie o sentado.

BOMBEAR LA ENERGÍA

1. BALANCEA LA PELVIS: activa el bombeo sacral apretando el ano hacia el cóccix y balanceando la pelvis adelante y atrás como si estuvieras montando a caballo.

2. METE LA BARBILLA: activa el bombeo craneal (en la base del cráneo) metiendo la barbilla hacia el cuello y hacia arriba y volviéndola a sacar, dibujando delicadamente un pequeño círculo. Mantén relajados los músculos de la mandíbula y del cuello.

3. ELEVA LA ENERGÍA POR LA COLUMNA: después de activar los bombeos sacro y craneal, descansa y empieza a aspirar la energía por la columna hacia el cerebro. Dirige la mirada hacia la parte superior de la cabeza, porque eso te ayudará a llevar la energía a la coronilla. Activa repetidamente los bombeos hasta que sientas que la energía asciende.

Me duele la espalda. A veces es difícil llevar la energía a la base de la columna y algunas personas experimentan dolores, cosquilleos o pinchazos cuando la energía entra en su columna por primera vez. Si te ocurre algo de esto, no te alarmes. Puedes favorecer la circulación energética masajeando suavemente esa zona con los dedos.

Me duelen los ojos. Cuando entornas los ojos para hacer circular la energía, puede que te duelan los músculos de los ojos o de la cabeza. Éste es un signo típico de tensión muscular (raras veces usamos los músculos de los ojos deliberadamente) y no es nada de lo que tengamos que preocuparnos. Si el problema persiste, no entornes tanto los ojos y emplea más el enfoque mental para mover la energía.

Me duele la cabeza. Si te duele la cabeza, te sientes cargado o te cuesta dormir, puede que tengas demasiada energía estimulante en la cabeza. La energía puede recalentarse si se queda fija en un lugar; éste es un problema que se resuelve fácilmente manteniéndola en movimiento. Asegúrate de hacer circular la energía por la cabeza nueve, dieciocho o treinta y seis veces, primero en una dirección y después en la otra. Cuando hayas hecho circular la energía por la cabeza, deja que fluya hacia abajo por la parte anterior del cuerpo.

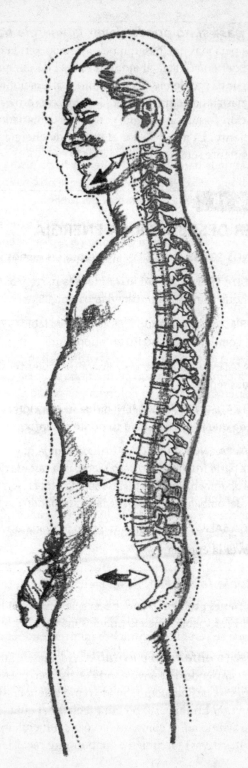

Bombeos sacro y craneal. Puedes favorecer la elevación de la energía balanceando la pelvis y metiendo ligeramente la barbilla.

¿Qué pasa si no puedo llevar la energía hacia abajo? En ocasiones, a las personas que pasan mucho tiempo «en la cabeza» les resulta difícil llevar la energía hacia abajo. Un exceso de energía en la cabeza puede producir algunos problemas de insomnio o alteraciones, como si se hubiera tomado demasiada cafeína. Recuerda que el cerebro es un órgano excelente para usar y transformar la energía, pero no es demasiado eficaz en cuanto a su almacenamiento. Es mejor llevar el exceso de energía hacia el abdomen. El ejercicio siguiente será una buena ayuda.

Ejercicio 16

HACER DESCENDER LA ENERGÍA

1. **MANOS SOBRE EL ABDOMEN:** coloca las manos sobre el abdomen.

2. **LENGUA FRENTE AL PALADAR:** toca la parte frontal del paladar con la lengua como se muestra en la página 88.

3. **SONRÍE:** sonríe curvando ligeramente los labios y las comisuras de los ojos, como hemos descrito anteriormente.

4. **RELÁJATE:** relaja el cuerpo y libera cualquier tensión o bloqueo que puedas sentir.

5. **CÉNTRATE EN EL ABDOMEN:** dirige la atención hacia el ombligo (recuerda que la energía irá a tu punto de enfoque).

6. **LLEVA LA ENERGÍA HACIA ABAJO:** imagina que la energía desciende por la parte frontal de tu cuerpo como una cascada de agua y se acumula en el abdomen. Pon una mano sobre la otra en forma de taza justo debajo del ombligo, como si estuvieras atrapando esa cascada de energía.

7. **TRAGA SALIVA:** tragar saliva también te ayudará a llevar la energía hacia el vientre.

Si aún tienes problemas para hacer que descienda la energía, puedes usar el Ejercicio 17, Evacuar, que exponemos más adelante.

Me siento enfadado e irritable. Además de amplificar el enfado que puedes estar sintiendo, el nuevo aporte energético puede hacer que te cargues de emociones negativas, como enfado o impaciencia, si la energía no circula suficientemente. En tal caso, procura reciclar el enfado y las emociones negativas expresando amor compasivo (véase el Ejercicio 24: Reciclar nuestras emociones negativas). También es importante recordar que has de sonreír y llevar la energía hacia el vientre. Si tienes tendencia a sentir emociones negativas, puedes cultivar dichas emociones y reciclar su energía practicando los *seis sonidos curativos* del libro de Mantak Chia *Sistemas taoístas para transformar el stress en vitalidad*.

OTROS EFECTOS COLATERALES

Ocasionalmente, una persona puede experimentar que la energía se le ha quedado atascada en la parte superior del cuerpo. En estos casos, los síntomas pueden variar de una persona a otra, y suelen incluir el insomnio, zumbidos en las orejas, palpitaciones o dolores de cabeza que persisten varios días. Si tienes alguno de estos síntomas, detén inmediatamente la práctica y haz el ejercicio de Evacuar. Si los síntomas persisten, conecta con un instructor del Tao Sanador (véase Bibliografía) o con un acupuntor. La mayoría de los médicos occidentales no sabrán diagnosticar ni tratar correctamente el problema, ya que no disponen de formación para entender los movimientos de energía corporal ni sus efectos físicos. Merece la pena comentar que este tipo de problemas no tienen su origen en la circulación de la energía sexual, sino en tensiones físicas y emocionales preexistentes que se encuentran atrapadas en esa parte del cuerpo. La energía sexual simplemente amplía estos problemas preexistentes, por lo que es imprescindible que resuelvas las cuestiones subyacentes antes de seguir avanzando en tu práctica sexual.

ABSORBER LA ENERGÍA

Después de cada aspiración orgásmica ascendente, puede que desees masajearte la zona genital para favorecer la absorción del remanente de energía sexual que no ha sido aspirada. Esto reducirá cualquier sensación de congestión o carga en esa parte del cuerpo. Si sientes que la energía se queda atascada en algún punto, puedes ayudar a movilizarla y absorberla acariciando y masajeando esa zona.

Después de un mes o más de práctica, y como consecuencia del aumento de energía corporal, puede que sientas cierta presión en la cabeza. Ésta es una señal de progreso y de que tu organismo contiene más energía que antes. La mayoría de la gente experimenta este fenómeno como un cosquilleo placentero. Pero si esta energía adicional se vuelve incómoda, asegúrate de llevarla al abdomen. Tanto el ejercicio físico, como los masajes de pies o una dieta a base de cereal pueden ayudarte a asentar la energía. Tener un orgasmo sin hacer circular la energía y, en el caso de los hombres, eyacular, también ayudará a reducir este exceso de energía.

En cualquier caso, te darás cuenta de que necesitas dormir menos y de que dispones de más energía para tus actividades, tu relación, y para cultivar tu vida física, emocional, intelectual y espiritual; éste es el verdadero objetivo del Tao y el verdadero don del amor sanador.

Ejercicio 17

EVACUAR

1. Siéntate en una silla o túmbate de espaldas. Eleva las rodillas con una almohada si sientes dolor en la zona lumbar.

2. Coloca las manos delante de la boca, una encima de la otra y con las palmas hacia los pies.

3. Cierra suavemente los ojos y haz una respiración profunda. Siente que tu estómago y pecho se expanden ligeramente.

4. Sonríe y espira tranquilamente, emitiendo el sonido «iiiiiiiiiiiii». Durante la espiración, estira las manos hacia los pies. Imagina que tu cuerpo es un tubo hueco de luz azul que vas vaciando con las manos; empezando desde la cabeza, pasando por el pecho y el abdomen, atravesando las piernas y saliendo por las plantas de los pies.

5. Repite el sonido y el movimiento tres, seis o nueve veces. Si aún tienes problemas para dar salida a tu energía, contacta con un instructor del Tao Sanador (véase Bibliografía) o un acupuntor.

Entiende el poder de tu energía sexual

Es vital que entiendas lo poderosa que es tu energía sexual y lo importante que es cultivarla y refinarla. Como se trata de un punto muy importante, ya hemos repetido varias veces a lo largo del libro que al expandir tu energía sexual estás potenciando cualquier energía y emoción que puedas tener almacenada en el cuerpo, sea positiva o negativa. Si sientes amor, la expansión de la energía sexual expandirá el amor. Pero si sientes enfado o incluso odio, la expansión de tu energía sexual también potenciará esas emociones.

Sin lugar a dudas ésta es una de las razones por las que las técnicas para expandir la energía sexual eran secretos muy bien guardados y por las que tantas religiones han temido el poder de nuestra sexualidad. El Tao no cree que esta poderosa energía deba controlarse a través de la vergüenza o la negación. Más bien, nos propone comprender su poder y aprender a cultivarla por nuestro propio bien y el bien de los demás.

A medida que vayas aprendiendo a expandir tu energía sexual, asegúrate de leer los capítulos 5, 6 y 7, que te mostrarán cómo cultivar esta energía para llevar una vida sexual llena de amor, compasión y sanación. En especial, no te olvides de practicar el Ejercicio 24: Reciclar nuestras emociones negativas, y el Ejercicio 27: El ciclo de la compasión.

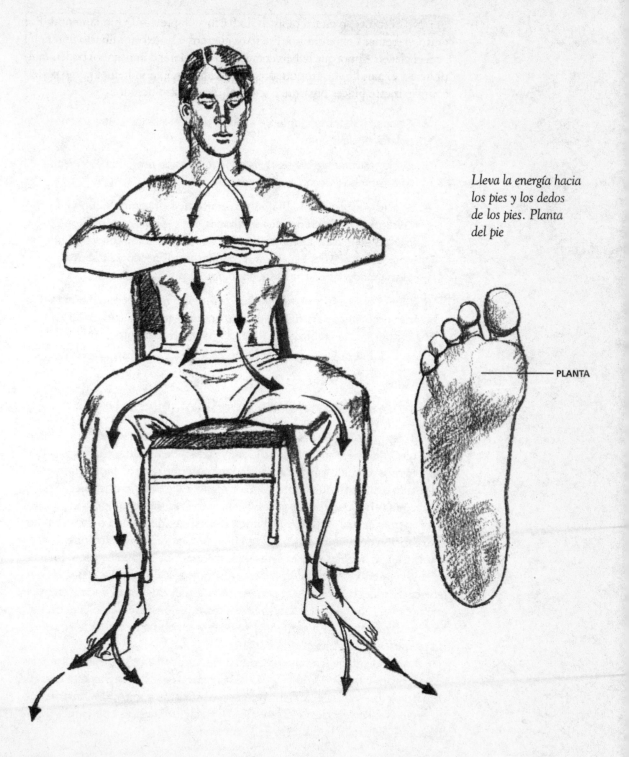

Lleva la energía hacia los pies y los dedos de los pies. Planta del pie

PLANTA

No obstante, para los taoístas, lo físico siempre era lo fundamental. Por tanto, debemos comenzar por nuestros cuerpos y su extraordinario potencial para el placer. Ahora que habéis comenzado a explorar cómo ambos podéis multiplicar y expandir vuestros orgasmos individuales, expondremos cómo podéis compartir este placer orgásmico y armonizar vuestro deseo.

SEGUNDA PARTE

Dúo:

Compartir la pasión,

la intimidad

y la sanación

con tu pareja

CAPÍTULO 4

Darse placer mutuamente

En este capítulo descubrirás:

- Cómo armonizar el deseo masculino y el femenino, para satisfaceros plenamente.
- El arte de usar los dedos y el arte de acariciar.
- El punto G y otros puntos de la vagina.
- El arte del cunnilingus y el arte de la fellatio.
- El arte taoísta de la penetración.

En este capítulo aprenderéis a daros placer mutuamente y a armonizar vuestro deseo para hacer el amor de un modo más profundo y satisfactorio. Los taoístas entendieron las diferencias fundamentales que existen entre la sexualidad masculina y la femenina. También reconocieron que la armonía en el dormitorio y la felicidad de la relación en general dependen de que cada miembro de la pareja conozca la necesidad del otro. Los médicos taoístas fueron los primeros sexólogos y observaron todos los aspectos de la sexualidad masculina y femenina para descubrir sus secretos y satisfacciones.

Antes de entrar en las diferencias existentes entre la sexualidad masculina y la femenina, queremos poner de relieve que el deseo de cada persona es único. Las generalidades que exponemos a continuación sobre el deseo han de ser matizadas por tus experiencias reales y las de tu compañero o compañera. Recuerda que no hace falta ser el mejor amante del mundo; basta con ser el mejor amante que puedas ser para tu compañero o compañera. Deja que su deseo y su placer sean tu guía.

> **No hace falta ser el mejor amante del mundo; basta con ser el mejor amante que puedas ser para tu compañero o compañera.**

Fuego y agua

Los taoístas compararon la sexualidad masculina con el fuego, y la femenina, con el agua. Mientras que la sexualidad masculina es de fácil ignición (los hombres se excitan fácilmente), también se extingue fácilmente (los hombres eyaculan rápidamente). La sexualidad femenina, aunque tarda más en llegar al punto de ebullición (las mujeres necesitan más tiempo para excitarse), es la más fuerte y duradera de las dos (las mujeres no acaban con la eyaculación, y su enfriamiento es más lento).

> **Los taoístas compararon la sexualidad masculina con el fuego, y la femenina, con el agua.**

Los taoístas sabían que estas diferencias entre la sexualidad masculina y la femenina eran la causa de muchas desavenencias en los dormitorios, y trataron de armonizarlas. Sabían que si enseñaban a los hombres a llevar rápidamente a las mujeres al punto de ebullición, antes y durante el coito, sería mucho más probable que hombres y mujeres compartieran el *crescendo*. También sabían que si enseñaban a los hombres a retrasar la eyaculación y a tener múltiples orgasmos como las mujeres, hombres y mujeres podrían recorrer juntos muchas cimas de placer, haciendo el amor de la manera más satisfactoria y sanadora posible.

Los hombres son *Yang,* las mujeres son *Yin*

Antes de poder entender cómo armonizar la sexualidad masculina y la femenina tienes que entender por qué hombres y mujeres suelen tener unas necesidades sexuales tan diferentes. Según el Tao, los hombres son fundamentalmente *yang*, lo que significa que tienen más energía yang o masculina. Esta energía es una de las dos fuerzas primordiales del universo y tiene muchas cualidades asociadas; una de ellas es la rapidez en la acción o, en este caso, en la excitación. Las mujeres son principalmente yin, lo que quiere decir que tienen fundamentalmente energía femenina o yin. Esta energía es la otra fuerza primordial del universo y también tiene muchas cualidades asociadas; una de ellas es la lentitud en la acción o, en este caso, en la excitación.

En palabras del maestro taoísta Wu Hsien, que tienen más de dos mil años de antigüedad:

> Los hombres pertenecen al *Yang*.
> La peculiaridad del *Yang* es que él se excita rápidamente.
> Pero también se retira rápidamente.
> Las mujeres pertenecen al *Yin*.
> La peculiaridad del *Yin* es que ella es más lenta a la hora de excitarse,
> Pero también es más lenta en su retirada.

Para los taoístas, el yin y el yang son las dos fuerzas cíclicas y complementarias del universo que lo crean todo. Positiva y negativa, respectivamente, ambas fuerzas son esenciales e interdependientes. Cada persona tiene energía masculina y femenina, y tanto el yin como el yang pueden transformarse uno en el otro. Esto puede explicar la complejidad y variabilidad de nuestro deseo individual.

Es importante recordar que algunas mujeres son más yang que yin, y les llamaremos «mujeres yang»; también hay hombres que tienen más yin que yang, y les daremos el nombre de «hombres yin». Además, tanto el tipo de trabajo que hagamos, como la dieta y nuestro estilo de vida en general afectan al equilibrio energético. En estos comentarios tenemos necesariamente que generalizar, pero tú debes adaptarlos a tu sexualidad y a la de tu compañero o compañera.

Si eres una mujer yang, tal vez tu experiencia se parezca más a la de la mayoría de los hombres. Si eres un hombre yin, tal vez descubras que tu experiencia se parece más a la de la mayoría de las mujeres. Por conveniencia dividimos nuestra sexualidad y nuestra energía sexual en dos grandes categorías, pero en realidad abarcan un amplio espectro.

Aunque somos individuos únicos, los hombres suelen tener mucha más energía yang y las mujeres suelen tener mucha más energía yin. Como los roles de género han variado sustancialmente a lo largo de los últimos cincuenta años, este enunciado general ha cambiado algo, pero las diferencias energéticas entre yang y yin persisten, del mismo modo que persisten las diferencias hormonales fundamentales entre hombres y mujeres. Las investigaciones médicas realizadas en los últimos diez años parecen confirmar las propuestas taoístas, que además están avaladas por miles de años de antigüedad [1].

Cada persona tiene energía masculina y femenina, y tanto el yin como el yang pueden transformarse uno en el otro.

Según el Tao, el yin y el yang son las dos fuerzas complementarias del universo que representan las energías femenina y masculina, respectivamente.

Excitación: hervir el agua y encender la llama

El yin se mueve hacia abajo —como el agua— goteando en el cuerpo de la mujer desde la cabeza al corazón, y finalmente a los genitales.

Comprendiendo cómo el yin y el yang funcionan en nuestro cuerpo entenderemos mejor la forma de excitarse de hombres y mujeres. Como nos señala la médico y acupuntora Felice Dunas en su excelente libro *Passion Play*, el yin se mueve hacia abajo —como el agua— goteando en el cuerpo de la mujer desde la cabeza al corazón, y finalmente a los genitales. Ésta es la razón, según explica, por la que la mayoría de las mujeres tienen que abrir su cabeza y su corazón antes de poder abrirse sexualmente. Este lento movimiento descendente de la energía en su cuerpo hacia los genitales también explica por qué la mujer necesita más prolegómenos y más tiempo de caricias que le permitan alejar su energía de los pensamientos que la distraen.

El Yang, por otra parte, se desplaza hacia arriba —como el fuego— desde los genitales del hombre hasta su corazón y su cabeza.

El Yang, por otra parte, se desplaza hacia arriba —como el fuego— desde los genitales del hombre hasta su corazón y su cabeza. Por eso los hombres se excitan más rápidamente que las mujeres y suelen necesitar menos juegos preliminares. En general, la mayoría de los hombres pueden excitarse por contacto genital directo. Para ellos, ésos son los preliminares.

Se dice que los hombres están «enfocados en los genitales»; esto se debe a que su energía sexual comienza en sus genitales. A medida que ésta asciende y se extiende por su cuerpo al hacer el amor, son mucho más capaces de conectar con su corazón y recibir el amor de sus parejas. Sin embargo, cuando un hombre eyacula rápidamente, toda su energía sexual se derrama sin elevarse a través de su cuerpo. La energía sexual nunca llega a su corazón, y el sexo nunca llega a convertirse, para él, en «hacer el amor». A medida que el hombre aprende a extender el orgasmo por todo el cuerpo y a hacer circular su energía, ésta se eleva hasta su corazón y cerebro, permitiéndole expandir su amor por su compañera. Éste es el verdadero secreto de hacer el *amor* para los hombres.

Estas diferencias en el ritmo de excitación han producido incontables malentendidos y desarmonía en el dormitorio, generación tras generación. Aunque podemos lamentar este hecho, llegar a entenderlo nos abrirá un camino seguro hacia la mutua satisfacción.

En el siguiente apartado describiremos varios secretos para armonizar el deseo entre hombres y mujeres. Recuerda que si vuestras vidas sexuales ya están armonizadas, puede que no necesites todas las sugerencias siguientes. Ciertamente no necesitaréis seguir todos los pasos cada vez.

Armonizar vuestros deseos

El primer paso para armonizar el deseo de ambos es tomar conciencia de las diferencias entre vosotros, sean las que sean. En general, el hombre tendrá que controlar su llama para permanecer con su compañera mientras calienta hábilmente sus aguas por medio de los juegos preliminares. Las mujeres pueden ayudar encendiendo su propio deseo. Los taoístas recomiendan a las parejas que empiecen enfocándose en excitar a la mujer y llevar su deseo rápidamente al punto de ebullición. Para ambos miembros de la pareja la excitación comienza mucho antes de llegar al dormitorio.

PRECALIENTA A TU COMPAÑERA

Como los hornos, que pueden alcanzar una temperatura más alta cuando están precalentados, nuestro deseo debe ponerse en marcha con anterioridad. Sembrar antes de llegar a la cama el pensamiento de que vais a hacer el amor, hará que caigáis uno en brazos del otro en lugar de caer dormidos. Llamaos durante el día y expresar el deseo que vais a sentir esa noche hace maravillas para poner en marcha la imaginación sensual. Incitarse con caricias y palabras amorosas durante la tarde y noche puede hacer que la llama de la pasión arda con fuerza en el momento de ir a la cama.

Aunque esto es válido para ambos, es esencial en el caso de la mujer. Un estereotipo muy conocido afirma que las mujeres quieren romance, mientras que los hombres quieren sexo. Tanto los hombres como las mujeres quieren sexo, aunque a menudo las mujeres necesitan más romance para despertar su energía sexual y conducirla hasta sus genitales. Los hombres también necesitan encender su pasión, pero su fogosa energía sexual responde normalmente con más premura. Según el Tao, estas diferencias no deben juzgarse. El Tao trata de entender la vida, no de juzgarla.

PREPARACIÓN DE LA HABITACIÓN SAGRADA

Hacer el amor en distintas habitaciones y en lugares inesperados de la casa es divertido, y puede añadir espontaneidad y variedad a tu vida sexual. Los taoístas eran muy aficionados a hacer el amor al aire libre, cerca del mundo natural que tanto reverenciaban y trataban de emular. Sin embargo, buena parte de los encuentros sexuales ocurren en el dormitorio; por lo tanto, es importante que la disposición de la habitación sea la adecuada.

A nuestros cuerpos les afectan mucho las formas, los sonidos y los olores que les rodean. Cuando creamos un espacio seguro y sensual, nuestros cuerpos se preparan inconscientemente para hacer el amor. Un viejo chiste dice que las mujeres necesitan una razón y los hombres sólo necesitan un lugar. Nuestra sugerencia es que el lugar puede ser cualquier lugar. Pero tanto a los cuerpos de los hombres como a los de las mujeres les influye el lugar donde se encuentran y responden a los conocidos rituales románticos.

¿Hasta qué punto es romántica tu habitación? ¿Os prepara para hacer el amor? Quizá te preguntes: ¿Y cómo se prepara una habitación para hacer el amor? Del mismo modo que un buen restaurante te prepara para una cena romántica: con una hermosa decoración y una luz suave. Cada cual tiene su pro-

Incitarse con caricias y palabras amorosas durante la tarde y noche puede hacer que la llama de la pasión arda con fuerza en el momento de ir a la cama.

¿Hasta qué punto es romántica tu habitación? ¿Os prepara para hacer el amor?

pia estética y su idea de lo que le parece romántico y agradable, pero asegúrate al menos de que la habitación sea relajante para vuestros cuerpos.

Reduce al mínimo los objetos que puedan distraerte, como los libros y papeles o la televisión. Los expertos recomiendan a la gente que sufre de insomnio que eviten leer o ver la televisión en la cama. En este caso, las razones que pueden aplicarse son las mismas. Si estamos acostumbrados a leer o a ver la televisión en una habitación, nuestro cuerpo se prepara para esas actividades más que para el sueño o, en nuestro caso, el sexo. Si el objeto que más llama la atención en tu habitación es el televisor, probablemente te dedicarás más a mirarlo que a hacer el amor. En resumen, intenta mantener la televisión lejos del dormitorio.

La iluminación también es esencial. Mucha gente elige hacer el amor a oscuras, pero es más fácil practicar el amor sanador con luz, preferiblemente una luz suave. Durante la práctica del amor sanador, hombres y mujeres enfocan su amor y su atención en los ojos y en el cuerpo de su pareja. Es mucho más difícil estar plenamente presente ante tu compañero o compañera si ambos estáis palpando en la oscuridad para encontraros.

Cada cuerpo, cualquiera que sea su forma y tamaño, puede hacer el amor energética y extáticamente.

Encender una vela es un ritual sencillo y accesible que puede preparar tu cuerpo para hacer el amor. La luz de la vela os permitirá miraros mutuamente a los ojos y regocijaros en las líneas y curvas de vuestras magníficas formas corporales. Además, la luz de las velas es generosa porque suaviza nuestros contornos, ocultando las imperfecciones existentes en nuestros cuerpos. El objetivo del amor sanador, que es el intercambio de energía sutil, transciende la obsesión con la imagen corporal que consume a la mayoría de la gente moderna. Cada cuerpo, cualquiera que sea su forma y tamaño, puede hacer el amor energética y extáticamente.

Aprender los circuitos corporales

A nuestros cuerpos les afectan profundamente las imágenes, sonidos y olores que les rodean.

Tocarse mutuamente fuera de la cama y dentro de ella es fundamental para armonizarse y darse placer mutuamente. El toque es algo instintivo, pero mucha gente no sabe cómo o por qué es tan importante, y la mayoría de la gente no se toca suficientemente.

Cuando nos tocamos, se vierte a nuestra corriente sanguínea una hormona llamada oxitocina que potencia nuestro afecto mutuo, reduce el estrés y aumenta nuestra producción de hormonas sexuales. En el caso de las mujeres, aumenta su respuesta sexual, y en el caso de los hombres, aumenta la sensibilidad del pene y mejora la erección [2].

Si no se les toca regularmente, las mujeres tienden a deprimirse y a dejar de interesarse en el toque sexual, mientras que los hombres tienden a volverse agresivos y dejar de interesarse por el toque no sexual; la mejor receta posible para la desarmonía marital está servida. Darse la mano y abrazarse es esencial desde el punto de vista fisiológico, además de emocionalmente satisfactorio.

Adicionalmente, nuestras hormonas crean bucles de *feedback* positivo, lo que significa que cuanto más tenemos, más queremos. Ésta es la causa por la que cuanto más contacto recibimos, más queremos, y cuanto más sexo tenemos, más nos abrimos a él.

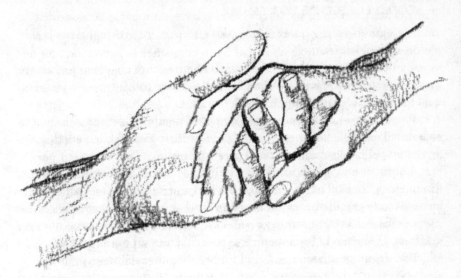

Si no se les toca regularmente, las mujeres tienden a deprimirse y a dejar de interesarse por el toque sexual, mientras que los hombres tienden a volverse agresivos y dejar de interesarse por el toque no sexual; la mejor receta posible para la desarmonía marital está servida.

El toque libera una hormona que potencia el afecto, la sensibilidad y la capacidad de respuesta sexual.

Por desgracia, el bucle de *feedback* negativo es igualmente poderoso, y es la razón por la que las parejas entran en círculos viciosos de separación que les llevan a no tocarse y a no hacer el amor. Por tanto, es importante seguir tocándose mutuamente aunque no se desee el encuentro sexual.

En caso de duda, en el sexo merece la pena equivocarse más por exceso que por defecto, siempre que no haya una razón clara en contra (el cansancio no cuenta). Como somos criaturas regidas por el hábito, si hacemos algo hoy, es más probable que lo repitamos mañana. En el caso del sexo, tanto el hábito como las hormonas nos pueden animar. Haz que el bucle de *feedback* avance en la dirección adecuada.

TU TOQUE ES ELÉCTRICO

Para los taoístas, el toque no era una simple cuestión de contacto físico o de reacción química. Como comentamos en el Capítulo 3, según la medicina china, estamos inundados por energía electromagnética que recorre senderos específicos, llamados meridianos, que llegan hasta cada rincón de nues-

Tocar siempre es tocar, pero un toque extático y curativo requiere amor y atención.

tro cuerpo. Podemos intercambiar esta energía con nuestra pareja a través del tacto. Las puntas de los dedos, los labios y los genitales son los medios más poderosos de que disponemos para el mutuo intercambio de esta energía.

Cuando toques a tu compañero, céntrate en las manos e imagina que la energía amorosa fluye de tus dedos hacia su cuerpo. Recuerda que nuestro *chi*, o energía, sigue a la mente. Tocar siempre es tocar, pero un toque extático y curativo requiere amor y atención.

COMO EL PESO DE UNA PLUMA

El toque energético y sensual es un toque ligero como una pluma que simplemente roza la superficie de la piel de tu compañero, despertando las terminaciones nerviosas y atrayendo energía hacia esa zona. Aplicar una mayor presión, propia del masaje, relajará los músculos de tu compañero, mientras que un toque ligero despertará su piel.

Para tocar sensualmente a una mujer, el hombre debe recordar que su energía sexual debe llevarse desde las extremidades a la vagina.

Para tocar sensualmente a una mujer, el hombre debe recordar que su energía sexual debe llevarse desde las extremidades a la vagina. Si se dispone de tiempo, el hombre debería empezar en las manos y pies y avanzar por los brazos y piernas. Después puede retomarlo en la cabeza y acariciarle el torso. El hombre sólo debe tocar directamente los genitales de la mujer después de haberlos rodeado. En las metáforas taoístas, el *yin* es como el agua que debe caer por los montes y pliegues del curvado cuerpo de la mujer hasta su punto más bajo, la vagina. El agua siempre se para al llegar al punto más bajo.

Para tocar sensualmente a un hombre, la mujer debe recordar que su energía sexual debe llevarse del pene hacia el resto del cuerpo.

Para tocar sensualmente a un hombre, la mujer debe recordar que su energía sexual debe extenderse desde el pene hacia el resto del cuerpo. Así, la mujer puede comenzar en el pene, tocándolo ligeramente pero sin centrarse en su estimulación directa, ya que no desea avivar el fuego, sino mantener una combustión lenta. Si él se excita demasiado, explotará y eyaculará. Tomando la energía sexual de los genitales masculinos, la mujer puede extenderla por sus brazos y piernas, llevándola hacia las manos y pies, para acabar en el torso y la cabeza. Esto permitirá al hombre extender la energía, tener más control eyaculatorio y le ayudará a experimentar orgasmos en todo el cuerpo.

Si el hombre tiene dificultades con la erección, evidentemente la energía debe ser conducida hacia el pene. (Recuerda que cuando el hombre está tumbado de espaldas, la gravedad no favorece la erección, ya que la sangre fluye hacia fuera. Si al hombre le cuesta mantener la erección, es mejor que no se tumbe de espaldas y se ponga en una posición en la que la gravedad haga llegar sangre a su pene en lugar de sacarla de él. Para conseguir y mantener la erección es mejor que el hombre esté de pie, sentado, de rodillas o acostado sobre su compañera.)

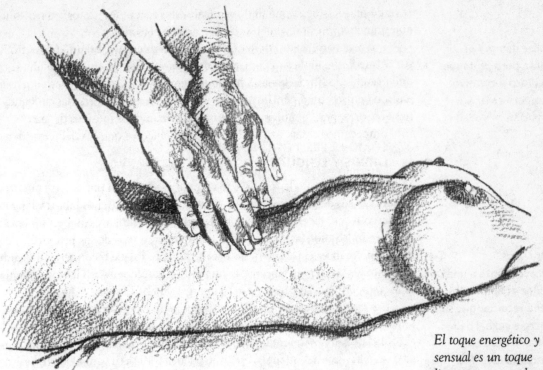

El toque energético y sensual es un toque ligero como una pluma que simplemente roza la superficie de la piel de tu compañero, despertando sus terminaciones nerviosas y atrayendo energía hacia esa zona.

Partes del cuerpo

En Occidente, tendemos a pensar que las personas somos máquinas y que las partes de nuestro cuerpo están separadas, como las partes de un coche. Cuando toques el cuerpo de tu pareja, es importante recordar que por él circulan los meridianos de energía (canales) y que estás tratando de despertar su energía sexual, no sólo de estimular una zona concreta de su cuerpo. Dicho de otro modo, se puede generar mucho placer tocando algunas terminaciones nerviosas de nuestras manos y pies, o de nuestros pezones y genitales, pero dichos nervios están conectados por una compleja trama con el resto del cuerpo. Procura mantener una visión holística y energética del cuerpo de tu pareja al tiempo que refinas tu habilidad para dar placer a sus zonas íntimas. En el amor sanador, cada toque es parte del proceso de unión entre hombre y mujer. Para armonizarse, darse la mano o presionarse los labios es tan importante como el coito mismo.

Las sugerencias que ofrecemos a continuación están basadas tanto en antiguas observaciones como en modernos estudios, aunque, evidentemente, sólo son generalizaciones. Tú y tu pareja tendréis vuestra peculiar manera de daros placer mutuamente y vuestras preferencias respecto a cómo queréis que se os dé placer. Recomendamos que leáis estas secciones juntos, comentando abiertamente vuestras sensibilidades y deseos personales.

Por otra parte, cada encuentro sexual será diferente. En un encuentro fugaz de mediodía ambos os centraréis en los genitales, mientras que una tranquila noche de fin de semana tendréis tiempo para explorar vuestro paisaje erótico centímetro a centímetro. Lo mejor es tener memorizadas tus canciones favoritas, pero también saber improvisar como los músicos de jazz.

Empecemos desde arriba; hay algunos placeres que no debes perderte.

LABIOS Y LENGUAS

Instintivamente, la mayoría de las parejas empiezan por besarse mientras armonizan sus deseos respectivos y comparten el aliento. Los labios y lenguas pueden ofrecer placeres casi inagotables cuando los amantes funden sus bocas.

Según los taoístas, los labios y la lengua eran uno de los principales canales para realizar el intercambio energético, por lo que recomiendan decididamente los besos profundos y prolongados. Cuando vuestros labios y lenguas se toquen, envía a tu compañero tu energía y bebe la suya.

Los taoístas consideraban la saliva como un elixir supremo, un cóctel vivificante, pero recuerda que ambos debéis llegar a un acuerdo respecto a la cantidad de saliva intercambiada. A muchos hombres les gusta sentir más humedad que a muchas mujeres. Siempre puedes pedir a tu pareja que te bese tal como a él o a ella le gusta ser besado.

CUERO CABELLUDO

El cuero cabelludo es la parte más alta del cuerpo, además de su cumbre energética. Puedes ayudar a estimular la coronilla y la parte alta de la cabeza de tu pareja frotándola y rascándola como te rascarías un picor o frotarías a un gatito. Desde aquí puedes empezar a llevar la energía hacia abajo por el canal frontal de tu pareja, acariciando o besando toda la parte anterior de su cuerpo en dirección descendente.

LAS OREJAS

Según la medicina china, las orejas están llenas de puntos de acupuntura y son extremadamente sensibles al toque, a la lengua e incluso a la respiración.

COLUMNA

La columna es extremadamente sensible en toda su extensión, y especialmente a lo largo del cuello. Como comentamos en capítulos anteriores, la columna es el principal canal por el que se conduce la energía desde los genitales al cerebro. Durante el abrazo, acariciar ligeramente la columna de tu compañero le ayudará a aspirar la energía hacia arriba.

Según el Tao, los labios y la lengua son uno de los principales canales para el intercambio energético.

MANOS Y PIES

Nuestras manos y pies son algunas de las partes más sensibles y sexualmente excitantes de nuestros cuerpos. El tamaño y la forma de nuestros dedos de las manos y de los pies les hace perfectos para poder lamerlos y chuparlos de manera que dejen a tu pareja embriagada de placer. Besar y lamer la palma de la mano y la muñeca de tu pareja puede ser especialmente provocador.

BRAZOS Y PIERNAS

Los brazos y las piernas responden bien a los toques ligeros, y la parte interna de los muslos es especialmente sensible al toque sexual y al lamido cuando te acercas a los genitales de tu pareja.

PECHOS, LOS DE ELLA Y LOS DE ÉL

Dibujar espirales alrededor de los pechos en círculos cada vez menores conduce la energía hacia el pezón. Si frotas tu dedo pulgar con el índice antes de tocar los pezones de tu pareja generarás un *chi* que puede aumentar su estimulación. A continuación, pon los pezones de tu compañera entre tus dedos pulgares e índices, haciéndolos rodar ligeramente. (Tal vez desees comenzar por uno de ellos en lugar de tocar los dos.)

Aunque los pezones son la parte más sensible de la anatomía femenina, a la mayoría de las mujeres les gusta que les toquen y masajeen todo el pecho antes de centrarse en ellos.

La cantidad de estimulación que prefieren y la forma en que les gusta ser tocadas, tanto en general como en los pezones, varía mucho de una mujer a otra. Generalmente, cuanto más excitada esté una mujer, más intensa será la estimulación que le resulte placentera, por lo que muchas mujeres disfrutan más de una estimulación enérgica después de juegos prolongados o durante el coito.

Los pechos y pezones de los hombres son mucho menos prominentes y, en general, mucho menos sensibles que los de las mujeres. Esto ha llevado a la errónea creencia de que los pezones de los hombres no son sensibles. Muchos hombres descubren que sus pezones sí lo son y que incluso se ponen erectos, mientras que otros necesitan una estimulación regular para despertar estas terminaciones nerviosas. Por su parte, ciertos hombres nunca llegan a despertar la sensibilidad de los pezones y prefieren que sus parejas pasen a otros puntos más sensibles.

Como mencionamos anteriormente, la lengua es una extraordinaria conductora de *chi*, y su empleo es el mejor modo de estimular los pezones de la pareja.

Hay un triángulo de excitación que abarca los pezones (para hombres y mujeres) y los genitales. La estimulación de los pezones de la mujer (o del hombre) a menudo estimulará al mismo tiempo los genitales, o al menos provocará un picor en ellos que pedirá ser rascado.

GENITALES, LOS DE ELLA

El clítoris de la mujer tiene la mayor concentración de terminaciones nerviosas del cuerpo, y debido a su intensa sensibilidad debe ser tocado con mucho cuidado y entendiendo lo que se hace. Como los pezones, cuanto más excitado esté el clítoris, más placentera será la estimulación intensa. Dibujar círculos alrededor del clítoris, como de los pezones, conduce la energía hacia él y prepara a la mujer para su estimulación directa. Estos círculos son esenciales para avivar su fuego y llevar su deseo al punto de ebullición.

Generalmente, el hombre debería empezar por acariciar o dibujar espirales en la base y los laterales del clítoris, que no son tan sensibles. También puede hacer rodar el clítoris entre los labios de la vagina. A continuación, el hom-

Generalmente, cuanto más excitada esté una mujer, más intensa será la estimulación que le resulte placentera, por lo que muchas mujeres disfrutan más de una estimulación enérgica después de juegos prolongados o durante el coito.

bre intentará acariciar o dibujar espirales en la capucha antes de tocar directamente el glande, que es extremadamente sensible. Para algunas mujeres, la estimulación directa del glande siempre es demasiado intensa, por lo que el hombre tendrá que seguir aquí las indicaciones de su compañera (gemidos, jadeos, sudor, sonrisas o instrucciones verbales).

Para la mayoría de las mujeres, la estimulación clitoridiana es esencial si quieren experimentar el orgasmo. A muchas mujeres les cuesta más llegar al orgasmo durante el coito por la falta de estimulación directa de su clítoris. Imagina que un hombre intente llegar al orgasmo acariciándose solamente la base del pene o los testículos, sin estimularse el glande. En este caso se podrían escribir muchos libros sobre las dificultades que tienen los hombres para llegar al orgasmo.

Se ha podido constatar una y otra vez que las mujeres llegan al orgasmo tan rápidamente como los hombres cuando se dan placer a sí mismas (estimulándose el clítoris). El error que cometen muchas parejas es el de asumir que la mujer no debe tocarse durante el encuentro sexual o que el clítoris no necesita ser estimulado durante el coito.

Para la mayoría de las mujeres, la estimulación clitoridiana es esencial si quieren experimentar el orgasmo. A muchas mujeres les cuesta más llegar al orgasmo durante el coito por la falta de estimulación directa del clítoris.

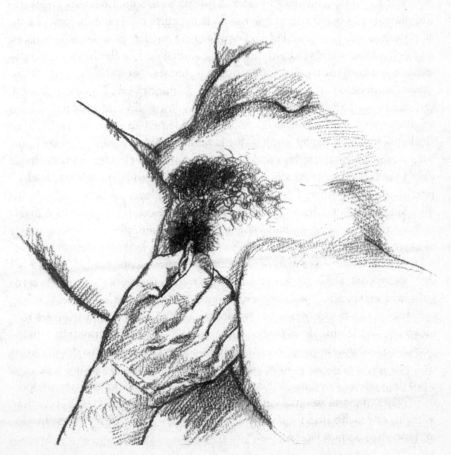

Hacer rodar el clítoris entre los labios de la vagina.

Un hombre puede aprender mucho respecto a la estimulación del clítoris de la mujer si ella está dispuesta a enseñarle. Puede empezar por tocarse a sí misma dejando que su compañero apoye los dedos sobre los suyos para sentir qué lugar y presión le resultan placenteros. Alternativamente, ella puede posar sus dedos sobre los de su compañero y dirigirle al lugar que desea con la presión justa. Durante el coito, él (o ella) puede tocarle el clítoris, intensificando su excitación y estimulación. Cuando las parejas han aprendido a potenciar así la estimulación durante el coito, no tienen que volver a preocuparse de la satisfacción de la mujer o de si «ha estado bien para ella».

DARNOS PLACER MIENTRAS ESTAMOS CON NUESTRA PAREJA

Si muchas personas ya se sienten avergonzadas cuando se tocan en privado, mucho más cuando se tocan delante de su pareja. Se nos ha dicho que el autoplacer es pecaminoso o vergonzoso, y la idea de tocarse delante del amante puede resultar chocante o vergonzosa. Resulta difícil trascender años de condicionamiento social respecto a la masturbación. Si te sientes avergonzado, lo primero que has de saber es que no estás solo. Lo segundo que tienes que saber es que sentir vergüenza de la masturbación no es natural. La visión puritana de la sexualidad sólo es una entre muchas posibles. Los taoístas, que veían la sexualidad como una parte esencial de la salud humana, llamaban a la masturbación cultivo en solitario y ejercicio genital. Este ejercicio estaba considerado parte esencial del cultivo de nuestra salud sexual y general.

La masturbación o autoplacer no es algo destinado exclusivamente a los adolescentes y a los solteros. La Asociación Médica Americana, en un libro titulado *Human Sexuality*, explica que la masturbación es habitual entre hombres y mujeres de todas las edades, y que las mujeres tienden a masturbarse más a medida que envejecen. Una estimación aproximada sugiere que el 70 por 100 de los hombres y mujeres casados se dan placer a sí mismos[3].

Muchos sienten que si su pareja se masturba, eso supone una crítica más o menos velada hacia ellos o hacia su deseabilidad. El autoplacer no puede tomar el lugar del encuentro sexual con la pareja, pero puede ser un valioso complemento. Un estudio sobre sexualidad humana llevado a cabo por la Universidad de Chicago descubrió que las personas que tienen relaciones sexuales con regularidad se dan placer más frecuentemente que los que no las tienen[4].

Incluso los que se sienten cómodos tocándose en privado suelen ser reacios a tocarse delante de su pareja. A menudo nos sentimos vulnerables cuando nos tocamos delante de nuestra pareja y mostramos nuestro deseo. Aunque esta idea pueda atemorizarnos, la verdadera intimidad (sexual o de otro tipo) depende de la vulnerabilidad. Si os animáis y apoyáis mutuamente, permitiéndoos mostrar vuestra vulnerabilidad y revelar vuestro deseo en el dormitorio, es mucho más probable que podáis abrir vuestro corazón en los demás aspectos de la relación.

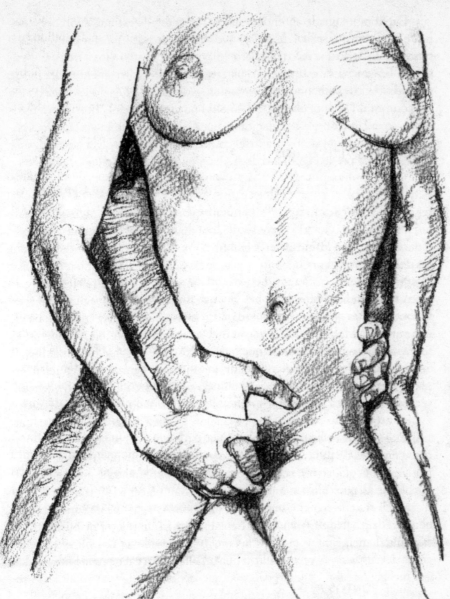

La mujer puede apoyar sus dedos sobre los de su compañero dirigiéndole hacia su lugar preferido con la presión justa.

Guiar la mano de tu pareja hacia sus propios genitales durante el coito es un modo de animarle a mostrar su deseo. Pero, si se resiste, no le presiones; es posible que no esté preparado o preparada. No se puede obligar a nadie a mostrar su vulnerabilidad. Crear una relación de mutuo apoyo, amorosa e íntima, tanto en lo emocional como en lo sexual, es el mejor modo de preparar el terreno para abrirse en el dormitorio.

Aunque el deseo de complacer a la pareja es muy noble, la verdad es que cada uno es responsable de su propio orgasmo. Nunca podemos dar un orgasmo a otra persona, porque el orgasmo ocurre dentro del cerebro de cada uno.

Puede que algunos se sientan amenazados cuando su amante se toca durante el encuentro sexual. Quizá sientan que es su deber y responsabilidad dar placer a su pareja y se sienten incómodos cuando ese papel o responsabilidad se pone en cuestión. Aunque el deseo de complacer a la pareja es muy noble, la verdad es que cada uno es responsable de su propio orgasmo. Nunca podemos dar un orgasmo a otra persona, porque el orgasmo ocurre dentro del cerebro de cada uno.

EMPLEAR LOS DEDOS

Cuando el hombre penetra a su pareja con los dedos, puede explorar su punto G y otros puntos sensibles con mayor precisión que con el pene. Antes de penetrar a su compañera, el hombre debe recorrer los labios de la vagina, jugando con ellos y con el clítoris hasta que ella esté muy mojada y excitada. Cuanto más lubricada esté la mujer, más placentero será el contacto de los dedos.

Si la mujer no está totalmente lubricada, el hombre puede ponerse saliva o aceite en los dedos, o probar el sexo oral (más abajo), que activa la lubricación natural. Aparte de la saliva, los mejores lubricantes son los aceites naturales y los lubricantes basados en el agua. No uses nunca vaselina, aceites perfumados ni lociones, ya que pueden irritar la vagina. Recuerda que los aceites suelen romper el látex y no debes emplearlos si usas condón. Sea cual sea el lubricante que emplees, la lubricación es importante. Si la mujer está seca, las exploraciones mejor intencionadas del hombre le resultarán incómodas y a menudo dolorosas.

Además de darle tiempo a la mujer para que se humedezca, otra razón para penetrarla lentamente es crear expectación. Como mencionamos anteriormente, el *yin* es más lento que el *yang*, y cuando el hombre usa la mano con lentitud, puede llevar a su pareja rápidamente a un intenso punto de ebullición. Si él tarda en penetrarla, ella estará mucho más receptiva y deseará más el juego de sus dedos. Además, el punto G de la mujer (y otros puntos) resultará mucho más fácil de encontrar y será mucho más sensible cuando ella esté cerca del orgasmo o mientras lo está experimentando.

LOS PUNTOS A, B Y G

El punto G es un lugar extremadamente placentero situado a una distancia de entre tres y cinco centímetros de la apertura de la vagina, en la pared superior (si la mujer está descansando de espaldas), justo detrás del hueso púbico. Si tienes su vulva frente a ti e imaginas un reloj en el que el clítoris estaría a las doce, el punto G se encuentra normalmente entre las once y la una.

Este punto recibe su nombre del doctor Ernest Gräfenberg, el primer médico moderno que lo describió. No hace falta añadir que las mujeres (y muchos hombres) lo han conocido desde siempre. Los taoístas le daban el nom-

Una de las mejores maneras de hacer que una mujer sea multiorgásmica es estimular su clítoris durante el coito.

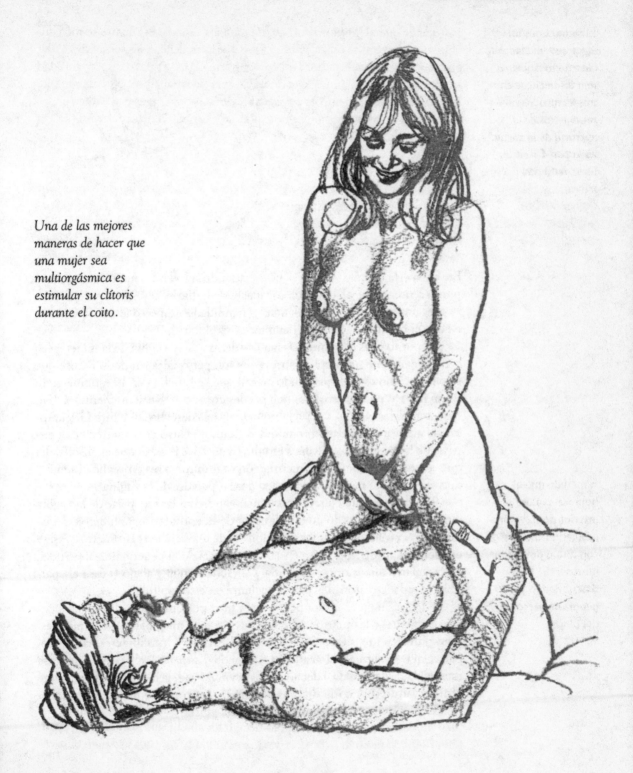

El punto G es un lugar extremadamente placentero situado a una distancia de entre tres y cinco centímetros de la apertura de la vagina en la pared ventral, justo detrás del hueso púbico.

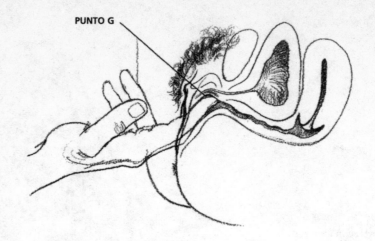

PUNTO G

bre de «perla negra». Aún se sigue debatiendo si todas las mujeres tienen ese punto o no, ya que algunas son incapaces de hallarlo.

Es importante conocer algunas generalidades respecto al punto G antes de que el hombre (o la mujer) empiece a explorar:

El punto G es el punto más famoso dentro de la vagina de la mujer, pero cada mujer tiene sus propios puntos que son personales y únicos. Parece que el punto G no es más que tejido eréctil que se hincha con la estimulación. Existen otros puntos sensibles que puedes encontrar. Recientemente, se han descubierto los puntos X e Y a la izquierda y a la derecha del punto G, y aproximadamente a la misma profundidad (a unos cuatro centímetros de la entrada de la vagina). Los últimos estudios realizados revelan que el clítoris, del que se creía que era una estructura corporal mínima, es en realidad mucho más grande y sus nervios descienden por las paredes de la vagina.

Los taoístas conocían la importancia de estimular esta parte de la vagina y describieron un anillo de placer cerca de la entrada vaginal, aproximadamente a la profundidad antes mencionada de unos cuatro centímetros. Así se explica que insistieran tanto en la importancia de la penetración superficial en las cuatro direcciones: izquierda y derecha, arriba y abajo (véase el apartado «Verdadero atornillar», más adelante en este capítulo).

A medida que el hombre explore el interior de tu vagina dibujando círculos con uno o dos dedos, juntos iréis descubriendo tu geografía personal del placer.

Algunas mujeres describen puntos muy placenteros en los lugares correspondientes a las cuatro y a las ocho de ese reloj imaginario que hemos descrito previamente, siempre sobre la pared vaginal. Otras mujeres hablan del placer que sienten en el «callejón sin salida», situado encima o (cuando se está tumbada de espaldas) debajo de la cerviz. A medida que el hombre explore el interior de tu vagina dibujando círculos con uno o dos dedos, juntos iréis descubriendo tu geografía personal del placer.

Descubrir el punto G

- LOS PROMONTORIOS DEL PLACER: cuando la mujer no está excitada, el punto G resulta difícil de hallar, aunque se puede sentir un abultamiento o promontorio en la piel.

- MONEDA DE BOLSILLO: el punto G puede hincharse hasta llegar a adquirir el tamaño de una moneda pequeña.

- YA EXCITADA: es mejor estimularlo cuando la mujer ya está excitada e incluso cerca del orgasmo.

- LA ALERTA DE LA VEJIGA: algunas mujeres se sienten incómodas e incluso sienten el impulso de orinar cuando se les acaricia el punto G. Esto es muy normal y puede deberse a la proximidad de éste con la uretra y la vejiga. Si el compañero aligera el toque y estimula pacientemente ese punto, en la mayoría de los casos la incomodidad se convertirá en placer. Si a la mujer le preocupa esa aparente necesidad de orinar, puede vaciar la vejiga antes o intentar encontrarse el punto G en la privacidad del baño.

- DOS NERVIOS SON MEJOR QUE UNO: según los estudios fisiológicos, la vagina y el clítoris están conectados con dos rutas nerviosas diferentes. El hombre puede intentar estimular el punto G y el clítoris de su compañera al mismo tiempo, lo que en ocasiones producirá orgasmos muy intensos y explosivos.

También debemos recordar que algunas mujeres no tienen uno o varios puntos que sean más sensibles que los demás. Las mujeres no deben sentirse presionadas para encontrar puntos sensibles, y si una exploración minuciosa no revela ningún tesoro oculto, recuerda que la vagina entera es un cofre que encierra grandes tesoros de placer para la mayoría de las mujeres. Además, durante la exploración con los dedos (y durante la penetración), el hombre debe tener cuidado de no golpear la cerviz femenina, ya que eso podría resultar doloroso. La cerviz suele estar en el fondo de la vagina, pero su localización varía de una mujer a otra, e incluso varía en la misma mujer en los distintos momentos del ciclo. En consecuencia, el mejor consejo es emplear siempre las manos lenta y delicadamente.

EL ARTE DE USAR LOS DEDOS

- UÑAS LISAS: los hombres deben asegurarse de que tienen las uñas cortas y lisas. Cualquier borde rugoso o afilado quedará ampliado exageradamente sobre la piel hipersensible del clítoris y la vagina.

- DESDE ATRÁS: aunque postrarse ante la vagina femenina está muy bien cuando se quiere practicar sexo oral, en realidad es una posición muy extraña cuando se quiere usar los dedos. El hombre debe intentar dar placer a la mujer desde atrás, ya que eso le permitirá acercarse al clítoris y a la vagina desde el mismo ángulo que utiliza la mujer. (Véase ilustración en página 125.)

- CON LENTITUD: según el Tao, penetrar a una mujer antes de que esté preparada es un paso en falso notable. El hombre debe mostrarse dubitativo y tomarse su tiempo antes de penetrar la vagina de la mujer con los dedos (o con el pene). La famosa consejera sexual del emperador amarillo, Su Nu, explicaba que la mujer arqueará la espalda y elevará los genitales hacia los dedos o el pene de su compañero cuando esté preparada para ser penetrada. (Véase una descripción completa de los cinco signos, cinco deseos y diez movimientos taoístas del placer femenino en *El hombre multiorgásmico,* páginas 130-132).

- ESPIRAL: emplea movimientos lentos y circulares alrededor y por encima del clítoris. Evita tirones y movimientos rápidos. Recuerda que las terminaciones nerviosas están muy concentradas.

- ENTRE SUS LABIOS: trata de frotar su clítoris entre los labios de la vagina y de frotar también los labios mismos.

- PUNTO G: el hombre debe asegurarse de investigar la zona del punto G que generalmente está en la pared anterior (cuando la mujer está tumbada de espaldas) a una distancia de entre tres y cinco centímetros a partir de la entrada de la vagina (véase ilustración en página 128). A medida que profundiza en la vagina, el hombre puede seguir dibujando círculos en las paredes del canal vaginal. Elevando las piernas, la mujer acorta el canal vaginal y permite que su compañero explore las profundidades de su vagina.

- SIGUE LA GUÍA: si la mujer está dispuesta a darse placer, el hombre puede colocar los dedos sobre los de ella o hacer que ella ponga sus dedos sobre los de él para ver cómo le gusta darse placer. Asimismo, ella puede usar la cabeza del pene para estimularse.

GENITALES, LOS DE ÉL

Como ya hemos mencionado, la energía yang asciende desde los genitales, por lo que es probable que el hombre desee extenderla hacia el resto del cuerpo. Recubre y acaricia ligeramente su entrepierna y a continuación extiende esa energía sexual por el resto de su cuerpo rozando ligeramente con la punta de los dedos la parte anterior y posterior de su torso. La mayoría de los hombres experimentan la energía sexual y los orgasmos casi exclusivamente en la entrepierna, por lo que es particularmente importante extender la energía de vida para despertar y sanar el resto de su cuerpo.

Como la energía sexual masculina se activa con tanta rapidez, muchos hombres quieren pasar directamente a la estimulación genital. Es importante reconocer este deseo natural, pero la mujer puede ayudarle a experimentar un orgasmo mucho más expandido y satisfactorio tomándose tiempo para extender la energía concentrada en los genitales. La energía yang es explosiva, y cuando despierta, quiere salir disparada del pene masculino produciendo la eyaculación. Extendiendo esta energía, la mujer puede ayudarle a controlar el reflejo eyaculatorio y finalmente experimentar múltiples orgasmos en la totalidad del cuerpo.

La mayoría de los hombres y de las mujeres miden la excitación masculina por el ángulo de la erección. Por lo tanto, es importante mencionar que cuando se trata de extender la energía sexual por el cuerpo masculino o de estimular distintas partes de sus genitales, como los testículos o el perineo, puede que el hombre no consiga una erección o que pierda la que tiene. Esto no significa que no esté sintiendo placer, pero puede ser motivo de preocupación para uno de vosotros o para ambos. Las erecciones suben y bajan siguiendo el flujo de la energía sexual y de la sangre que llena el pene.

Recuerda también que, cuando el hombre está tumbado de espaldas, la gravedad hace que la sangre fluya hacia fuera. Además, muchos hombres pierden la erección cuando adoptan una actitud receptiva. Los taoístas lo explican diciendo que, como el yang es activo, el hombre pierde parte de su carga yang cuando está receptivo. Muchos hombres descubren que en cuanto vuelven a activarse, toman la iniciativa y dan placer a su compañera, recuperan rápidamente la erección.

Las siguientes técnicas de acariciar no exigen que el hombre tenga una erección para que experimente un gran placer. Si los dos desean que el hombre se ponga duro para la penetración, la mujer puede estimular la cabeza del pene más directamente con las manos o la boca, o él puede tomar la iniciativa y ponerse más activo. Así como el clítoris es la parte más sensible de la anatomía femenina, la cabeza del pene es la parte más sensible de la masculina. Como comentamos en el capítulo siguiente, los taoístas creen que es importante estimular la totalidad de los genitales masculinos.

La energía yang es explosiva, y cuando despierta, quiere salir disparada del pene masculino produciendo la eyaculación. Extendiendo esta energía, la mujer puede ayudarle a controlar el reflejo eyaculatorio y finalmente experimentar múltiples orgasmos en la totalidad del cuerpo.

EL ARTE DE ACARICIAR

- **LUBRÍCALE:** los lubricantes, sean a base de aceites o solubles en agua, son esenciales para acariciar los genitales de un hombre durante un período prolongado. Para la estimulación prolongada, el aceite es, sin duda, lo mejor. Las mujeres acaban generando su propia lubricación, pero los hombres dependen totalmente de la lubricación externa. El lubricante también potenciará la sensación masculina. Recuerda que los lubricantes a base de aceite pueden debilitar los condones, diafragmas y capuchas cervicales. Si los usas, elige un lubricante soluble en agua.

- **LA VELOCIDAD DE LA LUZ:** normalmente, cuando los hombres se dan placer, se acarician muy rápidamente y tienen el orgasmo (generalmente con eyaculación) tan pronto como pueden, quiza por la vieja costumbre de masturbase en secreto y acabar cuanto antes para que a uno no le pillen. Asimismo, el deseo de actividad, incluso de una actividad frenética, forma parte de la naturaleza yang. En la sexualidad taoísta, la eyaculación ya no es el objetivo. Es preferible frenar y disfrutar del viaje, lo que puede intensificar el eventual orgasmo (u orgasmos) y permitir un mayor control eyaculatorio. En cualquier caso, la mayoría de los hombres querrán una presión intensa y continua.

- **CARICIAS UNIFORMES:** cuando la mujer acaricia el pene, debe evitar dar tirones bruscos, y dibujar movimientos fluidos hacia arriba y hacia abajo en el miembro masculino. Como una bomba hidráulica, la presión y la velocidad no deben disminuir cuando se cambia de dirección.

- **TENTAR LOS TESTÍCULOS:** los testículos suelen ser muy sensibles, a menudo demasiado sensibles para todo lo que no sean los toques más delicados. Puedes estimular sus testículos pasando las uñas sobre ellos. Algunos hombres disfrutan recibiendo pequeños tirones en la piel del escroto (ten cuidado de no apretar los testículos). A veces también les gusta que les rodeen los testículos con un aro formado por el pulgar y el índice y que les den pequeños tirones hacia abajo. Este aro nos permite estirar la piel de los testículos, lo que la hace muy sensible al contacto de la punta de nuestros dedos y a la estimulación con las uñas (véase ilustración).

- **ENTRE LOS TESTÍCULOS:** numerosos hombres tienen un punto muy sensible entre los testículos, en la parte que queda debajo del pene. Puede resultar muy placentero.

- **EL PUNTO G MASCULINO:** tendemos a pensar que la sexualidad masculina se reduce al pene y los testículos. Sin embargo, muchos hombres experimentan un intenso placer cuando se les estimula la próstata, placer equiparable al del punto G femenino. La próstata puede estimularse externamente, a través del perineo, o internamente, a través del ano (véase ilustración en p. 27).

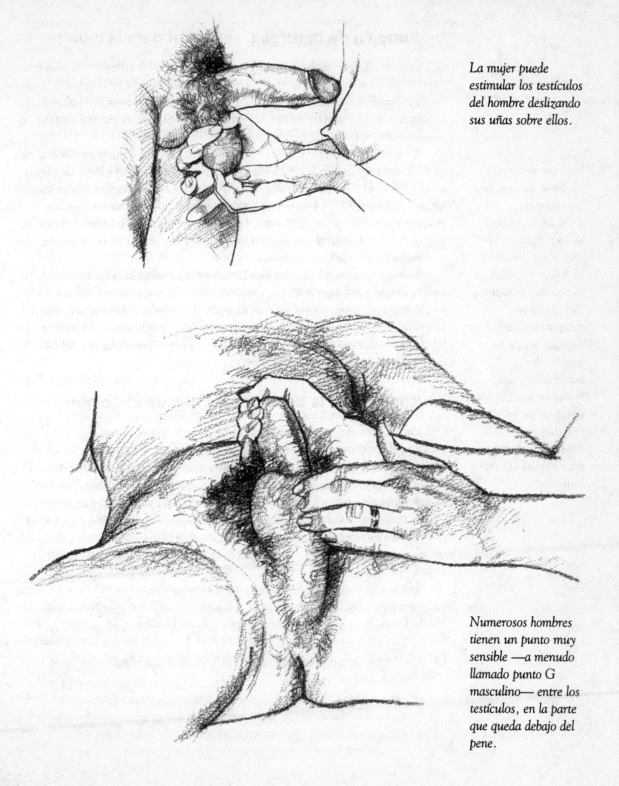

*La mujer puede
estimular los testículos
del hombre deslizando
sus uñas sobre ellos.*

*Numerosos hombres
tienen un punto muy
sensible —a menudo
llamado punto G
masculino— entre los
testículos, en la parte
que queda debajo del
pene.*

Kung Fu de la lengua: sexo oral para la mujer

Un estudio realizado recientemente revela que las parejas son más felices cuando practican el sexo oral[5]. Después de haber sido tabú hasta la década de los sesenta, actualmente el sexo oral es parte del repertorio habitual de la mayoría de las parejas, aunque siguen quedando muchos que no confían en su poder armonizador.

Para las mujeres, recibir sexo oral, que los taoístas denominan Kung Fu de la lengua, es la manera más rápida de llevar su deseo al punto de ebullición y de lubricarse completamente. Aunque los dedos pueden hacer maravillas si son sensibles y están bien entrenados, en realidad son demasiado duros para excitar el clítoris femenino. Los labios y lengua del hombre son mucho más versátiles y están mejor equipados para dar placer a su clítoris sumamente sensible y a sus labios vaginales.

Merece la pena mencionar que la industria pornográfica ha inventado su propia versión del sexo oral, para la cámara (en la que el hombre hace rodar su cabeza adelante y atrás), que tiene poca relación con la práctica real del sexo oral lejos de la cámara. Si alguna vez has observado sexo oral en una película para adultos, sabrás lo cómica que es su representación del delicado y sutil arte del cunnilingus.

Kung Fu de la boca: sexo oral para el hombre

Para el hombre, recibir sexo oral es tan placentero que algunos hombres lo prefieren al coito. La boca y la lengua de la mujer le permiten dar placer a su compañero con una presión y precisión que son raras durante el coito. (Los ejercicios del músculo PC presentados en el capítulo sobre la mujer y que volvemos a comentar a continuación permitirán a la mujer alcanzar una habilidad y unos resultados similares con su vagina.) Como en el caso de la mujer, el sexo oral es el modo más rápido de excitar o resucitar el deseo del hombre cuando su corazón está dispuesto pero su cuerpo aún no está preparado.

Tal vez el mejor modo de pensar en el sexo oral es como una masturbación a la que se le añade el lamer y el chupar. En otras palabras, mientras que la boca de la mujer es ideal para estimular la cabeza del pene, sus manos suelen ser más eficaces para estimular el resto del pene y los testículos. La combinación de chupar, lamer y acariciar puede ser exquisitamente placentera.

Para las mujeres, recibir sexo oral, que los taoístas denominan Kung Fu de la lengua, es la manera más rápida de llevar su deseo al punto de ebullición y de lubricarse completamente. Aunque los dedos pueden hacer maravillas si son sensibles y están bien entrenados, en realidad son demasiado duros para excitar el clítoris femenino.

EL ARTE DEL CUNNILINGUS

- **FORTALECE LA LENGUA:** buena parte del éxito de «comer» a una mujer depende de la fuerza de la lengua del hombre. Los taoístas se dieron cuenta de ello y desarrollaron prácticas para fortalecer los músculos de la lengua de modo que fueran aptos para la tarea de dar placer a la mujer durante largo tiempo. Los ejercicios taoístas eran muy elaborados, pero, para empezar, el hombre puede empezar por sacar y meter la lengua (como una serpiente) durante un minuto o dos para fortalecerla.

- **SÓLO A NIVEL DE LA PIEL:** ni siquiera una lengua fuerte puede penetrar a la mujer tan eficazmente como el dedo o el pene, por lo que el hombre debe centrar su atención en los labios vaginales y el clítoris.

- **LAMER:** el hombre puede empezar en la parte inferior de la vagina y abrirse camino por los labios vaginales hacia el clítoris. En el clítoris, puede tratar de rodar la lengua adelante y atrás sobre la capucha, dibujando espirales sobre ella y levantándola para tocar el clítoris mismo.

- **CHUPAR:** además de lamer, la boca es muy indicada para chupar suavemente los labios y/o el clítoris de la mujer.

- **TOCAR CON LOS DEDOS:** comiendo a su compañera mientras inserta un dedo dentro de su vagina, el hombre puede estimular tanto el clítoris como el punto G y otros puntos dentro de la vagina. Esta estimulación tan intensa puede hacer que la mujer gima de placer y disfrute de múltiples orgasmos.

- **EL TRIÁNGULO DE LAS BERMUDAS:** existe un poderoso triángulo de excitación entre los pechos de una mujer y su vagina. Estimulando el pecho de la mujer al mismo tiempo que el clítoris, el hombre puede intensificar enormemente su placer.

- **BEBER:** los taoístas consideraban que las aguas vaginales de la mujer eran uno de los grandes elixires, y animaban a los hombres a beber el chi de sus compañeras de sus vaginas, a las que daban el nombre de cámara de jade. No te olvides de dejar suficiente lubricante (sus jugos o tu saliva) si planeas la locomoción coital.

- **COME, COME, COME:** los taoístas dejaron absolutamente claro el valor del sexo oral para llevar rápidamente las aguas de la mujer al punto de ebullición y recomendaron decididamente que los hombres comieran a sus compañeras hasta que éstas imploraran la penetración.

EL ARTE DE LA FELLATIO

- **EMPIEZA CUANDO AÚN LO TIENE PEQUEÑO:** la mujer puede meterse el pene de su compañero en la boca cuando aún no lo tiene duro. Ésta es una excelente manera de aumentar la energía sexual masculina si a él le cuesta excitarse, o en los estadios avanzados del encuentro. Probablemente es el modo más rápido de ayudar al hombre a conseguir la erección (véase también la técnica de la entrada suave, en el Capítulo 8). Para las mujeres que tienen dudas a la hora de dar sexo oral a sus compañeros, o que les intimida un pene duro, éste es un buen punto de partida, ya que el pene flácido es «amistoso» y no intimida.

- **NADA DE SOPLAR:** la mayoría de las mujeres saben perfectamente que esta tarea requiere exclusivamente lamer y chupar. De hecho, la alternancia entre ambos tipos de contacto suele ser una buena idea.

- **LAMER:** para lamer, la parte inferior del glande, o frenillo, suele ser el punto más sensible, aunque la mujer debe explorar los genitales del hombre de un extremo a otro y con detenimiento. No te olvides de lamer y golpear ligeramente sus testículos. También puedes estimular su «punto G masculino» (véase más arriba) presionando y masajeando con la lengua entre sus testículos y la base del pene.

- **CHUPAR:** el lugar más sensible para chupar también es la cabeza del pene, y chupar y lamer esa zona puede hacer maravillas. Evidentemente, chupar también implica introducirse el pene más profundamente en la boca. Esto produce sensaciones agradables en el tronco del pene, y la presión ejercida con la parte posterior de la boca crea una sensación muy agradable en el glande. Según juran algunos hombres, cuando esa presión se combina con la acción de chupar, llegan a tocar el cielo en la tierra. A medida que la mujer vaya ganando experiencia, podrá introducir a su compañero más profundamente en su boca, e incluso en su garganta. Esto requiere un poco de práctica, y generalmente es mejor que la mujer controle el ritmo y la profundidad de la penetración.

- **SUPERAR LAS NÁUSEAS:** a muchas mujeres les preocupa sentir náuseas si llevan el pene de sus compañeros hasta el fondo de sus bocas y gargantas. Generalmente, la mujer puede controlar la profundidad de la penetración empleando el músculo de la mandíbula y apretando el pene (deben usarse preferentemente los labios más que los dientes, aunque éstos pueden ser muy eficaces para conseguir la atención del hombre cuando no parece escuchar). La mujer también puede usar las manos para controlar la profundidad, y si las pone sobre su pene, que es donde recomendamos que estén, ella controlará perfectamente la situación. Cuando el hombre está tumbado de espaldas, la mujer tiene un control óptimo. Muchos hombres prefieren estar arriba y realizar movimientos de penetración en la boca de su compañera, lo que hace que el sexo oral se parezca mucho al coito. En cualquier caso, esto requiere una buena comunicación y coordinación para asegurarse de que la penetración no sea demasiado profunda.

- **LABIOS Y DIENTES:** un pequeño mordisco ocasional en el glande puede ser muy excitante, pero generalmente es mejor usar los labios que los dientes durante el sexo oral, especialmente para chupar y acariciar su pene con tu boca.

- TRAGAR O NO TRAGAR: ésta es la cuestión. La mayoría de las mujeres han tenido que tomar sus propias decisiones respecto a si desean o no desean tragar el semen de su compañero. Para muchas mujeres esta decisión depende del grado de intimidad, así como del gusto y de la estética. Algunas mujeres tragan la eyaculación de uno de sus compañeros, pero no la de otros, o la tragan unas veces y otras no. Dicho esto, merece la pena mencionar que del mismo modo que el sabor y el olor de las secreciones vaginales cambia a lo largo del ciclo y dependiendo de la dieta, lo mismo ocurre con el sabor y el olor del semen. Cuando el hombre aprende a separar el orgasmo de la eyaculación, puede que este punto deje de tener relevancia.

- TRAGAR EL CHI: los taoístas consideraban que tragar el semen es un modo de recibir energía para la mujer, pero no lo recomendaban, ya que animaban al hombre a experimentar el orgasmo sin eyacular. También pensaban que el hombre pierde mucha más energía de la que puede absorber la mujer. Del mismo modo que el hombre recibe energía en el cunnilingus, la mujer puede recibir energía de la fellatio sin que su compañero eyacule.

- MANTENERSE TRANQUILO: como comentamos en los capítulos siguientes, los taoístas recomendaban juntar las partes similares del cuerpo (la boca con la boca, los genitales con los genitales) para armonizarse y relajarse, y juntar las partes del cuerpo que no son similares (la boca con los genitales) para estimularse y excitarse. Además, cuando un hombre hace el amor, su energía yang se refresca con la energía yin de su compañera, lo que puede ayudarle a controlar la eyaculación. Como el sexo oral es muy excitante, sin el efecto refrescante y yin del coito, a la mayoría de los hombres les costará no eyacular. Suponiendo que el hombre no quiera eyacular, lo mejor es que la mujer excite oralmente a su compañero sin llevarle hasta el orgasmo. Por otra parte, a medida que el hombre aprenda a distinguir entre orgasmo y eyaculación, podrá controlar su ritmo e incluso estimularse estando cerca del punto sin retorno. Las caricias que el hombre se dedica mientras recibe sexo oral pueden ser extremadamente excitantes para ambos, y pueden darle un mejor control sobre su ritmo de excitación.

Superficial y profundo

Cuando se muestra el coito en los medios de comunicación, casi siempre es del tipo dentro-fuera, que hace crujir el colchón de muelles y lleva a una rápida eyaculación, dejando muy poco satisfechos a los participantes. Los taoístas se dieron cuenta de que era esencial hacer los movimientos de penetración adecuados para darse placer durante el coito, para controlar la eyaculación y para la salud sexual en general. Recomendaban insistentemente que la mujer estuviera muy excitada antes de practicar el coito. En palabras taoístas, el hombre debe esperar hasta que el puchero de la mujer está hirviendo antes de poner dentro de él su zanahoria y sus guisantes. De otro modo, el sexo será pastoso y aburrido, y la zanahoria pronto quedará flácida.

Cuando se piensa en el coito, la mayoría de la gente piensa en moverse «dentro» y «fuera». Para los taoístas, que dibujaron mapas de los puntos de placer y de los puntos de reflexología del pene y la vagina, los hombres podían penetrar y darse placer en distintas direcciones y profundidades y, lo que es más importante, dar placer a su compañera. Como explicamos en el capítulo siguiente, estos puntos corresponden a los distintos órganos y glándulas del cuerpo, que se energizan y sanan con ese frotamiento.

Aunque debes probar las distintas profundidades y direcciones de los movimientos de penetración, en aras de la simplicidad conviene que examinemos los tres movimientos básicos: la penetración superficial, los movimientos largos y profundos y los movimientos cortos y profundos (véase ilustración en página 140).

Encontrar el ritmo que funcione para ambos

Los taoístas recomiendan insistentemente que los hombres (o las mujeres si están encima) varíen el tipo de movimiento empleado. Cuando se combinan, los movimientos de penetración profunda sacan el aire de la vagina femenina y crean un vacío que puede intensificarse usando los movimientos superficiales. Siempre que el pene no salga completamente, el efecto vacío se mantiene.

Los taoístas recomiendan establecer un ritmo básico compuesto por nueve movimientos superficiales seguidos de uno profundo, o nueve movimientos profundos y cortos seguidos por uno profundo y largo. Los movimientos profundos y largos, aunque producen mucho placer, pueden hacer muy difícil que el hombre mantenga el control de la eyaculación, mientras que los movimientos cortos y profundos son muy satisfactorios para la mujer, pero no excesivamente excitantes para el hombre. A medida que el hombre aprende a controlar la eyaculación y se hace multiorgásmico, el ritmo de los movimientos de penetración puede reducirse a seis o incluso tres movimientos superficiales o cortos por cada movimiento largo. Lo más importante es encontrar un

Lo más importante es encontrar un ritmo regular del que puedas disfrutar, y después innovar y experimentar distintas profundidades, direcciones y velocidades.

ritmo regular que te permita disfrutar, y después innovar y experimentar distintas profundidades, direcciones y velocidades.

ENCONTRAR EL CAMINO

Tres movimientos de penetración

- Los MOVIMIENTOS SUPERFICIALES estimulan los cinco primeros centímetros de la vagina femenina, que son muy sensibles, y, dependiendo de la posición, también el punto G (véase ilustración en página 71).

- En los MOVIMIENTOS LARGOS Y PROFUNDOS, el hombre se retira casi hasta la entrada de la vagina de la mujer entre un movimiento y otro. Éstos son los movimientos que muestran las películas y la pornografía. Son muy estimulantes para ambos miembros de la pareja y en ellos el hombre empuja y retira la cabeza de su pene a todo lo largo de la vagina de su compañera.

- Los MOVIMIENTOS CORTOS Y PROFUNDOS son aquellos en los que el hombre permanece profundamente dentro de la mujer y empuja hacia delante y hacia atrás. Esto estimula el clítoris femenino (con la presión ejercida por el hueso púbico) y la parte posterior de la vagina, aunque mucho menos la cabeza del pene.

Obviamente, si el hombre tiene problemas para conseguir o mantener la erección, los movimientos largos y profundos son óptimos para resolver el problema. Los taoístas se dieron cuenta de que en un momento u otro todos los hombres tiene problemas para tener una erección cuando la desean. Es lo que los terapeutas sexuales denominan «impotencia situacional». Los taoístas sentían que, en estas «situaciones», era esencial conocer la técnica de entrada suave (véase Capítulo 8). En el sexo eyaculatorio ordinario, los hombres entran cuando están duros y salen blandos. En el camino del Tao, el hombre puede entrar duro o blando y salir duro.

El movimiento profundo y corto, que en *El hombre multiorgásmico* denominamos «movimiento arriba y abajo», es excelente para controlar la eyaculación, y ha de usarse cuando la mujer se acerca al orgasmo y quiere tener el pene de su compañero dentro de ella. Con este movimiento, el hombre puede complacerla sin correr el riesgo de traspasar el límite eyaculatorio.

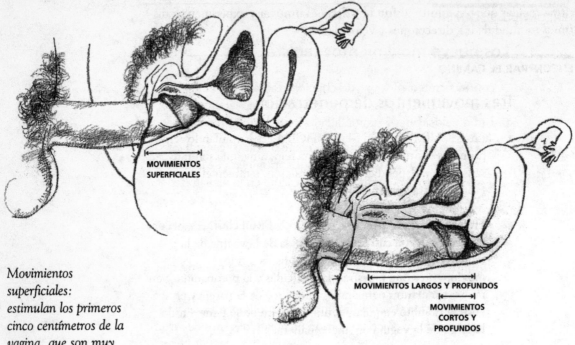

MOVIMIENTOS SUPERFICIALES

MOVIMIENTOS LARGOS Y PROFUNDOS

MOVIMIENTOS CORTOS Y PROFUNDOS

Movimientos superficiales: estimulan los primeros cinco centímetros de la vagina, que son muy sensibles.

Movimientos profundos: llenan totalmente a la mujer. En los movimientos largos y profundos, el hombre se retira casi hasta la entrada de la vagina y frota la cabeza de su pene contra la vagina en toda su longitud. En los movimientos cortos y profundos, el hombre se queda dentro de la mujer y empuja hacia delante, retirándose una distancia corta.

Profundidad, dirección y velocidad

Además de la profundidad variable, los taoístas también enseñaron a las parejas a cambiar la dirección y velocidad del movimiento. Las descripciones siguientes están dirigidas a los hombres, pero pueden adaptarse eficazmente a la mujer cuando está encima. Recuerda que si bien la poesía y la variedad son maravillosas, la parte más importante del encuentro amoroso es estar en tu cuerpo, no en tu cabeza. Ten cuidado de no preocuparte excesivamente por el tipo de movimiento que estás realizando, pues podrías perder el placer del movimiento mismo.

Verdadero atornillar

Aunque algunos idiomas usan la palabra atornillar para describir el coito, muchas parejas no se «atornillan»; es decir, no giran el sacro describiendo círculos. Puede que el término empleado sea vulgar, pero los resultados de esta práctica son sublimes. En lugar de limitarte a empujar hacia delante y hacia atrás, puedes «atornillar» con tus caderas o, en el caso ideal, con tu sacro, describiendo un movimiento de medio círculo, primero en un sentido y después en el otro.

Los amantes más experimentados del mundo han descubierto la importancia de usar la pelvis (idealmente, el sacro) durante el encuentro sexual.

ENCONTRAR EL CAMINO

Los nueve movimientos taoístas

A continuación damos una descripción realizada por el médico del siglo XVII Li Tung-hsuan Tzu, que sugirió moverse con distintas velocidades y profundidades y en distintas direcciones.

1. Golpea a derecha e izquierda, como un bravo general que penetrara en las filas enemigas. [La imaginería de la batalla de los sexos no estaba del todo ausente en la sexualidad taoísta.]

2. Elévate y lánzate repentinamente como un caballo salvaje chapoteando en un arroyo de montaña.

3. Empuja dentro y fuera, como una bandada de gaviotas que jugara con las olas.

4. Utiliza penetraciones profundas y toques superficiales y provocativos, como un gorrión picoteando granos de arroz.

5. Haz penetraciones superficiales y después más profundas siguiendo un ritmo constante [hacia la izquierda y la derecha], como una gran piedra que se hundiera en el mar.

6. Empuja lentamente, como una serpiente que entrara en su guarida.

7. Carga rápidamente, como un ratón asustado que corriera a su madriguera.

8. Quédate suspendido y después vuelve a golpear como un águila que atrapara una liebre esquiva.

9. Elévate y precipítate hacia abajo como un gran velero navegando bajo un fuerte viento.

Está bien emplear las caderas, pero, según el Tao, el sacro es el que realmente controla el pene masculino. Para situar el sacro, pon la palma de la mano en la base de la columna con la punta del dedo anular en el valle que forman los glúteos. El sacro queda debajo de la palma. El movimiento de atornillar puede manteneros conectados con el placer durante mucho tiempo. En el idioma del Tao, un clavo (que entra recto) sale fácilmente, pero un tornillo (que entra haciendo círculos) se queda dentro durante mucho tiempo.

En lugar de limitarte a empujar hacia delante y hacia atrás, puedes «atornillar» con tus caderas o, en el caso ideal, con tu sacro, describiendo un movimiento de medio círculo, primero en un sentido y después en el otro.

Rotar el sacro

Al principio, las rotaciones probablemente procederán de las caderas o de la pelvis, ya que, a menos que practiques frecuentemente el baile latino o africano, no estarás acostumbrado a rotar el sacro. Date un poco de tiempo y al final conseguirás moverte en espiral, «enroscar», moviendo el sacro sutilmente. Para aislar y distinguir el movimiento del sacro, ponte una mano sobre el pubis y otra sobre el sacro y trata de dibujar una espiral, primero hacia la izquierda y luego hacia la derecha. El paso siguiente consiste en intentar inclinar el pene hacia arriba empujando el cóccix (la base del sacro) hacia delante (curvando ligeramente la espalda); después intenta inclinar el pene hacia abajo mientras empujas el cóccix hacia atrás (arqueando ligeramente la columna). Una vez que has aislado el sacro puedes practicar realmente el movimiento de atornillar.

Máximo calentamiento

A medida que el hombre se va excitando y se acerca a la eyaculación, tanto él mismo como su compañera pueden ralentizar el ritmo (llegando a detenerse si es necesario), practicando la respiración profunda y las contracciones del músculo PC para retrasar la eyaculación. Aunque al principio esta pausa momentánea pueda parecer molesta, la molestia se olvidará fácilmente cuando el control eyaculatorio y los orgasmos múltiples permitan al hombre prolongar el encuentro amoroso y hacerlo más satisfactorio. A medida que él controle su respiración y su músculo PC, esas pausas serán menos frecuentes y notorias. Además, ambos miembros de la pareja pueden hacer circular la energía, alejándola de los genitales y extendiéndola por el cuerpo, tal como se describe en el capítulo anterior.

Los orgasmos múltiples incrementarán enormemente la energía del hombre, y el hecho de no eyacular le permitirá mantener una actitud más yang. Deseará más a su compañera y se excitará más rápidamente. Por supuesto, si el hombre tiene mucha energía yang y uno de los dos quiere dormir, siempre puede eyacular. Además, ambos miembros de la pareja pueden alejar la energía de los genitales haciéndola circular por sus cuerpos.

En el capítulo siguiente comentamos diversas prácticas y posiciones que favorecen la salud y proporcionan placer; pero empecemos por resumir las prácticas que hemos descrito hasta el momento.

EL ARTE DEL COITO

- PROLONGAR: los taoístas recomiendan decididamente que la pareja espere hasta que la mujer esté muy mojada y anhele el coito. La penetración temprana, según creían, no permite que la energía sexual entre en sus genitales y haga del coito una práctica curativa y energizante. Nosotros sabemos que realizar el coito demasiado pronto no permite que la mujer esté plenamente activada, con lo que sus genitales estarán menos sensibles y la penetración no los estimulará tanto. Aun así, este principio general de prolongar el coito no excluye los coitos rápidos; simplemente indica que el hombre debe dedicar una atención especial a asegurarse de que la mujer está muy activada, lubricada y deseosa de realizar el coito. La boca del hombre puede acelerar este proceso enormemente.

- SUPERFICIAL Y PROFUNDO: una de las técnicas taoístas más importantes era la de variar la profundidad del movimiento de penetración. Los taoístas sabían que variando la profundidad, la pareja podía estimular distintos puntos del pene y de la vagina. Además, los taoístas también recomendaban variar la profundidad para permitir al hombre controlar la eyaculación, hacerse multiorgásmico y ayudar a que también lo sea su compañera. Los movimientos largos y profundos suelen ser los más estimulantes para el hombre, porque le permiten estimular la cabeza del pene a lo largo de toda la extensión vaginal y entrar en el callejón sin salida. Los movimientos superficiales pueden ser menos intensos para él, aunque siguen siendo muy estimulantes para ella.

- MOVIMIENTOS PROFUNDOS Y CORTOS: el verdadero secreto taoísta del control eyaculatorio masculino y de la satisfacción femenina durante el coito reside en el movimiento profundo y corto. En este caso, el hombre permanece profundamente dentro de su compañera y se mueve hacia delante y hacia atrás, presionando al mismo tiempo contra sus paredes vaginales profundas con el pene y contra el clítoris con el hueso púbico. Al no hacer un movimiento dentro-fuera muy amplio, el hombre no se estimula mientras da placer a su compañera. Éste es un movimiento especialmente indicado cuando el hombre está cerca de la eyaculación y su compañera desea movimientos profundos.

- SELLAR EL VACÍO: la pareja también puede usar, en primer lugar, movimientos de penetración profundos y, después, superficiales para crear un intenso vacío, que es particularmente estimulante para la mujer. Cuando el hombre acaba por penetrar a la mujer plenamente con un movimiento profundo, su pene saca todo el aire de la vagina. A continuación, haciendo una serie de movimientos superficiales sin romper el sello (es decir, sin salir completamente), crea un vacío que puede ser muy placentero.

- BAILAR EN LAS SÁBANAS: los taoístas recomendaban que la pareja, y especialmente el hombre, rotara las caderas (idealmente, el sacro) para realizar un verdadero movimiento de «atornillar». Dicho movimiento permite al hombre estimular todas las paredes de la vagina femenina. El balanceo de las caderas o del sacro también es excelente para canalizar la energía en dirección ascendente por la columna vertebral.

CAPÍTULO 5

Sanación sexual

En este capítulo descubrirás:

- El poder de la sexualidad para sanarnos y mantenernos jóvenes.

- El arte de la sanación sexual.

- Los puntos de reflexología que tenemos en los genitales.

- El arte del masaje genital taoísta.

- Las mejores posturas sexuales para la armonización y sanación.

- Cómo hacer circular la energía sexual mientras haces el amor.

- Los efectos de la eyaculación sobre la energía y la salud del hombre.

- Cómo fortalecer los órganos sexuales.

- Cómo emplear el amor sanador para disfrutar de una sexualidad más segura.

El orgasmo no es únicamente una liberación momentánea, sino un componente necesario y vivificante de nuestra salud y de nuestra longevidad en general.

La mayoría de nuestros contemporáneos creen que la sexualidad sirve exclusivamente para sentir placer o para procrear. Las discusiones públicas sobre sexualidad suelen convertirse en debates sobre el placer y la perversión: con quién se puede o no se puede practicar la sexualidad, qué se puede o no se puede hacer, cuándo se puede y cuándo no se puede hacer. Este enfoque tan estrecho no hace honor al auténtico valor de la sexualidad y de la energía sexual en nuestras vidas. Para los taoístas, la sexualidad está tan relacionada con la salud como lo está con el placer y la procreación. El amor sanador se desarrolló como una rama de la tradición médica china, y los taoístas han sabido desde siempre que la sexualidad es tan importante para nuestro bienestar general como el ejercicio o la nutrición. El orgasmo no es únicamente una liberación momentánea, sino un componente necesario y vivificante de nuestra salud y de nuestra longevidad en general.

La fuente de la juventud

Según los taoístas, es esencial que activemos nuestra energía sexual y tengamos orgasmos tan frecuentemente como podamos; lo ideal es tenerlos todos los días. (Como ya debería ser evidente a estas alturas, en el caso de los hombres los taoístas se referían al orgasmo sin eyaculación.) Durante el período de excitación y orgasmo nuestro cuerpo libera hormonas sexuales que para los taoístas eran, literalmente, la fuente de la juventud. Las modernas investigaciones médicas también están descubriendo los enormes beneficios que nos pueden ofrecer el sexo y el orgasmo.

Un estudio reciente ha demostrado que las supervivientes del cáncer de mama que tenían orgasmos durante el coito o por medio del autoplacer se recuperaban más rápidamente que las que no los tenían [1]. Quizá la investigación más sorprendente es la que sugiere que el sexo, y especialmente el orgasmo, pueden prolongar nuestra vida. El *British Medical Journal* informó de que cuantos más orgasmos tenían los hombres estudiados, menos probabilidades tenían de morir. De entre 918 hombres estudiados, entre las edades de 45 y 59 años, los que tenían orgasmos con frecuencia, es decir, dos veces a la semana o más, tenían una tasa de mortandad un 50 por 100 inferior que los que tenían pocos orgasmos, es decir, uno al mes o menos. Este dato era cierto para todas las causas de muerte, incluyendo las enfermedades coronarias. Además, se descubrió la existencia de una correlación entre la frecuencia orgásmica y la tasa de mortandad: cuantos más orgasmos, menor tasa de mortandad [2].

Desde el punto de vista químico, se ha confirmado que la producción de la benéfica hormona oxitocina, que comentamos en el último capítulo, y de la PEA o molécula del amor, cuyo efecto dinamizador es parecido al de las anfetaminas, llega a su punto álgido en el orgasmo [3]. La práctica regular de la sexualidad también aumenta los niveles de testosterona tanto en el cuerpo del hombre como en el de la mujer, y sabemos que la testosterona mejora la capacidad intelectual y actúa como antidepresivo.

Además, los expertos en actividades deportivas están empezando a creer que incluso ejercicios físicos relativamente breves pueden generar grandes beneficios aeróbicos para el cuerpo y el sistema inmunitario. Por lo tanto, incluso el sexo no maratoniano puede tener beneficios físicos sustanciales para la totalidad del cuerpo.

Durante miles de años, los occidentales han estado buscando la legendaria fuente de la juventud. Esta búsqueda les ha llevado a recorrer el mundo. Lo que los taoístas han sabido desde siempre es que la fuente de la juventud está en nuestro dormitorio.

Lo que los taoístas han sabido desde siempre es que la fuente de la juventud está en nuestro dormitorio.

Cuando saltan chispas: sanación por medio de la energía sexual

Los taoístas también creían que el valor del amor sanador va más allá de lo meramente físico o bioquímico. Según la medicina china, los beneficios para la salud se producen cuando nuestra energía sanadora se canaliza a través del cuerpo. Como señala el escritor Daniel Reid:

> Según el Tao, cuando un hombre alcanza el orgasmo se produce un breve estallido de energía explosiva. La ciencia occidental ya ha confirmado que en el momento del orgasmo sexual, las ondas cerebrales humanas cambian radicalmente, llevando literalmente a la persona a un «estado alterado de conciencia». Durante el orgasmo se producen en el sistema profundos cambios fisiológicos y eléctricos, y obviamente se emite energía [4].

A través de las prácticas del Tao sanador, tu pareja y tú podéis aprender a hacer circular esta energía dentro de vuestros cuerpos y a canalizarla uno hacia el otro.

Hacer circular la energía multiorgásmica desde los genitales a la cabeza y después llevarla al abdomen, tal como se describe en el Capítulo 3, produce muchos beneficios para la salud. Esta energía multiorgásmica, que puede durar hasta catorce horas después de hacer el amor, nutre nuestro cuerpo y recarga el cerebro.

Es muy probable que incluso antes de oír hablar de lo benéfica que es la sexualidad para la salud a nivel hormonal y energético, supieras intuitivamente que el sexo puede hacer que te sientas mejor física y psicológicamente. Según el Tao, esto no se debe únicamente a que te sientes bien cuando lo practicas, sino también a que es bueno para ti.

Probablemente habrás notado que algunas veces, después de hacer el amor, te sientes mejor y más energizado de lo normal. Así como podemos elegir tomar una dieta más saludable, los taoístas creían que podemos elegir practicar la sexualidad de una manera más sana. Existen varias maneras de hacer que el encuentro sexual sea más sanador.

EL ARTE DE LA SANACIÓN SEXUAL

- EL AMOR ES CURATIVO: las emociones que expresemos durante el encuentro sexual determinarán lo curativo que resulte para nosotros y nuestra pareja. Si nuestro corazón está lleno de amor, es mucho más fácil hacer circular y transmitir la energía curativa a nuestra pareja. Si llevamos al encuentro emociones negativas, como ira o frustración, no seremos capaces de hacer circular la energía ni de transmitírsela a nuestra pareja.

- LIMITA LAS EYACULACIONES: como hemos mencionado, los taoístas se dieron cuenta del agotamiento que suele acompañar a la eyaculación y recomendaron que, a medida que el hombre se haga mayor, limite el número de eyaculaciones. Asimismo, recomendaron a los hombres que limitaran la eyaculación cuando están cansados o enfermos. Como también enseñaron a separar el orgasmo de la eyaculación, los hombres podían experimentar múltiples orgasmos sin eyacular.

- MULTIPLICAR LOS ORGASMOS: a medida que las parejas multiplican sus orgasmos, además de multiplicar su placer también multiplican la energía sanadora. Si un hombre tiene varios orgasmos antes de eyacular, perderá menos energía sexual cuando eyacule (véase más adelante).

- HACER CIRCULAR LA ENERGÍA: cuanta más energía haga circular el individuo (véase Capítulo 3) o intercambie la pareja (véase Capítulo 7), más curativo será el encuentro sexual. Para empezar, tu pareja y tú debéis hacer circular la energía en vuestro propio cuerpo; después podéis intercambiarla.

- PRÁCTICAS CURATIVAS: los taoístas animaban a las parejas a emplear prácticas curativas como el masaje genital (véase más adelante) y ciertas posturas para intensificar la sanación producida en el encuentro. Aplica estas prácticas tal como te guste y necesites.

- TÓMATE EL TIEMPO QUE QUIERAS: según el Tao, para que el encuentro sea más curativo, las parejas deben excitarse mutuamente durante al menos media hora de abrazos, besos, caricias y preámbulos, y después tener un coito multiorgásmico durante otra media hora.

Cada parte de los genitales se corresponde con una parte del cuerpo. Por medio de la estimulación manual, del sexo oral y del coito, estimulamos y revitalizamos la totalidad del cuerpo.

El mapa de los genitales

Del mismo modo que en la planta del pie tenemos puntos de reflexología que se corresponden con el resto del cuerpo, los taoístas descubrieron que cada parte de los genitales se corresponde con una parte del cuerpo (véase pág. 149). Por medio de la estimulación manual, del sexo oral y del coito,

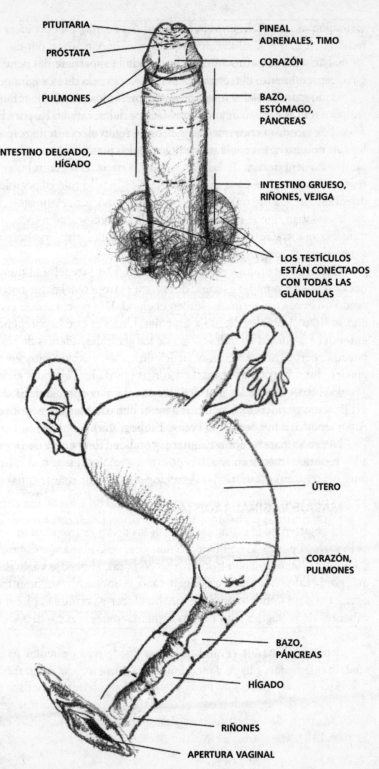

PITUITARIA

PRÓSTATA

PULMONES

INTESTINO DELGADO, HÍGADO

PINEAL

ADRENALES, TIMO

CORAZÓN

BAZO, ESTÓMAGO, PÁNCREAS

INTESTINO GRUESO, RIÑONES, VEJIGA

LOS TESTÍCULOS ESTÁN CONECTADOS CON TODAS LAS GLÁNDULAS

Reflexología del pene: cada parte del pene se corresponde con una parte del cuerpo masculino.

ÚTERO

CORAZÓN, PULMONES

BAZO, PÁNCREAS

HÍGADO

RIÑONES

APERTURA VAGINAL

Reflexología de la vagina: cada parte de la vagina se corresponde con una parte del cuerpo femenino.

estimulamos y revitalizamos la totalidad del cuerpo. Se considera que los beneficios en lo que a salud respecta son muy importantes; por eso los taoístas animaban a los amantes a estimularse toda la superficie del pene y de la vagina, especialmente el tronco del pene y la entrada de la vagina.

En el amor sanador intentamos estimular los puntos de reflexología correspondientes a estos órganos en el tronco del pene y en las paredes de la vagina. Los taoístas creen que los puntos de reflexología de los órganos sexuales son más intensos y eficaces que los de los pies y manos, e incluso que los puntos de acupuntura de las orejas y de la nariz. Los genitales conectan directamente con nuestros órganos internos, por lo que es posible estimular directamente un órgano débil que necesite sanación. Asimismo, los taoístas recomendaban que se permitiese elevar la energía sexual a cada órgano individual para fortalecerlo y sanarlo, y también para sentir orgasmos más intensos en todo el cuerpo.

Como comentamos en el Ejercicio 18, Dar la vuelta al mundo en una noche, cuando la mujer es capaz de apretar el tronco del pene masculino (evitando un exceso de estimulación en el glande), la pareja puede excitarse mucho sin que el hombre llegue a eyacular. Una vez que la pareja ha llegado a entender los puntos de reflexología de los genitales, además de placer genital puede experimentar «orgasmos de los órganos», que son muy energizantes y pueden durar hasta diez horas. Los «orgasmos de los órganos» estaban considerados como uno de los grandes secretos del amor sanador. Si se desea una explicación pormenorizada, consúltese el libro de Mantak y Maneewan Chia *Amor curativo a través del Tao* (véase Bibliografía).

La preocupación por estimular la totalidad del pene y de la vagina llevó a los taoístas a descubrir muchas posturas sexuales que son al mismo tiempo muy placenteras y curativas. Pero empecemos por nuestras fiables manos.

MASAJE VAGINAL TAOÍSTA

El objetivo de la estimulación con los dedos es excitar a una mujer hasta llevarla al punto de ebullición o más allá, pero el masaje vaginal taoísta es diferente. Como un buen frotamiento corporal, el masaje vaginal se interesa más por la salud que por el calor generado. Aunque no está orientado a la pasión, el masaje también produce mucho placer y permite explorar los puntos calientes de la vagina para futuras estimulaciones con los dedos o un futuro coito.

Durante el masaje genital, la mujer puede hacer circular su energía sexual, lo que le dará placer y producirá sanación en todo su cuerpo.

EL ARTE TAOÍSTA DEL MASAJE VAGINAL

- HUMEDECERSE: el masaje genital requiere aún más lubricación que la estimulación con los dedos. El propio lubricante de la mujer es el óptimo, pero tratándose de lubricación es mejor equivocarse por exceso que por defecto.

- EXCITARSE: cuanto más excitada esté una mujer, más sensible será su vagina. Por esta razón, su compañero puede querer esperar hasta un momento avanzado del encuentro sexual antes de darle el frotamiento genital.

- LOS LABIOS: el hombre puede masajearle los labios y estirarlos, alejándolos de la vagina (abajo, izquierda). También pueden acariciarlos juntos.

- ENTRAR EN LA CÁMARA DE JADE: insertando uno o dos dedos en su vagina, el compañero de la mujer intentará estimular distintas partes de su canal vaginal, que los taoístas denominan afectuosamente «cámara de jade». El compañero tratará de trazar círculos con su dedo o dedos alrededor de su vagina asegurándose de tocar las paredes superior, inferior y laterales. Cuando dé con un punto muy sensible, evidentemente puede detenerse a explorar. Pero se debe recordar que la clave del masaje vaginal no es llevar a tu pareja al orgasmo. El objetivo es mantenerla excitada sin llegar a la cumbre.

- SANACIÓN: el diagrama reflexológico de la página 149 muestra las relaciones que los taoístas descubrieron entre los puntos de activación vaginal y el resto del cuerpo femenino. Los taoístas creían que masajear los distintos aros podía llevar la curación a las partes correspondientes del cuerpo. Merece la pena recordar que los órganos más importantes dentro del proceso de curación (los pulmones, el corazón y el hígado) están en la parte frontal de la vagina, por lo que es importante estimular la entrada vaginal tanto por motivos de salud como para dar placer.

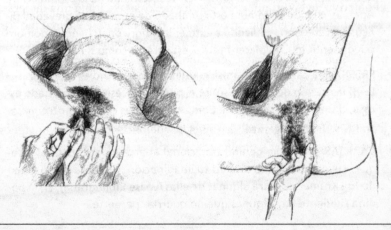

MASAJE TAOÍSTA DEL PENE

Como el masaje vaginal, el masaje del pene tiene más que ver con la salud que con el calor generado, más con el masaje que con la masturbación. Sin embargo, las técnicas, habilidades y sensibilidades aprendidas durante el masaje pueden aplicarse cuando la mujer está estimulando sexualmente al hombre.

Hasta que el hombre aprenda a hacerse multiorgásmico, es esencial que su compañera no le haga traspasar el límite eyaculatorio. En una escala de excitación de 1 a 10, si la eyaculación ocurre en el 10 y el orgasmo en el 9,8, el objetivo del masaje genital es mantener al hombre hirviendo a fuego lento entre el 7 y el 9. Cuando el hombre se ha hecho multiorgásmico y existe una buena comunicación corporal o verbal con su compañera, ésta puede llevarle al orgasmo y volver a bajar muchas veces, pero una vez más el objetivo es dar un masaje placentero y curativo más que anotar muchos orgasmos.

Durante el masaje, el hombre puede hacer circular su energía sexual por todo el cuerpo, lo que le ayudará a controlar su excitación, extendiendo el placer y la sanación por el resto del organismo. Si el hombre se calienta demasiado, le resultará difícil hacer circular su energía sexual; ésta es otra de las razones por las que es preferible mantenerle a fuego lento.

EL ARTE TAOÍSTA DE MASAJEAR EL PENE

- LUBRÍCALE: como en la práctica tradicional del autoplacer, la lubricación es esencial.

- ALERTA A LA ERECCIÓN: el hombre no tiene que estar plenamente erecto para recibir un masaje genital; de hecho, en la mayoría de los casos, la erección irá y vendrá en función de la intensidad de la estimulación. Además, cuando el hombre está tumbado de espaldas, la gravedad dificulta su erección tendiendo a extraer la sangre de su pene. El hombre puede sentir mucho placer tanto si está erecto como si no lo está.

- PRESIÓN: la cantidad de presión utilizada por la mujer es importante. Si la presión de la mano sobre el pene es excesiva o demasiado escasa, disminuirá la sensación. Como cuando das cualquier otro masaje, experimenta hasta encontrar la presión justa.

- CARICIAS: el masaje genital tradicional abarca muchas caricias y toques cuyo único límite está en tu imaginación. Un maravilloso vídeo de Joe Kramer muestra algunas de ellas (véase Bibliografía). En la página siguiente hay algunas que no querrías perderte.

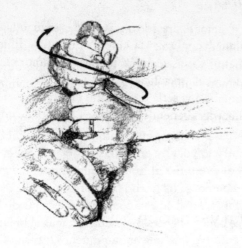

El sacacorchos es una caricia en espiral que recorre el tronco del pene hacia arriba y hacia abajo.

La parte inferior de la cabeza del pene (llamada frenillo) es quizá la zona más sensible de los genitales masculinos. La mujer puede frotar esta cara inferior del pene alternando los dedos pulgares, primero uno y luego el otro.

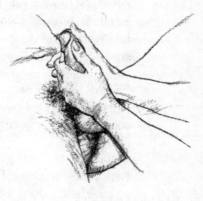

La mujer puede rozar el pene con el estómago de su compañero, masajeando la sensible piel de la parte inferior del pene y al mismo tiempo ayudando a elevar la energía sexual por su torso y por el resto del cuerpo.

Los taoístas creían que el amor expresado a través de la sexualidad era la medicina más poderosa, y llamaban al sexo la «hierba humana». El médico taoísta frecuentemente recetaba varias semanas de hacer el amor en cierta postura para remediar una dolencia específica.

Posturas sanadoras

Los taoístas creían que el amor expresado a través de la sexualidad era la medicina más poderosa, y llamaban al sexo la «hierba humana». El médico taoísta recetaba frecuentemente varias semanas de hacer el amor en cierta postura para remediar una dolencia específica.

Más adelante comentaremos una serie de posturas curativas, pero antes nos gustaría darte algunas directrices generales para hacer el amor de un modo más satisfactorio y sanador.

ENCONTRAR EL CAMINO

Armonización y sanación

- ARMONIZARSE: para armonizarse y relajarse mutuamente, juntar las partes del cuerpo que son similares: los labios con los labios, las manos con las manos y los genitales con los genitales.

- ESTIMULARSE: para estimularse y excitarse mutuamente juntar las partes del cuerpo que no son similares: los labios con la oreja, la boca con los genitales, los genitales con el ano.

- CAMBIAR: cuando el hombre sienta el impulso de eyacular, su compañera debe cambiar de posición, con lo que se reducirá la estimulación permitiéndole controlar más fácilmente la eyaculación. Si el hombre no eyacula demasiado pronto, ambos tendrán tiempo de generar más energía curativa.

- SANARSE: para poder sanaros mutuamente, recordad que la persona que se mueve (generalmente la que está encima) da más energía a su pareja. En otras palabras, si tu pareja está cansada, tiene poca energía o no se siente bien, puedes darle energía poniéndote encima y mostrándote más activo o activa durante el encuentro. La persona que está debajo también puede moverse para complementar el movimiento de la que está arriba.

En Occidente, tendemos a pensar que la persona que está arriba es la más poderosa o dominante. El planteamiento taoísta es muy distinto: la persona que se pone encima (que generalmente está más activa), está dando y sanando a la que queda debajo (que generalmente se mostrará más receptiva).

A continuación mostramos las cuatro posturas básicas de las que se derivan todas las demás. Buscar nuevas posturas puede ser divertido y estimular distintas partes de los genitales, pero el factor más importante para que el encuentro sexual sea satisfactorio es la calidad de la conexión, no la novedad de la postura.

EL HOMBRE ENCIMA

En esta posición, que los misioneros hicieron famosa (y obligatoria), el hombre se tumba encima de la mujer apoyándose en las manos o codos.

Esta posición es muy buena para armonizarte con tu pareja, ya que las partes similares del cuerpo están en contacto. En esta postura os podéis mirar a los ojos y besaros apasionadamente. Tanto los ojos como la lengua son importantes conductores de la energía sanadora.

Esta posición, que los misioneros hicieron famosa, es muy buena para armonizarse, ya que las partes similares del cuerpo están en contacto.

Una de las principales desventajas de esta posición es que el punto G de la mujer queda completamente relegado, ya que el pene masculino presiona contra la pared posterior de la vagina. El hombre puede solucionar el problema inclinando el sacro y dirigiendo el pene hacia arriba, y la mujer puede ponerse una almohada debajo de los glúteos; ambas estrategias producen el mismo efecto de cambiar el ángulo de penetración, permitiendo presionar contra la pared anterior de la vagina. En lugar de usar la almohada, la mujer también puede dejar las piernas sobre los brazos o los hombros del hombre.

Cuando la mujer levanta las piernas, la penetración es más profunda: cuanto más levante las piernas, más profunda será la penetración. Esto puede aumentar el placer para los dos miembros de la pareja, y está especialmente indicado si la mujer tiene una vagina relativamente grande o el hombre un pene relativamente pequeño.

Sed conscientes de que con la penetración más profunda el hombre puede golpear la cerviz de su compañera, lo que para algunas mujeres puede resultar doloroso. Cuando se comienza a practicar en esta posición es mejor que el hombre penetre lentamente hasta que encuentre un ángulo de penetración cómodo.

Cuando la mujer levanta las piernas, la penetración es más profunda: cuanto más las levante, más profunda será la penetración.

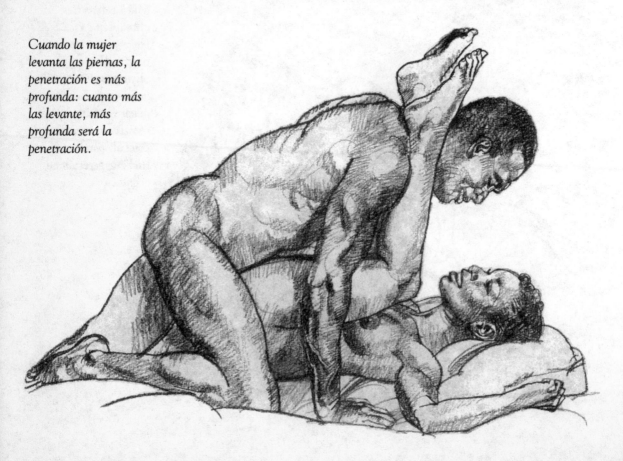

Según el Tao, la postura con el hombre encima suele ser buena para empezar el encuentro amoroso. Como las mujeres se parecen al agua y los hombres al fuego, esta posición permite al hombre activar y compartir su energía y calor con su compañera. Así, el hombre puede avivar las brasas del deseo de la mujer. Cuando el deseo de la mujer comienza a hervir y está a punto de apagar el fuego del hombre (haciéndole eyacular), puede que deseéis cambiar de posición haciendo que la mujer se ponga encima.

LA MUJER ENCIMA

En la postura de la mujer encima, el hombre está tumbado de espaldas y la mujer se sienta sobre él. Muchos hombres afirman que ésta es la mejor postura para tener múltiples orgasmos. En esta posición, el hombre puede relajar sus músculos pélvicos y prestar atención a su ritmo de excitación. Cuando se acerca al punto sin retorno, él puede apretar su músculo PC. La gravedad ayudará a extraer la energía del pene, permitiendo al hombre concentrarse en canalizarla hacia la columna.

Muchos hombres afirman que ésta es la mejor postura para tener múltiples orgasmos. En esta posición, el hombre puede relajar sus músculos pélvicos y prestar atención a su ritmo de excitación.

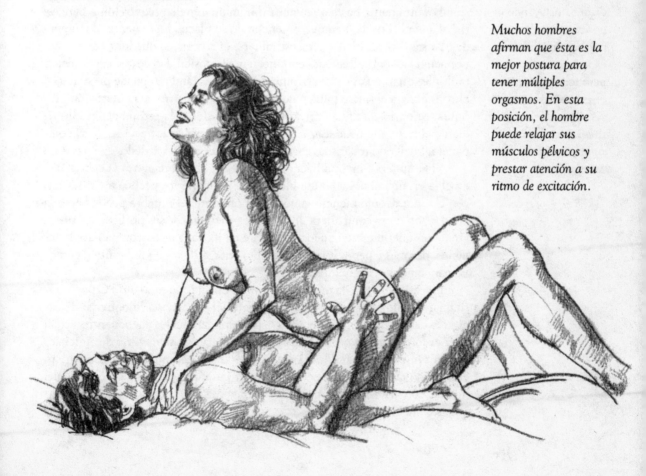

En esta posición, la mujer puede dirigir la cabeza del pene de su compañero hacia las partes más sensibles de su vagina, incluyendo el punto G; así, para muchas mujeres ésta es la mejor posición para tener múltiples orgasmos.

En esta postura, el hombre tiene que poder comunicar cuándo está cerca de la eyaculación y la mujer tiene que estar dispuesta a detenerse momentáneamente antes de que él llegue al punto sin retorno. Aunque al principio esta interrupción puede resultar irritante para la mujer, permite al hombre controlar su eyaculación y prolongar mucho el encuentro, lo que aumentará el placer para ambos. A medida que el hombre adquiera más habilidad, estas pausas se reducirán y acabarán formando parte del flujo y reflujo natural del encuentro. Por la misma razón que esta postura permite al hombre evitar la eyaculación, también hace más difícil que los hombres con menos energía sexual o con problemas de erección puedan mantener dicha erección.

En esta postura, la mujer puede dirigir la cabeza del pene de su compañero hacia las partes más sensibles de su vagina, incluyendo el punto G, por lo que muchas mujeres afirman que ésta es la mejor postura para tener múltiples orgasmos. Asimismo, en esta posición la mujer puede mantener la cabeza del pene de su compañero en los cinco primeros centímetros de la vagina, que a menudo son su parte más sensible.

Por otra parte, en esta posición el hombre tiene las manos libres para estimular el clítoris de la mujer, potenciando su placer. La mujer también puede usar sus propias manos para estimularse el clítoris, lo que junto con la penetración vaginal incrementa enormemente la posibilidad de que experimente múltiples orgasmos. Alternativamente, la mujer también puede presionar su clítoris contra el hueso púbico de su compañero durante la penetración profunda. Mientras la mujer controla la penetración y la estimulación clitoridiana, el hombre puede usar sus manos para acariciar los pechos de su compañera, haciendo rodar suavemente los pezones entre sus dedos.

Si la mujer se inclina hacia delante, o si el hombre apoya la cabeza o la espalda en una almohada, también puede chuparle los pechos mientras hacen el amor. Como mencionamos anteriormente, el hombre puede beber la energía yin de su compañera de sus labios y lengua, de sus pechos y de su vagina. La mujer también puede beber la energía yang de su compañero de sus labios, pezones y pene. Este intercambio energético es equilibrante y curativo para ambos participantes.

En esta posición, la mujer que haya fortalecido su músculo PC puede estimular el tallo y los puntos de reflexología del pene masculino. Evitando excitar la cabeza del pene, ambos pueden prolongar mucho el encuentro sexual y tener largos orgasmos. En el Capítulo 2 describimos una serie de ejercicios que la mujer puede emplear para estimularse y estimular a su compañero con su músculo PC. La mujer puede intentar apretar y masajear el pene del hombre con su músculo PC también en otras posiciones, incluso aunque el hombre esté encima.

La mujer puede dirigir el pene de su compañero hacia sus puntos más sensibles y usar su músculo PC para estimular el tallo del pene.

Ejercicio 18

DAR LA VUELTA AL MUNDO EN UNA NOCHE

1. Durante el coito, la mujer cabalga al hombre dándole la cara. Aprieta su músculo PC alrededor del tronco del pene masculino, sin estimular el glande.

2. Se mueve arriba y abajo sobre el tronco del pene teniendo cuidado de que él no se salga y de no apretar el glande. Ella puede hacer nueve movimientos de penetración cortos y uno largo. Esto será muy placentero para ambos.

3. Ahora la mujer repite los pasos 1 y 2 dando la espalda a su compañero y mirando hacia sus pies.

4. A continuación ella vuelve a ponerse de cara mientras sigue apretando el pene arriba y abajo. Puede seguir rotando así todo el tiempo que desee.

EL HOMBRE POR DETRÁS

En la posición del hombre por detrás, la vagina de la mujer está especialmente apretada, y esta postura puede ser particularmente excitante tanto para los hombres como para las mujeres. Apretando los muslos, la mujer estrecha la cavidad vaginal y puede tensar más el músculo PC. En esta posición, y especialmente cuando el torso de la mujer se inclina hacia abajo o ella se tumba de cara (véase ilustración de la página 71), su punto G resulta fácil de alcanzar. Por lo tanto, esta posición es muy valiosa para ayudar a la mujer a ex-

*En esta posición, la
vagina de la mujer
está especialmente
apretada, lo que puede
resultar muy excitante
para ambos.*

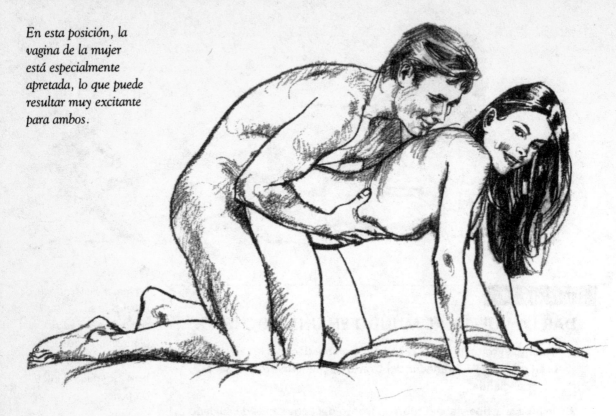

perimentar múltiples orgasmos. Si están de rodillas, el hombre también puede usar una de sus manos libres para estimular el clítoris de su compañera. Cuando la mujer está completamente tumbada sobre el vientre, le resulta más cómodo estimularse el clítoris ella misma.

DE LADO

La posición de lado no requiere mucho esfuerzo de los miembros de la pareja, por lo que está especialmente indicada para las últimas etapas del encuentro y para relajarse después de interacciones más vigorosas. La posición es un tanto difícil de alcanzar y de mantener, ya que la penetración suele ser superficial. Quizá lo más sencillo sea empezar con el hombre encima y después rodar hacia un lado hasta quedarse en esta postura. Estar tumbados cara a cara con todo el cuerpo en contacto es bueno para armonizar y hacer circular la energía.

POSICIÓN SENTADA

La posición sentada es una variante de la postura con la mujer encima, y es una de las favoritas del amor sanador. El paralelismo existente entre los cuerpos y el apretado abrazo hacen de ella una postura extremadamente íntima y curativa, perfecta para las etapas avanzadas del encuentro sexual, para la conexión de almas y la circulación de energías.

Si la mujer se tumba hacia atrás y se apoya sobre los brazos, en esta postura se puede generar mucha fricción, aunque en general está indicada para un movimiento de penetración menos intenso. En cualquier caso, el movimiento depende del balanceo de la pelvis, balanceo que puede favorecer la circulación de energía por la columna. Puedes fomentar la circulación energética de tu pareja acariciándole la columna y llevando la energía de la cabeza al abdomen.

El paralelismo existente entre los cuerpos y el apretado abrazo hacen de ella una postura extremadamente íntima y curativa.

La postura sentada es perfecta para las etapas avanzadas del encuentro sexual, para la conexión de almas y la circulación de energías.

POSICIÓN DE PIE

Es una adaptación esforzada pero intensa de la postura anterior, en la que el hombre se queda de pie mientras la mujer le envuelve con sus piernas. Esta postura requiere bastante fuerza, coordinación y equilibrio, pero puede resultar muy energizante. En esta postura es más difícil realizar movimientos de penetración (a menos que la mujer esté apoyada sobre un mostrador), pero es excelente para la circulación y el intercambio de energías.

Hacer circular la energía sexual

Cuando hacemos circular la energía durante el encuentro sexual, nuestra atención se reorienta, pasando de dirigirse a una frenética y divertida carrera hacia el orgasmo a centrarse en un proceso más meditativo.

Como comentamos en el Capítulo 3, hacer circular la energía sexual a través del cuerpo es una manera eficaz de nutrir todo el sistema y de transformar el placer efímero del orgasmo en una duradera experiencia extática que es profundamente curativa. Cuando hacemos circular la energía durante el encuentro sexual, nuestra atención se reorienta, pasando de dirigirse a una frenética y divertida carrera hacia el orgasmo a centrarse en un proceso más meditativo.

En el Capítulo 3 aprendiste a hacer circular la energía dentro de tu propio cuerpo en soledad. En este apartado aprenderás a mover la energía dentro de tu cuerpo mientras haces el amor con tu pareja. En el Capítulo 7 aprenderás a dar energía a tu pareja y a recibirla de ella en el ejercicio del emparejamiento de almas. Este intercambio energético permite ahondar en la sanación y en la intimidad, pero, para empezar, hemos de entender cómo hacer circular la energía en nuestros cuerpos durante el encuentro sexual.

ELEVAR Y BAJAR

Puedes hacer circular la energía sexual en cualquier momento, tanto cuando empiezas a excitarte como cuando estás cerca del orgasmo. La circulación de la energía sexual te rejuvenecerá; en el caso del hombre, reduce el impulso de eyacular rápidamente. Las mujeres y los hombres que han aprendido a separar el orgasmo de la eyaculación también puede hacer circular su energía durante y después del orgasmo. El hombre puede practicar la circulación energética después de eyacular, aunque tendrá mucha menos energía que elevar porque habrá vertido buena parte de ella en la eyaculación.

Cuando ambos estéis muy excitados, haced un alto y fundíos en un abrazo. Mirad profundamente a los ojos de vuestra pareja, contemplando su bondad interna, y expresad la intensidad de vuestro amor con los ojos. Mantener los ojos abiertos también contribuye a elevar la energía.

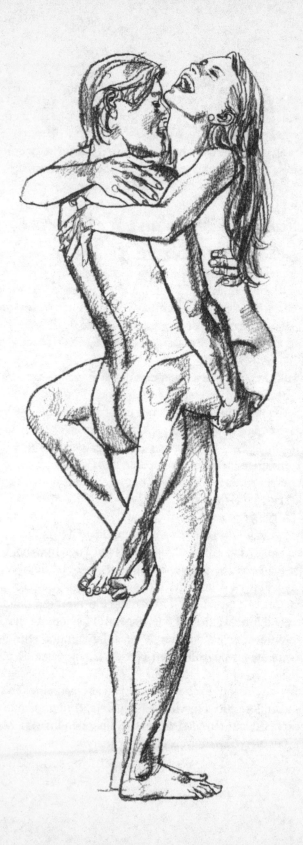

La posición de pie permite una excelente circulación de energías, aunque los movimientos de penetración están bastante limitados.

Los miembros de la pareja pueden empezar por hacer circular la energía sexual por su propio cuerpo durante el encuentro. Más tarde aprenderán a dar y recibir energía sexual de su compañero o compañera.

ENCONTRAR EL CAMINO

Los tres niveles del cultivo de la energía sexual

- HACERLA CIRCULAR DENTRO DE TI MISMO: hacer circular la energía sexual dentro de tu propio cuerpo cuando te das placer.

- HACERLA CIRCULAR DENTRO DE TU PROPIO CUERPO CUANDO ESTÁIS JUNTOS: haz circular la energía sexual dentro de tu propio cuerpo mientras haces el amor con tu pareja.

- HACER CIRCULAR LA ENERGÍA E INTERCAMBIARLA: intercambia energía sexual con tu pareja mientras hacéis el amor.

Ejercicio 19

ASPIRACIÓN ORGÁSMICA ASCENDENTE DURANTE EL ENCUENTRO SEXUAL

1. DETENERSE: cuando los dos estéis muy excitados, el hombre se retira parcialmente de modo que sólo la punta de su pene quede dentro de la vagina de la mujer. Esto os ayudará a enfriaros.

2. ESPIRAR Y CONTRAER: ambos debéis espirar y contraer el músculo PC. Es preferible que el hombre lo contraiga primero, de modo que la fuerza del músculo PC de la mujer no le haga traspasar el límite.

3. BOMBEO: bombead la energía al sacro y elevadla por la columna hasta la coronilla contrayendo el músculo PC y el ano.

4. DESCANSAR Y SONREÍR: descansad y sonreíd a los órganos sexuales, permitiendo que la energía se eleve hacia la cabeza.

5. DIBUJAR ESPIRALES: dibujad espirales de energía dentro de vuestras cabezas girando los ojos en círculo, nueve veces hacia la izquierda y otras nueve hacia la derecha.

6. CIRCULAR: haz bajar la energía por la parte delantera del cuerpo hacia los órganos sexuales con la sonrisa interna, y haz que la energía gire subiendo por la espalda y descendiendo por delante.

7. HACER EL AMOR: seguid haciendo el amor.

8. ALMACENAMIENTO: cuando hayáis acabado, tocaos el ombligo y dirigid la atención hacia él. Sonreíd e imaginad que la energía da vueltas alrededor del ombligo siendo atraída de la cabeza al abdomen, donde puede almacenarse y nutrir el resto del cuerpo.

Relajarse durante el encuentro sexual permite que la sangre de los genitales, que ahora está llena de hormonas, circule para fortalecer el resto del cuerpo. El hombre no debe preocuparse por perder la erección. Es el único modo de que la sangre vuelva a circular por el cuerpo, lo que permitirá que nueva sangre fluya hacia su pene y éste vuelva a ponerse duro para seguir haciendo el amor.

Maratones multiorgásmicos y multiorgasmos rápidos

Según los taoístas, cuanto más tiempo haces el amor, más energía curativa puedes generar y hacer circular. Los textos taoístas clásicos sugieren que hacen falta mil movimientos de penetración amorosa para satisfacer completamente a una mujer. Antes de que esto empiece a sonar como un maratón,

Los textos taoístas clásicos sugieren que hacen falta mil amorosos movimientos de penetración para satisfacer completamente a una mujer.

merece la pena señalar, como afirma Jolan Chang en su libro *El tao del amor y del sexo*, que en media hora de *footing* damos al menos dos mil pasos. Si media hora de *footing* exige dar dos mil pasos, ¿por qué en media hora de encuentro sexual no can a caber mil amorosos movimientos de penetración?

La duración de este tipo de encuentros es mucho mayor de lo que suele ser habitual en los encuentros sexuales modernos. Cuando Alfred Kinsey dirigió sus famosos estudios sobre sexualidad humana en los años cincuenta, descubrió que el «coito» medio de la pareja occidental duraba dos minutos. Desde entonces, la media se ha elevado hasta los diez minutos. Los antiguos taoístas podrían explicarse buena parte del descontento existente en los dormitorios modernos leyendo esos números. Resulta muy difícil energizar y satisfacer plenamente a una pareja —especialmente a la mujer— con un encuentro tan breve. Si bien la sexualidad no debe convertirse en un maratón ni en una prueba de resistencia, merece la pena recordar que, según los criterios taoístas, nuestra sexualidad actual es demasiado breve para alcanzar las cimas —y profundidades— que pueden experimentarse.

El paso acelerado y frenético de la vida cotidiana nos impide disponer de oportunidades para prolongar el encuentro cada noche o incluso cada semana. Sin embargo, si queremos alcanzar los niveles más profundos y energizantes del encuentro sexual extático, tenemos que reservarle tiempo sabiendo que no seremos interrumpidos por el teléfono, los niños o cualquier otra persona. Quedarse en casa para hacer el amor durante toda la tarde es mucho más divertido que ir al cine, y reservar todo un fin de semana puede permitirnos la tranquilidad necesaria para que nuestro deseo despierte plenamente.

Cuando tu pareja y tú comencéis a practicar el amor sanador, descubriréis que vuestros cuerpos se sintonizan y que podéis experimentar las alturas del encuentro multiorgásmico muy rápidamente.

Antes de que empieces a preocuparte por cómo encajar unas horas de encuentro sexual en tu apretada agenda, merece la pena mencionar los multiorgasmos rápidos. Cuando tu pareja y tú comencéis a practicar el amor sanador, descubriréis que vuestros cuerpos se sintonizan y que podéis experimentar las alturas del encuentro multiorgásmico muy rápidamente. Todo depende de la rapidez con que el hombre y la mujer sean capaces de llevar las aguas femeninas al punto de ebullición, pero, con las técnicas descritas en los capítulos anteriores, debe lograrse sin dilación.

El sexo es muchas cosas, y aunque te recomendamos decididamente que explores las alturas del amor sanador, no te recomendamos que abandones los placeres instintivos de los apareamientos a la carrera. Podemos pensar en el amor sanador, y especialmente en la circulación energética, como en una cena de gourmet que saboreamos y anhelamos cuando podemos permitírnoslo, pero no es algo que esperamos tener cada noche. Si eliges un paso más febril, puedes hacer circular la energía al acabar, mientras descansas, aunque tendrás menos energía para elevar, especialmente si el hombre aún no ha aprendido a tener orgasmos sin eyacular. En realidad, cuando en el encuentro sexual están presentes el amor y el deseo mutuo, ya estáis practicando el amor sanador.

A continuación surge la cuestión de cuándo detenerse. La mayoría de la gente acaba el encuentro sexual cuando el hombre eyacula, en la esperanza de que la mujer *ya haya tenido* al menos un orgasmo. Cuando ambos sois multiorgásmicos, deja de existir ese punto final tan evidente. Tu pareja y tú tendréis que decidir cuánto tiempo queréis hacer el amor y cuándo os sentís satisfechos. La mayoría no estamos acostumbrados a prestar mucha atención a nuestros apetitos sexuales y a saber cuándo nos sentimos realmente satisfechos. Tendréis que prestar atención a vuestro deseo para decidir cuándo habéis acabado.

Los taoístas aconsejan que se deje de comer varios bocados antes de sentirse completamente lleno. Así, cuando el alimento llegue al estómago, la persona se sentirá agradablemente satisfecha sin llegar a estar harta. De igual modo, los taoístas animan a los amantes a dejar de hacer el amor antes de saciarse totalmente, cuando aún arden las brasas. El deseo restante te permitirá seguir anhelando a tu pareja la noche siguiente y la siguiente durante toda una vida de amor apasionado.

Ir y venir

Según los taoístas, el orgasmo múltiple no es la única razón por la que el hombre debe aprender a tener orgasmos sin eyacular. Como ya hemos mencionado, los maestros taoístas eran médicos, y por tanto consideraban la sexualidad como parte integral de la salud general del cuerpo. Sus cuidadosas observaciones les permitieron descubrir que la eyaculación drena la energía masculina. Los hombres notan esta pérdida de energía porque suelen tener ganas de dormir inmediatamente después de eyacular. Las mujeres a menudo lamentan la falta de interés de sus compañeros por la intimidad, la conversación o incluso las caricias y los abrazos después de eyacular. El hombre que eyacula, gruñe y se queda dormido encima de su compañera ha sido abundantemente retratado en los medios de comunicación. El agotamiento que supone la eyaculación para el cuerpo masculino ya era bien conocido hace miles de años.

> Después de eyacular, el hombre está cansado, le zumban los oídos, le pesan los ojos y desea quedarse dormido. Tiene sed y siente sus miembros debilitados y rígidos. Al eyacular experimenta un breve momento de sensación, pero después sufre largas horas de agotamiento.
>
> PENG-TZE, *consejero sexual del famoso Emperador Amarillo*

Los más jóvenes no sentirán tanto el agotamiento como los hombres mayores, y los hombres que eyaculan después de mucho tiempo también se sentirán mucho menos cansados que los que eyaculan a menudo. Como comentamos en el Capítulo 2, cada vez que el hombre tiene un orgasmo, expande la energía por su cuerpo. Si acaba eyaculando después de múltiples orgasmos,

El cansancio del hombre después de eyacular dependerá de su edad, de su salud, de la frecuencia de la eyaculación y de la cantidad de energía movilizada durante el coito antes de eyacular.

perderá mucha menos energía, especialmente después de haberla hecho circular. El cansancio del hombre después de eyacular dependerá de su edad, de su salud, de la frecuencia de la eyaculación y de la cantidad de energía movilizada durante el coito antes de eyacular.

Si el hombre no eyacula, evidentemente tendrá más energía para hacerla circular. Y si lleva la energía hacia el abdomen, ésta quedará almacenada en sus órganos, y será liberada según las necesidades de su cuerpo a lo largo de las doce o catorce horas siguientes. Muchos hombres y mujeres multiorgásmicos que cultivan su energía describen que sus orgasmos pueden durar horas después del clímax.

Mucha gente que no entiende la diferencia entre orgasmo y eyaculación asume que la tradición taoísta previene a los hombres contra el orgasmo. Esperamos que ya haya quedado absolutamente claro que los hombres pueden tener todos los orgasmos que deseen siempre que aprendan a evitar la eyaculación.

Hemos comentado en *El hombre multiorgásmico* los efectos a largo plazo que tiene «derramar la semilla» para el cuerpo masculino. Animamos a leerlo a todos los hombres (y mujeres) que deseen saber cómo la eyaculación agota el cuerpo masculino. En cualquier caso, la mejor prueba está en el propio cuerpo del hombre y es algo que él mismo puede experimentar fácilmente en su dormitorio. Basta con comparar cómo se siente y cuánto necesita dormir después de haber eyaculado (especialmente después de varias noches de sexo con eyaculación) y después del sexo no eyaculatorio y multiorgásmico.

A diferencia de los hombres, las mujeres no suelen tener que preocuparse de que el sexo las deje agotadas.

A diferencia de los hombres, las mujeres no suelen tener que preocuparse de que el sexo las deje agotadas. La energía que pierden en la descarga vaginal durante el orgasmo es mínima (incluso en el caso de las que emiten líquido —la llamada eyaculación femenina— durante un orgasmo intenso). Obviamente, después de tener orgasmos muy intensos o «terminales» muchas mujeres se sienten cansadas o sienten que ya han acabado. Esta sensación de completamiento acompaña al orgasmo (especialmente si es intenso) y no es nada por lo que haya que preocuparse. Si la mujer quiere evitar esta sensación de cansancio o agotamiento, basta con que haga circular la energía sexual por su cuerpo.

Según el Tao, las mujeres pierden mucha menos energía practicando el acto sexual de la que pierden en la menstruación o durante el nacimiento de un hijo. Para remediar esa pérdida de energía, los taoístas desarrollaron un método que permite acortar la menstruación y reducir el dolor que muchas sufren durante el período. Estas prácticas están más allá del ámbito del presente libro, pero han sido ampliamente comentadas en el libro de Mantak y Maneewan Chia titulado: *Amor curativo a través del Tao.*

Fortalecer los órganos sexuales

Si las parejas quieren disfrutar de una sexualidad de calidad, han de tener orgasmos saludables. El encuentro sanador descrito hasta el momento en este libro energizará tus órganos sexuales y el resto de tu cuerpo. Pero hay otro ejercicio taoísta que puedes practicar para fortalecer tu próstata (si eres hombre) y tu útero (si eres mujer).

Tendemos a pensar que nuestros órganos sexuales son el pene, la vagina y el clítoris, pero buena parte de nuestra energía y de nuestra habilidad sexuales provienen de la próstata, en el caso de los hombres, y del útero, en el caso de las mujeres. Puedes probar los ejercicios siguientes si deseas cultivar

---

Ejercicio 20

FORTALECIMIENTO DEL ÚTERO Y DE LA PRÓSTATA

1. Siéntate en el borde de una silla o ponte de pie con los pies separados a la distancia aproximada de los hombros.

2. Espira y contrae la parte inferior del abdomen.

3. Mientras espiras, presiona suavemente con los dedos de una mano sobre el abdomen, justo encima del hueso púbico, para poder sentir que los músculos se alisan.

4. Contrae varias veces los músculos abdominales, como si absorbieras con una pajita, aunque sin inspirar a través de la boca ni de la nariz. (Mientras absorbes los músculos abdominales, notarás que el ano y la vulva o los testículos se elevan ligeramente. Esta absorción te masajea la próstata o el útero y crea un vacío que atraerá más energía hacia ellos. No te preocupes si al absorber energía hacia el abdomen emites sonidos curiosos. Son el resultado del vacío que has creado y una señal que indica que estás practicando correctamente.)

5. Inspira hacia el abdomen. Sentirás que los dedos son empujados hacia fuera. La succión llevará la energía hacia la pelvis.

6. Espira lentamente a través de los dientes, siseando como una serpiente.

7. Mantén la atención en la próstata o útero a medida que se vaya calentando.

8. Mientras te relajas, la energía se elevará hacia tu cabeza. Puedes sonreír a tus órganos sexuales para favorecer la ascensión de la energía por la columna hacia el cerebro.

9. Haz girar la energía en espiral dentro de la cabeza nueve veces en cada sentido.

10. Con la punta de la lengua, tócate la parte delantera del paladar, justo detrás de los incisivos, y deja que la energía vaya descendiendo hacia el ombligo. Puedes imaginar que la energía dibuja espirales en el ombligo para favorecer su absorción.

estas partes vitales de tu cuerpo. La realización de estos ejercicios también generará mucha energía sexual que puedes hacer circular por tu cuerpo aunque no estés haciendo el amor ni dándote placer.

Sexo más seguro y salud sexual

Incluso con los recientes avances que ayudan a tratar el SIDA, las enfermedades de transmisión sexual van a estar entre nosotros mucho tiempo. Por esta razón merece la pena mencionar la cuestión del sexo seguro. Además, la salud sexual puede afectar radicalmente a la frecuencia y satisfacción de tu encuentro sexual. Resulta difícil enfocarse en las alturas del placer si te preocupa el dolor que sientes; por lo tanto, por favor, tómate un momento para leer este apartado.

Estas recomendaciones están especialmente indicadas para las parejas recién formadas que aún no han tenido tiempo de comprobar si están libres de enfermedades de transmisión sexual.

Ya existen pruebas simples que permiten comprobar si se ha contraído el VIH, la hepatitis B y C, la sífilis, la gonorrea o la chlamidia. Hay que recordar que la persona puede tardar seis meses en dar positivo a la prueba del VIH. Debéis usar medidas de seguridad durante seis meses si habéis corrido riesgos, y después volver a pasar la prueba. Si los dos tests dan negativo, no hay de qué preocuparse, siempre que ambos seáis monógamos.

Ciertas enfermedades, como el herpes y el virus del papiloma humano, responsable de los tumores genitales, pueden transmitirse por contacto cutáneo, con o sin condón. Ambas enfermedades son muy comunes (afectan al 25 y 50 por 100 de la población adulta, respectivamente), pero generalmente benignas. Aunque suelen dar vergüenza, generalmente no son peligrosas y tienen tratamiento médico. Sométete a las pruebas y toma precauciones para asegurarte de que el encuentro sexual sea sanador.

En el sexo no eyaculatorio existen menos riesgos de intercambiar fluidos corporales. Si bien esto no reduce el riesgo de contraer otras enfermedades de transmisión sexual, como el herpes o el papiloma humano, sí que reduce el riesgo de contraer el VIH y la hepatitis, que se transmiten a través del intercambio de fluidos corporales. Al no eyacular, el hombre no transmite tantos fluidos a su compañera y tampoco absorbe tantos fluidos corporales de ella. El pene del hombre, cuando eyacula, crea un vacío de baja presión por el que puede absorber flujos de su compañera. Aunque el sexo no eyaculatorio reduce el volumen de los fluidos absorbidos, haciendo que el sexo sea más seguro, sigue sin ser «verdaderamente seguro» a menos que uses un condón.

Es importante recordar que aunque no se eyacule, los fluidos corporales siguen intercambiándose (recuerda el líquido preeyaculatorio sobre el que advierten los programas de educación sexual). Ésta es la causa por la que el sexo

EL ARTE DE USAR CONDONES

1. NO HAY SUSTITUTO: usa siempre condón antes de practicar el coito vaginal o anal, a menos que ambos hayáis superado las pruebas de las enfermedades de transmisión sexual y seáis monógamos.

2. BUENAS Y MALAS NUEVAS: la buena nueva respecto al uso de los condones es que la reducción de la sensibilidad que la mayoría de los hombres experimentan puede ayudar a controlar la eyaculación. La mala nueva es que los condones reducen la sensibilidad masculina. A algunos hombres les cuesta mantener la erección cuando se ponen un condón. Si estás en esta situación, tu compañera o tú deberíais seguir acariciándote los genitales mientras te lo pones. Aplicarte una pequeña cantidad de lubricante sobre el pene antes de ponerte el condón aumentará tu sensibilidad, sin hacer que el condón se salga.

3. SEXO ORAL: usa siempre un condón antes de que tu compañera practique el sexo oral. En este caso, tu compañera probablemente querrá que uses un condón «seco».

4. PONÉRSELO: deja siempre un espacio de un centímetro en el extremo de los condones de punta plana. Los depósitos de los condones están diseñados para crear ese espacio. Asegúrate de que el condón te cubre todo el pene, y alísalo para extraer posibles burbujas de aire. Si no estás circuncidado, retírate la piel antes de ponerte el condón. Si el condón comienza a salirse, puedes sujetarlo con los dedos.

5. LUBRICANTE: aplica abundante lubricante por el exterior del condón. (No poner suficiente lubricante es una de las razones por las que se rompen los condones.) Usa únicamente lubricantes solubles en agua. Los lubricantes derivados del petróleo, como la vaselina, pueden hacer que los condones, las capuchas o los guantes de látex se deshagan.

6. DESPUÉS: una vez acabado el coito, retírate mientras aún estás erecto y sujeta la base del condón con los dedos para asegurarte de que no se desliza. Tira el condón y, sobre todo si has eyaculado, lávate el pene o ponte otro condón antes de continuar con las caricias.

7. ROTURAS: los condones suelen deslizarse o salirse, bien porque no se han puesto correctamente, porque el sexo ha sido «demasiado» vigoroso, o por no sostenerlos durante la retirada. Si el condón se rompe o se sale y no has eyaculado, o si la rotura está cerca de la base del condón, probablemente no hay motivo de preocupación. Simplemente

> retira el condón roto y ponte otro nuevo. Si el condón se rompe y has eyaculado, los expertos en sexo seguro recomiendan que tu compañera orine y se inserte espuma o gel espermicida en la vagina para destruir el esperma, los virus y las bacterias. Debe mantener el espermicida dentro durante al menos una hora. Si os preocupa que tu compañera se pueda quedar embarazada, tal vez desee tomar «la píldora del día siguiente», que puede obtener de su médico.

no eyaculatorio no es fiable como método anticonceptivo. El hecho de no eyacular simplemente hace que el sexo sea más seguro y que cualquier método anticonceptivo utilizado resulte más eficaz. Sin embargo, queremos insistir en que el sexo no eyaculatorio no debe considerarse en sí mismo un método de control de la natalidad.

El poder de hacernos daño y de sanarnos

El virus VIH y demás enfermedades de transmisión sexual sirven para recordarnos un importante principio taoísta: el encuentro sexual es un intercambio físico y energético que puede influir profundamente en la salud y bienestar de ambos participantes. La revolución sexual no tuvo en cuenta este hecho, y aún nos queda por determinar cómo nos influye en nuestra historia sexual. Los intercambios bioquímicos y energéticos que se producen a través de nuestros órganos sexuales tienen profundos efectos físicos, emocionales e incluso espirituales para ambos participantes.

Si bien la extensión epidémica del SIDA y otras enfermedades de transmisión sexual es un fenómeno relativamente reciente, el poder del sexo para curarnos o para enfermarnos no lo es. En nuestra sociedad moderna tendemos a mirar el sexo desde un punto de vista biológico y relacional, considerándolo una parte más de las relaciones que se establecen entre adultos que consienten. Sin embargo, el Tao nos recuerda que el sexo es un acto sagrado que tiene el poder de producir enfermedad y destrucción o de producir sanación y de crear una nueva vida. En el Tao predomina una visión pragmática que considera el encuentro sexual desde el punto de vista de la salud, pero no pierde la admiración y el respeto por esta fuente de vida. En los dos capítulos siguientes exponemos qué hacer para que el encuentro amoroso siga estando lleno de intimidad y sacralidad.

CAPÍTULO 6

Hacer el amor de verdad

En este capítulo descubrirás:

- El poder que tiene el sexo para intensificar nuestras emociones, positiva y negativamente.

- Cómo conectar el deseo y el amor.

- Cómo cultivar el autoamor y el amor mutuo.

- La meditación del toque.

- Cómo transformar las emociones negativas hacia tu pareja con la sonrisa interna.

El amor sanador no sólo permite ampliar nuestro placer y salud sexual; también nos abre a un potencial de intimidad emocional cada vez más profunda. Cuando el sexo es de calidad le damos el nombre de «hacer el amor», pero para generar el verdadero «amor» tenemos que entender cómo el sexo puede sanar —o herir— nuestros corazones.

Ya hemos repetido varias veces que la energía sexual simplemente intensifica la energía corporal que tengamos, sea positiva o negativa. Hemos insistido en la necesidad de sentir amor y evitar la ira y el odio. Examinemos ahora más de cerca la relación entre energía sexual y emociones, y exploremos qué podemos hacer para que el amor sanador sea verdaderamente amoroso.

> **Los taoístas sabían que la energía sexual simplemente expande nuestra energía corporal, sea positiva o negativa.**

A medida que aprendas a practicar el amor sanador y a expandir tu energía sexual, es esencial que cultives el amor compasivo por ti mismo y por tu pareja. Los ejercicios propuestos en este capítulo y en el siguiente te ayudarán a cultivar el amor y la compasión. Mientras practicas el amor sanador, debes recordar que la energía sexual es como el fuego. El fuego nos sirve para cocinar el alimento, pero también puede quemarnos la casa. Todo depende de cómo lo usemos. Lo mismo ocurre con la energía sexual.

> **La energía sexual es como el fuego. El fuego puede servirnos para cocinar el alimento, pero también puede quemarnos la casa. Todo depende de cómo lo usemos. Lo mismo ocurre con la energía sexual.**

Es esencial que transformes la energía sexual en amor y compasión para que no se convierta en ira y en odio. La intensificación de nuestras emociones producida por la energía sexual ayuda a explicar por qué las peleas entre amantes son siempre las más explosivas y por qué amor y odio están tan íntimamente conectados. Es importante que a medida que vayas aprendiendo a generar más energía sexual, la conectes con la energía compasiva del corazón. El deseo, para los taoístas, es parte esencial de nuestra fuerza de vida, pero debemos cultivarlo y conectarlo con el amor por nuestra pareja.

Cultivar el autoamor

Los taoístas y muchos psicólogos modernos dicen que no podemos querer a los demás hasta que aprendemos a querernos a nosotros mismos. Pero ¿qué quiere decir exactamente cultivar el autoamor y por qué es tan importante para tener una vida sexual sana? En primer lugar debemos señalar que el autoamor es algo muy distinto del egoísmo o del narcisismo. Es simplemente el sentimiento de aceptación y de amor por uno mismo. Es esencial para llevar una vida sexual y amorosa sana, porque sin autoamor es imposible ser un compañero amoroso. Sentir compasión por uno mismo es esencial para sentir compasión por nuestra pareja y por las demás personas de nuestra vida.

> **Sin autoamor es imposible ser un compañero amoroso.**

Ejercicio 21

CONECTAR AMOR Y DESEO

1. Tócate el corazón poniendo la punta de los dedos de ambas manos en el centro del pecho.

2. Sonríe a tu corazón y siente que se ablanda; imagina a continuación que florece como una flor roja. Llénalo de amor, alegría y compasión por ti mismo.

3. Mantén las puntas de los dedos de tu mano izquierda en contacto con el corazón y coloca la mano derecha sobre los genitales.

4. Los hombres deben sentir que la energía de sus genitales asciende al corazón y que desde el corazón vuelve a bajar a los genitales. Las mujeres deben sentir que la energía baja del corazón hacia los genitales y después vuelve a subir al corazón. (Además de conectar el amor con el deseo, la energía del corazón, que es como el fuego, calentará las «aguas» yin de la vagina de la mujer, ayudándole a excitarse.)

5. Imagina los momentos de contacto sexual más íntimo con tu pareja o aquellos momentos en los que te has sentido más amoroso hacia ella. Esto te permitirá acceder al amor sanador para combinar amor y deseo.

La intimidad sexual puede hacer surgir nuestras mayores inseguridades. A la mayoría de nosotros nos preocupa nuestro cuerpo y si resultamos atractivos a nuestra pareja. Nuestro cuerpo no es perfecto, pero asumimos que debería serlo. Aparte del de nuestro amante, apenas vemos cuerpos que no estén diseñados para la industria publicitaria. Nos medimos con criterios poco realistas que no nos ayudan a aceptarnos en absoluto. Las personas que suelen ver a los demás desnudos, como los médicos o masajistas, saben que en realidad no existen los cuerpos perfectos y que cada cuerpo tiene su propia belleza.

El sexo también hace que nos sintamos inseguros respecto a nuestras habilidades en la cama. Como ninguno de nosotros se ha graduado en la escuela de las «artes de alcoba», nos sentimos muy inseguros respecto a nuestros conocimientos y habilidades. El primer paso para trascender esta inseguridad es admitir ante nuestra pareja y ante nosotros mismos que simplemente estamos aprendiendo a distinguir qué nos gusta y qué le gusta a nuestra pareja. El miedo, la ansiedad y los nervios son tres de los compañeros de cama que más fácilmente sabotearán nuestra vida sexual. Un ambiente lúdico, incluso de risa, puede ayudarnos a olvidar estas preocupaciones y a ver a nuestro amante como un amoroso compañero de juegos en el camino hacia la satisfacción sexual.

El ejercicio siguiente te ayudará a conectar con tu pareja y transmitirle tu aprecio y amor por él o ella y por su cuerpo único. Es un ejercicio muy poderoso cuando uno de vosotros se siente inseguro, cuando habéis estado separados o cuando estáis tratando de recuperar la confianza en la relación.

Mirarse mutuamente a los ojos es una buena manera de conectar y de enviarse mutuamente el amor sanador.

Ejercicio 22

MEDITACIÓN DEL TOQUE DE LAS NUEVE FLORES

1. **MIRARSE MUTUAMENTE A LOS OJOS:** sentaos cómodamente uno frente a otro y miraos mutuamente a los ojos.

2. **TOCARSE:** decidid quién va a comenzar. Si empiezas tú, tócate tu propio cuerpo con las dos manos, empezando generalmente por la cabeza y bajando hasta los dedos de los pies. (Evita las partes de tu cuerpo que no deseas que te toque tu pareja y, en general, deja los genitales para el final.) A medida que vayas tocando todas las partes de tu cuerpo, siente compasión y aceptación por él.

3. **TU PAREJA TE SIGUE:** tu pareja debe seguirte con sus manos, tocándote amorosamente en todos los lugares donde tú te has tocado.

4. **SONRÍE Y ENVÍA AMOR:** cuando hayas acabado, tu pareja debe sonreírte y enviarte amor con sus ojos. Si lo deseáis, el que haya seguido al otro puede expresar su amor verbalmente, diciendo cosas como: «Éste es el cuerpo de mi amado» o «Amo cada centímetro de este cuerpo». Centrad vuestros comentarios en el amor que sentís por vuestra pareja, no sólo en el deseo.

5. **CAMBIAR:** cambiad de papel.

6. **EXPLÓRATE:** tócate los pezones con mucho cuidado y suavidad, con un toque ligero como una pluma que apenas os roce. Ahora dibuja un círculo en la parte externa del pezón, en el borde de la piel oscura o areola. Traza círculos alrededor del pezón, dieciocho, treinta y seis veces o más. A medida que tu energía sexual se active, sentirás corrientes de excitación.

7. **DIBUJAR CÍRCULOS INTERNOS:** ahora desciende uno o dos centímetros y traza otro círculo, como si estuvieras dibujando una flor. Sigue bajando por el cuerpo desde el pezón hasta los genitales, haciendo círculos con uno o dos centímetros de separación. Estás explorando tu cuerpo y conectando el pecho y el corazón con los genitales. El noveno círculo debería estar sobre el pubis, justo encima de tus órganos sexuales.

8. **EXPLORARSE MUTUAMENTE:** el hombre debe dibujar nueve círculos sobre la mujer, y después la mujer debe repetirlos sobre el hombre.

9. **HACER EL AMOR DE MANERA CURATIVA:** ahora haced el amor como deseéis, con todo el cuerpo y con todo el corazón.

Esta meditación del toque requiere lentitud y paciencia, lo que a veces puede resultar difícil para la rápida respuesta sexual masculina o, como dicen los taoístas, «el fuego yang». Los hombres tienen que aprender a contener su fuego, manteniendo una combustión lenta. A medida que van siendo capaces de controlar su fuego, evitan quemar su energía sexual con demasiada rapidez y eyacular. El hombre debe relajarse, sonreír y elevar la energía. Debe centrarse en encender la pasión de la mujer. Cuando el deseo de la mujer hierva, el fuego del hombre se encenderá rápidamente y ambos estarán preparados para hacer el amor.

Cultivar el amor mutuo

El cultivo del amor dentro de una relación es un tema profundo e imposible de resumir en unos pocos párrafos. Además, este libro trata más del sexo que del amor, aunque los taoístas siempre han sabido que para que el sexo sea profundo y curativo ambos deben ir de la mano.

Ciertas emociones, como el enfado o la irritación limitan inevitablemente el afecto y la atracción que sentimos por nuestra pareja. Los taoístas reconocieron que el enfado y la irritación pueden crear desarmonía en el dormitorio y en la relación. También creían que el enfado y otras emociones negativas son tóxicas para nuestros cuerpos y para nuestra salud. Recomendaban enérgicamente evitar las peleas entre amantes y las fogosas confrontaciones que caracterizan tantas relaciones modernas. Recomendaban, en cambio, la senda de la delicadeza y la compasión.

El Tao valora la humildad y la flexibilidad, y propone como símbolo de estos valores el agua, que siempre busca el lugar más bajo y se adapta a la forma de la vasija que la contiene. Los taoístas admiraban la paciencia y el poder del agua. Se dieron cuenta de que el río es lo suficientemente humilde y flexible como para desplazar grandes rocas y acabará desgastándolas con el tiempo.

Todas las relaciones experimentan las inevitables tensiones y presiones de la vida en común, y cada pareja debe elegir su propia forma de afrontarlas. Existe un ejercicio simple que refleja las cualidades taoístas de delicadeza y compasión, emulando la relación complementaria entre el yin y el yang. Muchas parejas lo han utilizado para entenderse y armonizarse.

Por turnos, cada persona escucha lo que le molesta a su pareja, y a continuación repite lo que ha escuchado. Esto nos permite reorientarnos, centrándonos más en el dolor de nuestra pareja que en el propio. También nos permite saber que nuestra pareja ha escuchado nuestra queja.

Ejercicio 23

ESCUCHAR CON AMOR

1. COGERSE LAS MANOS: empezad dándoos las manos.

2. ESCUCHAR CON COMPASIÓN: tu pareja toma unos minutos para explicar lo que le molesta mientras tú escuchas en silencio. Mientras escuchas, sonríe y deja que tu corazón se ablande y se llene de compasión. Procura enviar energía amorosa a tu pareja.

3. REPITE LO QUE HAS OÍDO: cuando tu pareja haya acabado, repite lo que has escuchado. Evidentemente, no necesitas repetirlo palabra por palabra, basta con repetir los puntos más importantes. Si no lo has oído todo, repite lo que hayas oído e invita a tu pareja a repetir la parte que te has perdido.

4. EXPRESA TUS PROPIOS SENTIMIENTOS: a continuación es tu turno de decir qué es lo que te molesta. Evita entrar en una discusión o atacar a la otra persona. Simplemente describe lo que te ha hecho daño. Es importante expresar el dolor sin ponerse a la defensiva y sin atacar. Habla más de cómo te sientes que de lo que ha hecho tu pareja. Cuanto más vulnerables podáis mostraros uno con otro, más se abrirán vuestros corazones y más compasión sentiréis.

Permanecer en contacto

Afortunadamente, nuestra biología también puede ayudarnos en los momentos difíciles. En el Capítulo 4, «Darse placer mutuamente», comentamos el poder del tacto para vincularnos y excitarnos en los momentos de amorosa intimidad. El contacto es igualmente importante en los momentos difíciles que ocurren en todas las relaciones. Las hormonas que se liberan al tocar pueden tener un profundo efecto en nuestros sentimientos hacia nuestra pareja. Como señala Theresa Crenshaw: «Retener el contacto en los momentos cruciales puede romper una relación. Mantener la continuidad del contacto durante los momentos difíciles puede salvar una relación»[1].

El toque nos mantiene literalmente «en contacto» y puede reducir nuestras frustraciones y nuestro enfado mutuo. Por esta razón, el simple hecho de darse la mano, que aumenta la producción de la hormona oxitocina, puede ayudar a tratar temas difíciles. Aquí reside el valor de la meditación del toque de las nueve flores, que empleamos cuando sentimos la necesidad de reconectar con el cuerpo del otro.

El amor está dentro de nosotros

El empleo de hormonas puede mantenernos vinculados, pero el amor es mucho más que química. En cualquier caso, según el Tao, el secreto del amor reside dentro de nosotros. Muchos suelen decir que están «buscando» el amor o que se han «enamorado», como si el amor dependiera de sus parejas y no de sí mismos. Estamos acostumbrados a buscar el amor fuera en lugar de alimentar nuestra propia fuente de energía amorosa. En cambio, para los taoístas, el amor es una energía física que emana del corazón, y no sólo una emoción mental. Por eso trataban de cultivar el amor dentro de sí mismos, independientemente de sus parejas.

Cultivar el amor es un noble objetivo, pero ¿qué hacemos con todas las emociones negativas, como el enfado y el resentimiento, que sin duda acabarán surgiendo en un momento u otro de la relación íntima? La mayoría vertemos nuestras emociones sobre nuestra pareja o sobre los demás del mismo modo que tiramos la basura.

Gritamos, culpamos, acusamos, despreciamos, nos retiramos y después retomamos la relación o la rompemos. Resulta fácil hallar faltas en nuestra pareja o concluir que falla algo en la relación.

Los taoístas creen que, en la mayoría de las relaciones, el amor que sentimos por nuestra pareja depende menos de la pareja misma o de la relación que de nuestra capacidad de amar. Según el Tao, existe una alternativa a reprimir nuestras emociones o echárselas encima a nuestra pareja. Podemos cultivarlas. Se trata de reciclar nuestra basura emocional en lugar de verterla sobre los demás.

Los taoístas enseñaron muchos ejercicios psicoespirituales para reciclar las emociones negativas, y en el Capítulo 3 aprendiste uno de los más simples y eficaces: la sonrisa interna. Actualmente, la medicina occidental ha mostrado en numerosos estudios que el estrés tiene consecuencias negativas sobre el sistema inmunológico, y también se han confirmado los efectos debilitantes de las llamadas emociones tóxicas, como el enfado. La sonrisa interna es una forma fácil de cultivar y reciclar estas emociones tóxicas.

Puedes practicar la sonrisa interna tal como hemos expuesto en el Capítulo 3, y también reciclar tus emociones negativas por medio del ejercicio siguiente. Así como asociamos el amor con el corazón (por eso las postales de San Valentín tienen forma de corazón), los taoístas asocian cada emoción con uno de nuestros órganos. Para ellos, tal como mencionamos anteriormente, nuestras emociones son algo más que meros constructos mentales. Son energías físicas centradas en órganos concretos, y la manera más eficaz de trabajar con ellas es trabajar con la energía de esos órganos.

Para los taoístas, el amor es una energía física que emana del corazón, y no sólo una emoción mental. Por eso trataban de cultivar el amor dentro de sí mismos, independientemente de sus parejas.

ENCONTRAR EL CAMINO

Esquema de las emociones

EMOCIONES POSITIVAS	EMOCIONES NEGATIVAS	ÓRGANO
amor, alegría y compasión	odio e impaciencia	corazón
apertura y aceptación	preocupación	bazo
coraje	tristeza y depresión	pulmones
delicadeza, calma y quietud	miedo	riñones
bondad y generosidad	enfado y frustración	hígado

Si sueles tener problemas frecuentemente con una emoción particular como el enfado, la tristeza, el odio, el miedo, la impaciencia, la arrogancia o la preocupación, tal vez desees probar los «seis sonidos curativos», que ayudan a cultivar y transformar emociones concretas. Para una exposición más amplia de la sonrisa interna y los seis sonidos curativos, véase *Sistemas taoístas para transformar el stress en vitalidad*, de Mantak Chia.

Para los taoístas, nuestras emociones eran energías físicas centradas en órganos concretos.

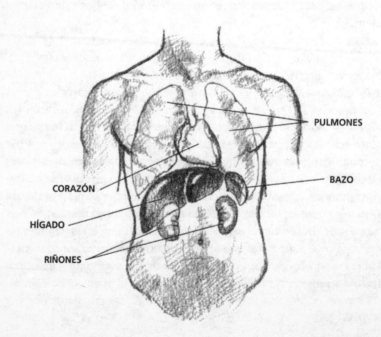

Ejercicio 24

RECICLAR NUESTRAS EMOCIONES NEGATIVAS

1. Tócate el corazón, en el centro del pecho, con la punta de los dedos.

2. Sonríe hacia tu corazón (sonriendo tanto con la boca como con los ojos), y siente que florece como una flor roja. Siente que se llena de amor, alegría y compasión por ti mismo. (Si tienes dificultades para sentir estas emociones en solitario, visualiza a un hijo, padre, abuelo o amigo por quien sientas amor, alegría y compasión.)

3. Tócate el bazo, en la parte izquierda de la caja torácica, sonriéndole y sintiendo que la apertura y la confianza reemplazan a la preocupación.

4. Tócate los pulmones y siente que el coraje reemplaza a la tristeza y a la depresión.

5. Tócate los riñones (en la espalda, a la altura del ombligo y a ambos lados de la columna), y siente que la delicadeza, la calma y la quietud reemplazan el miedo y la tensión nerviosa.

6. Tócate el hígado, en el lado derecho del vientre, justo debajo de la caja torácica, y siente que la bondad y la generosidad reemplazan al enfado y la frustración.

7. Ahora visualiza el rostro de tu pareja, sonríele y envíale energía amorosa.

Poder y compasión

Las prácticas del amor sanador que expande nuestra energía sexual son muy poderosas. A medida que incrementamos nuestra energía sexual y nos hacemos más hábiles en la cama, solemos adquirir más confianza en nuestra capacidad sexual. Los hombres en especial tienen que tener cuidado de no dejar que sus proezas se les suban a la cabeza. El poder tiene que ver con la conquista, y es lo contrario del amor. Como en cualquier arte marcial, el verdadero poder secreto del Kung Fu sexual no reside en el ego y en la dureza, sino en la ausencia de ego y en la suavidad. Para practicar el amor sanador, tanto los hombres como las mujeres tienen que abrir sus corazones y practicar con un espíritu de amor y humildad. Sólo mediante esta apertura de tu cuerpo y de tu corazón podrás sentir realmente el flujo de energía dentro de ti y con tu pareja.

APRENDER A TOCAR DE OÍDO Y A HACER EL AMOR DE CORAZÓN

Recuerda que no debes anteponer la práctica a la relación. Si cualquiera de las prácticas del amor sanador hacen que te sientas extraño en la cama, practícalas en solitario hasta que lleguen a ser algo natural. Los hombres en particular necesitan tiempo para aprender a separar el orgasmo de la eyaculación y a usar la respiración y el músculo PC. Asegúrate de estar presente ante tu compañera. Las técnicas que puedes aprender en este libro no son más que eso, técnicas. Tienes que aprenderlas lo suficientemente bien como para poder olvidarlas. Como cuando aprendes a tocar un instrumento musical, primero tendrás que aprender y memorizar las notas para después poder tocar de oído. La esencia del amor sanador es aprender a hacer el amor de corazón. Sin un amor mutuo y sincero, el sexo es simple fricción. Y aunque la fricción es ciertamente placentera, es el amor real lo que une nuestros cuerpos en un amor extático que durará toda la vida.

En el capítulo siguiente comentaremos cómo la pasión que cultivas durante el amor sanador puede profundizar la espiritualidad de tu relación y tu vida espiritual en su totalidad.

Sin un amor mutuo y sincero, el sexo es simple fricción. Y aunque la fricción es ciertamente placentera, es el amor real lo que une nuestros cuerpos en un amor extático que durará toda la vida.

CAPÍTULO 7

Sexualizar el espíritu

En este capítulo descubrirás:

- La importancia de la vida sexual para el crecimiento espiritual y la vida espiritual en general.

- El encuentro amoroso y energizante como oración matinal.

- El encuentro de almas y el orgasmo del alma.

- Cómo hacer que tu energía sexual sea más poderosa y nutricia.

- Cómo transformar tu energía sexual en energía espiritual.

- El cultivo de las formas más elevadas de la energía de vida.

- La profunda conexión existente entre tu relación de pareja y el mundo.

Para los taoístas, el sexo y el espíritu están inseparablemente interconectados.

Para los taoístas, la sexualidad y la espiritualidad están inseparablemente interconectadas. Por esta razón se considera que la sexualidad es una parte esencial del camino espiritual. En Occidente nos hemos partido en dos: un cuerpo carnal y pecaminoso, y un alma inmaterial y santa. Según los taoístas, esta separación es artificial. La sexualidad taoísta nos permite experimentar una espiritualidad encarnada y palpable, que afirma que el alma reside en el abdomen a la altura del ombligo, y que cree que los niveles altos de energía orgásmica permiten la emergencia del alma. Probablemente esto no es lo que te dijeron en la escuela parroquial.

Para los taoístas, la energía sexual es sagrada. Cuando nos sentimos excitados, cuando tenemos una relación sexual, estamos en comunión con la energía divina o universal. Pero la mayoría de la gente no sabe utilizar esta energía para cultivar su vida espiritual.

Por desgracia, casi todas las religiones del mundo consideran la sexualidad como algo negativo o incluso malvado, y por tanto tratan de reprimirla. Y cuando no la suprimen, la consideran una distracción o un impedimento que se ha de superar en el camino espiritual. A la mayoría de nosotros se nos ha enseñado que tenemos que negar la sexualidad para crecer espiritualmente. Según el Tao, esto es un error. La energía sexual constituye aproximadamente una cuarta parte de nuestra fuerza total de vida. La gente que niega la energía sexual pierde acceso a esta fuente de energía y vitalidad para su vida y su crecimiento espiritual.

La energía sexual constituye aproximadamente una cuarta parte de nuestra fuerza de vida total. La gente que niega la energía sexual pierde acceso a esta fuente de energía y vitalidad para su vida y su crecimiento espiritual.

Oración matinal

Los taoístas desarrollaron un modo simple de cultivar esta energía de vida cada mañana, considerándola tan esencial para su bienestar físico y espiritual que le dieron el nombre de «oración matinal».

Tendemos a pensar que el sexo se practica por la noche y relegamos nuestra vida amorosa al rato anterior a meternos en la cama. Los taoístas sabían que ése no suele ser el mejor momento para hacer el amor, porque a menudo estamos exhaustos del día y nuestros cuerpos anhelan el sueño tanto o más que el sexo. Aunque la práctica nocturna del amor sanador puede ser energizante, permitiéndonos dormir más profundamente y despertar más frescos, los taoístas pensaban que hacer el amor por la mañana era igual de importante o más para empezar el día con buen pie.

Los taoístas consideraban que incluso un breve encuentro sexual matinal es muy energizante porque nos permite recibir el día y sus inevitables frustraciones con un espíritu ligero y alegre. ¡Pruébalo y descubrirás que es mejor que la cafeína! Pero, recuerda, es esencial que el hombre evite la eyaculación o perderá buena parte de su energía.

> **Ejercicio 25**
>
> ## ORACIÓN MATINAL
>
> 1. Haced el amor del modo que os resulte más excitante y satisfactorio.
>
> 2. Cuando estéis cerca del orgasmo o después de haber tenido uno o más orgasmos, haced circular la energía por todo el cuerpo con la aspiración orgásmica ascendente.
>
> 3. Llevad la energía hacia el ombligo con la sonrisa interna.
>
> 4. Continuad haciendo el amor y haciendo circular la energía hasta que estéis satisfechos y físicamente energizados.

Si no puedes practicar la oración matinal, siempre puedes empezar el día haciendo circular tu propia energía por medio de la sonrisa interna y la aspiración orgásmica ascendente. Finalmente serás capaz de sentir una oleada de energía orgásmica emergente en cualquier instante y lugar. Y eso es algo que puede mejorar mucho el momento de desplazamiento al trabajo. Cuando hayas aprendido a hacer circular la energía en tu propio cuerpo, estarás preparado para practicar la unión de las almas.

Unión: emparejamiento de almas y orgasmos del alma

En el Ejercicio 19, la aspiración orgásmica ascendente durante el encuentro sexual, que vimos en el Capítulo 5, aprendiste a hacer circular la energía en tu propio cuerpo mientras hacías el amor. Ahora, en el emparejamiento de almas, intercambiarás energía con tu pareja. Ésta es una experiencia profundamente íntima y puede conducirte a un hondo sentimiento de unión y unidad que es difícil de describir.

Cuando los dos miembros de la pareja experimentan el intenso intercambio energético del emparejamiento de almas, pueden sentir el placer orgásmico durante muchas horas y sentirse profundamente conectados aunque estén separados. Es lo que los taoístas llaman el orgasmo del alma.

Como las técnicas del amor sanador enseñan a las parejas a hacer circular la energía de uno hacia el otro más allá del simple toque físico, ambas personas son capaces de sentir esta conexión eléctrica aunque no se toquen ni estén juntas. Cuando los dos miembros de la pareja sienten una energía orgásmica muy intensa, sus almas empiezan a emerger y pueden unirse por encima de sus cabezas. Una vez vinculados más allá del cuerpo físico, los amantes pueden mantener esta unión aun estando separados.

Las parejas son capaces de sentir el placer orgásmico durante muchas horas y de sentirse profundamente conectadas aunque estén separadas.

Indicaciones importantes para el encuentro de almas

- CARA A CARA: en este ejercicio, como en la aspiración orgásmica ascendente durante el encuentro sexual, es mejor estar en una posición cara a cara con la mayor parte de los cuerpos en contacto. Si la mujer es mucho más ligera que el hombre, debe estar encima; en los demás casos, cualquiera de los dos puede estar encima. La posición de sentado es una de las mejores para el intercambio de energía sexual.

- ENVÍA AMOR CURATIVO CON LOS OJOS: mirarse mutuamente a los ojos favorece enormemente el intercambio enérgetico. A través de los ojos podéis enviaros energía amorosa y sanadora. Recordad que tenéis que mantener vuestros genitales conectados y el corazón abierto en todo momento.

- TOCAOS CON LA LENGUA PARA CERRAR EL CIRCUITO: cuando las lenguas se tocan, cierras el circuito entre tu cuerpo y el cuerpo de tu pareja.

- EXPONED LAS ALMAS: debéis aseguraros de que tenéis suficiente energía sexual para hacerla circular e intercambiarla. Esperad hasta que ambos estéis muy excitados, pero sin que el hombre traspase el límite de la eyaculación. Si uno de los dos o ambos sois multiorgásmicos, podéis disfrutar unos cuantos orgasmos antes de la unión de almas.

*La unión de almas
permite dar energía
sexual y recibirla.*

ENCUENTRO DE ALMAS
INTERCAMBIO DE ENERGÍA SEXUAL Y ORGASMOS DEL ALMA

1. DETENERSE: cuando ambos estéis muy excitados, el hombre se retira parcialmente de modo que la punta de su pene permanece dentro de la entrada de la vagina de la mujer. Esto permitirá que ambos os enfriéis un poco.

2. ESPIRAR Y CONTRAER: cada uno de los miembros de la pareja espira y, a continuación, contrae su músculo PC. Aseguraos de que la contracción de la mujer no envíe al hombre más allá del límite. Para más seguridad, es mejor que el hombre se contraiga primero y la mujer después.

3. BOMBEAR: bombea la energía hacia el sacro y hazla ascender por la columna hasta la coronilla mientras continúas contrayendo el músculo PC y el ano.

4. SONREÍR: descansa y sonríe a tus órganos sexuales dejando que la energía siga ascendiendo hacia la cabeza.

5. ESPIRAL: haz girar la energía en espirales dentro de la cabeza moviendo los ojos de un lado al otro.

6. PENETRACIÓN: continúa haciendo el amor, deteniéndote para hacer circular la energía cuando lo desees.

7. INTERCAMBIO: cuando estéis preparados para intercambiar energía, la mujer debe enviar, desde su vagina fresca, energía yin hacia su compañero y absorber de su pene la caliente energía yang. Al mismo tiempo, el hombre debe enviar desde el pene su caliente energía yang a su compañera y absorber la fresca energía yin de la vagina de la mujer.

8. CIRCULACIÓN: absorbe la energía de tu compañera por la columna, elevándola hacia la coronilla (contrayendo el músculo PC si es necesario).

9. TOCARSE LA LENGUA: dejad que la energía descienda por la parte delantera de la cabeza hasta la lengua. Poned en contacto las lenguas, lo que cerrará el circuito y permitirá intercambiar energía a través de las bocas y de los genitales.

10. AMOR: dirigid la energía hacia el corazón, e intercambiad la sanadora energía del amor directamente a través del pecho.

11. ALMACENAR: sonreíd mientras os centráis en el ombligo y lleváis la energía hacia el abdomen.

12. UNIÓN: en lugar de dejar la energía en el ombligo, como hiciste en la aspiración orgásmica ascendente, mantendrás la energía en circulación a lo largo de tu órbita macrocósmica y la intercambiarás con tu pareja tres, seis o nueve veces. Finalmente, imagina que esta energía orgásmica sexual-espiritual se une con la de tu pareja por encima de vuestras cabezas. Puedes visualizar la imagen de tu pareja y tú unidos sexualmente encima de vuestras cabezas. Esto permitirá que tu alma y la suya se unan.

Amor universal

La práctica del amor sanador permite a los practicantes hacer circular su energía sexual y aprender a multiplicar y expandir sus orgasmos. En los capítulos anteriores has aprendido lo placenteros, sanadores y emocionalmente íntimos que estos ejercicios pueden llegar a ser. Has aprendido a generar energía sexual y a transformarla en una energía curativa tanto a nivel físico como emocional.

Tal vez no hayas pensado nunca (o no te han enseñado) que había tanta alegría y poder esperándonos en nuestros órganos reproductores. Sin embargo, para los taoístas, la cosa no acaba aquí. Esta energía sexual que has aprendido a cultivar puede convertirse en una energía espiritual que te transforme y transforme las relaciones que mantienes tanto con tu pareja como con el mundo en general.

La pasión y la compasión que desarrollas con tu pareja a través del amor sanador puede afectar profundamente a vuestra relación mutua y a las relaciones que mantienes con las demás personas de tu vida. Según los taoístas, el amor y el éxtasis que sentimos en los momentos más íntimos de nuestra relación es simplemente una muestra del Amor Universal y de la venturosa unión con la Fuerza Original del universo que podemos experimentar a medida que crecemos espiritualmente.

A diferencia de muchas otras tradiciones espirituales, el Tao no valora los beneficios espirituales del amor sanador por encima de los sexuales, los emocionales o los que atañen a la salud. Evidentemente, todos ellos son simultáneos y complementarios. Hemos estructurado el presente libro con las prácticas espirituales al final porque en nuestros cuerpos hay un continuum de energía que va desde la más densa y palpable, que es la energía sexual (*ching chi*), hasta la más sutil, que es la energía espiritual (*shen*).

También hay una progresión natural que va desde nuestra energía sexual hasta nuestra vida emocional y después a la espiritual. Si no cultivamos nuestra vida sexual o nuestra vida emocional antes de embarcarnos en la vía es-

Si no cultivamos nuestra vida sexual o nuestra vida emocional antes de embarcarnos en la vía espiritual, descubriremos que nuestro progreso espiritual queda minado por nuestros deseos sexuales reprimidos y nuestras necesidades emocionales insatisfechas.

piritual, descubriremos que nuestro progreso espiritual queda minado por nuestros deseos sexuales reprimidos y nuestras necesidades emocionales insatisfechas. Por esta desgraciada razón se ha descubierto que muchos líderes espirituales llevan secretamente una vida sexual que prohíben a sus seguidores. Aún no han aprendido a integrar su vida sexual y emocional. El Tao entiende que todos somos humanos, incluso los líderes, y que no podemos escapar al hecho de que somos criaturas encarnadas con necesidades físicas además de las espirituales.

Transformar la energía sexual en energía espiritual

La energía sexual puede convertirse en energía espiritual haciéndola circular por el cuerpo a lo largo de la órbita microcósmica que aprendiste en el Capítulo 3 y que usaste para cultivar tu energía sexual en capítulos anteriores. Los taoístas decían que haciendo circular la energía por el cuerpo nueve veces (su número sagrado) se transforma en energía espiritual. Además, la circulación refina la energía haciendo que al cuerpo le resulte más fácil almacenarla y asimilarla.

El amor también es muy importante para generar energía espiritual. Recuerda que para los taoístas el amor es mucho más que un sentimiento efímero o un constructo mental: es una energía corporal centrada en el corazón. Cuando la energía sexual (de los genitales) y la energía amorosa y compasiva (del corazón) se combinan, se produce una energía estable y nutritiva. Esta energía os permitirá profundizar y hacer crecer espiritualmente a ti mismo, a tu relación de pareja y a tu relación con el mundo en general.

> **Cuando la energía sexual (de los genitales) y la energía amorosa y compasiva (del corazón) se combinan, se produce una energía estable y nutritiva.**

Compasión: las virtudes de nuestra vida espiritual

La cualidad de nuestra energía (chi) es tan importante como la cantidad. Mientras que las prácticas propuestas en este libro te permitirán multiplicar enormemente la energía de que dispones en tu vida, es esencial que dicha energía sea positiva en lugar de negativa. Para cultivar nuestra energía positiva hemos de cultivar nuestras mejores cualidades emocionales y espirituales, que los taoístas llamaban virtudes. En el capítulo anterior hicimos un breve comentario introductorio sobre este tema cuando tratamos sobre el cultivo de la energía positiva en nuestra relación romántica. En esta sección ampliaremos nuestra exposición anterior y explicaremos la importancia de cultivar las cualidades positivas en nuestras relaciones y en nuestra vida en general.

Los taoístas creen que todos nacemos dotados de virtudes como el amor, la delicadeza, la bondad, el respeto, la honestidad, la justicia y la rectitud. Éstas son las cualidades positivas de nuestras emociones y, de una manera muy característica en su enraizada perspectiva, los taoístas las conectaban con nuestros órganos corporales. Cuando expresamos estas virtudes, nuestra energía de vida (chi) fluye suave y eficazmente. Pero si descuidamos el cultivo de las virtudes, corremos el riesgo de canalizar la energía sexual adicional que hemos generado hacia las emociones negativas, exacerbando cualquier tendencia neurótica que podamos tener. (Recuerda que habitualmente exudamos las energías emocionales que más prevalecen en nosotros.)

Aunque nacemos virtuosos, es inevitable que durante nuestro proceso de crecimiento nos encontremos con ciertas emociones como el miedo, el enfado, la crueldad, la impaciencia, la preocupación, la tristeza y la pena. Dichas emociones, si dejamos que se enconen, pueden perjudicar nuestra salud y debilitar nuestro sistema inmunitario. La medicina moderna reconoce actualmente que la presencia de emociones negativas, como el enfado y el miedo, pueden dejar el sistema inmunológico corporal agotado antes de que aparezcan los síntomas clínicos de la enfermedad. Dichas emociones también pueden polucionar nuestras relaciones personales y nuestra relación con el mundo en general.

Algunas tradiciones espirituales nos apremian a librarnos de estas emociones y de la energía negativa. Así como la práctica taoísta no reprime la sexualidad ni la energía sexual, tampoco reprime estas emociones negativas ni la energía negativa que las acompaña. Las emociones negativas son parte natural e inevitable del ser humano, como el día y la noche, el calor y el frío, el blanco y el negro. No podemos escapar de esta basura emocional del mismo que modo que tampoco podemos evitar generar las basuras y residuos reales. Para los taoístas, todo es energía. Su solución consistía en reciclar la energía y las emociones negativas en emociones positivas o virtudes. En nuestras emociones negativas hay una energía muy valiosa, del mismo modo que el reciclado de basuras puede producir una inmensa fuente de energía. Según los taoístas, nada debe echarse a perder.

En el último capítulo aprendiste a reciclar y cultivar tu energía y tus emociones negativas convirtiéndolas en positivas. Transformando el odio en amor, la tristeza y la depresión en coraje, la preocupación en apertura, el miedo en delicadeza y el enfado en bondad, literalmente desintoxicamos nuestros cuerpos, nuestras emociones y nuestro espíritu.

> Transformando el odio en amor, la tristeza y la depresión en coraje, la preocupación en apertura, el miedo en delicadeza y el enfado en bondad, literalmente desintoxicamos nuestros cuerpos, nuestras emociones y nuestro espíritu.

El cultivo de la compasión

Para los taoístas, la compasión es la expresión más elevada de la emoción humana y de la energía virtuosa. La compasión no es una virtud más sino la culminación de todas las virtudes, expresada en un momento dado como una mezcla de justicia, bondad, delicadeza, honestidad, respeto, coraje y amor. Cuando una persona es compasiva, tiene el poder de expresar todas y cada una de las virtudes enumeradas en el momento justo.

Debemos señalar que la gente no suele tener una idea clara de qué es la compasión, y a menudo se confunde con la simpatía. Según el Tao, la simpatía es una debilidad que muestran los individuos cuando se dejan afectar fácilmente por las emociones de los demás. La compasión está más relacionada con la empatía, un estado de conciencia más elevado que permite reconocer las expresiones emocionales de los demás sin dejarse desequilibrar por ellas. La diferencia entre empatía y compasión reside en que la compasión no se considera una emoción o sentimiento, sino un estado de conciencia superior del que irradian de manera natural las mejores cualidades humanas. En resumen, los taoístas consideraban que la compasión es la forma más refinada y mejor de la energía de vida.

Antes de poder abrir nuestro corazón y el resto de nosotros a nuestra pareja y a las demás personas de nuestra vida, debemos asegurarnos de que transformamos las emociones negativas que llevamos con nosotros y cultivamos la compasión por nosotros mismos, nuestra pareja y las demás personas de nuestra vida. A medida que cultivas el autoamor y el amor por tu pareja, también puedes llevar ese amor al resto de tu vida. La compasión nos permite amar incondicionalmente y, por lo tanto, aceptar el mundo tal como es sin sufrir.

> **La compasión nos permite amar incondicionalmente y, por lo tanto, aceptar el mundo tal como es sin sufrir.**

Mientras practicas el ejercicio llamado «El ciclo de la compasión» que te proponemos a continuación, recuerda que has de relajarte y respirar. La relajación y la respiración profunda permitirán que tu cuerpo se abra y que te resulte más fácil hacer circular y unificar tus energías corporales. (Para localizar los órganos, véase ilustración de la página 180).

Revelar quiénes somos

Para los taoístas, el microcosmos (nuestro cuerpo, nuestra relación) está inextricablemente vinculado con el macrocosmos (el planeta, el resto de la humanidad). A medida que sanamos, nos transformamos y transformamos nuestra relación más íntima, también sanamos y transformamos todas nuestras relaciones y el mundo en su totalidad.

En *El hombre multiorgásmico*, explicamos que cuanto más placer damos, más placer recibimos. Cuanto más curamos, más somos curados. En *La pareja multiorgásmica* hemos intentado mostrar que cuanto más nos abrimos física, emocional y espiritualmente a nuestra pareja, más placentero y profundo será el encuentro sexual y la relación en general. Cuanto más revelamos de nosotros mismos, más alegría y amor podemos compartir entre nosotros y con el mundo.

Los orgasmos múltiples son parte de un proceso de desarrollo de «hacerse uno» con la pareja y con el mundo. Según el Tao, y también según la física moderna, el mundo está pulsando continuamente. Cuando llegamos al orgasmo, nos armonizamos con nuestra pareja, con el mundo y con su pulsación.

Ejercicio 27

EL CICLO DE LA COMPASIÓN

1. EL CORAZÓN: comienza centrándote en el corazón. Sonríe a tu corazón sintiéndolo suave y amoroso. Mentalmente, haz girar en espiral la energía amorosa dentro de tu corazón.

2. LOS RIÑONES: ahora lleva la atención hacia los riñones (en la espalda, a la altura del ombligo y a ambos lados de la columna). Sonríeles y deja que un sentimiento de delicadeza se eleve hasta tu corazón. Haz girar en espiral la energía recién llegada al corazón para que se mezcle con la energía amorosa que ya estaba presente.

3. EL HÍGADO: ahora lleva la atención hacia el hígado (en el lado derecho, debajo de la caja torácica). Sonríele y deja que un sentimiento de bondad se eleve hasta el corazón. Haz girar en espiral la energía que llega al corazón de modo que empiece a mezclarse con el resto de la energía que ya estaba allí.

4. DE NUEVO AL CORAZÓN: vuelve a tomar conciencia del corazón. Sonríele y, en esta ocasión, siente amor, alegría y felicidad. Haz girar la energía en espiral en tu corazón de modo que se mezcle con el resto de la energía que ya estaba presente.

5. EL BAZO: ahora lleva la atención hacia el bazo (en el lado izquierdo, debajo de la caja torácica). Sonríele y permite que el sentimiento de apertura y equidad se eleve hacia el corazón. Haz girar esa energía en el corazón de modo que se mezcle con el resto de la energía presente.

6. LOS PULMONES: finalmente, lleva la atención a los pulmones. Sonríeles y deja que un sentimiento de coraje y rectitud fluya hacia tu corazón. Haz girar esa energía en espiral dentro de tu corazón de modo que se mezcle con el resto de la energía allí presente, y que juntas se conviertan en energía compasiva.

Cuanto más nos abrimos física, emocional y espiritualmente a nuestra pareja, más placentero y profundo será el encuentro sexual y la relación en general. Cuanto más revelamos de nosotros mismos, más alegría y amor podemos compartir entre nosotros y con el mundo.

Ésta es la causa de que la sexualidad sea tan vital para nuestra salud física, emocional y espiritual. Cuanto más nos abrimos y nos hacemos uno con nuestra pareja, más nos hacemos uno con el mundo. En el capítulo siguiente expondremos cómo cultivar el placer y el amor, la alegría y la compasión, durante toda la vida en nuestra relación más íntima.

CAPÍTULO 8

Hacer el amor durante toda una vida

En este capítulo descubrirás:

- Formas de armonizar las diferencias que surjan entre vuestros deseos.

- Cómo tratar con las idas y venidas del deseo.

- Salud sexual para mujeres mayores, hombres mayores y parejas mayores.

- La técnica de la entrada suave para superar problemas de erección.

- Cómo mantener la carga sexual en tu relación.

- El verdadero secreto de la sexualidad.

La sexualidad taoísta no tiene tanto que ver con la excitación que nos produce lo nuevo como con la excitación que nos produce lo conocido. Los taoístas entienden que el conocimiento de la propia pareja tiene un potencial infinito, ya que nosotros, como el universo mismo, estamos en perpetuo cambio.

En Occidente tendemos a creer que la cumbre de la pasión se alcanza en la noche de bodas. Seguidamente, y de acuerdo con la suposición cultural, la pasión y el placer sexual decrecen lentamente a lo largo de los años hasta que llegamos a aceptar nuestra insatisfacción sexual o buscamos otros compañeros. Los taoístas sabían que no tenía por qué ser así. De hecho, para ellos la noche de bodas sólo era el principio de toda una vida amorosa cada vez más placentera y satisfactoria a medida que vamos aprendiendo y entendiendo los rasgos sutiles del cuerpo, de las emociones y del espíritu de nuestra pareja. En concreto, a los hombres y a muchas mujeres les resulta más fácil sentir múltiples orgasmos a medida que envejecen. También es más fácil experimentar las alturas del amor sanador cuando tu pareja y tú habéis crecido juntos en todos los niveles: físico, emocional y espiritual.

Este capítulo explica los ciclos por los que todas las parejas pasan a medida que el deseo mutuo y lo que cada uno necesita del otro va cambiando con los meses y los años. La sexualidad taoísta no tiene tanto que ver con la excitación que nos produce lo nuevo como con la excitación que nos produce lo conocido. Los taoístas entienden que el conocimiento de la propia pareja tiene un potencial infinito, ya que nosotros, como el universo mismo, estamos en perpetuo cambio.

Las idas y venidas del deseo

Aunque es natural que vayamos cambiando y creciendo a lo largo de nuestra vida, los cambios pueden resultar sorprendentes, e incluso aterradores, tanto para nosotros mismos como para nuestra pareja. A medida que la intensidad de nuestro deseo vaya variando según los ciclos familiares, laborales y de salud, es importante que aprendamos a adaptar nuestra vida sexual sin caer en la desconfianza ni sentirnos traicionados.

Para la mayoría de las personas, la relación sexual es el lugar de la máxima vulnerabilidad. Resulta difícil no tomar como cosa personal la respuesta sexual de nuestra pareja. Hombres y mujeres suelen considerar el desinterés sexual de su pareja como un juicio o una crítica. Es importante recordar que generalmente se trata de una etapa del ciclo y no de un suceso irreversible. El deseo sexual de hombres y mujeres depende de las hormonas, que están en contante flujo y reflujo en nuestro cuerpo. Los problemas familiares y de salud también pueden empañar nuestro deseo sexual durante ciertos períodos de tiempo. Dicho esto, es esencial comentar abiertamente estas fluctuaciones sexuales y evitar que se prolonguen excesivamente sin explorar sus causas.

Esto es importante tanto por razones emocionales como fisiológicas. A nivel emocional, es importante evitar prolongar el dolor y la desconfianza que nos produce la frialdad de nuestra pareja. A nivel hormonal, como comentamos en el Capítulo 4, cuanto más abierto al sexo está nuestro cuerpo, más sexo quiere. Cuanto más tiempo pasemos sin tener un encuentro sexual, más contacto perderemos con nuestra expresión sexual personal. Finalmente, a nivel fisiológico, también es importante mantener las tuberías en funcionamiento, sobre todo cuando llegamos a cierta edad.

Evidentemente, el problema surge cuando uno de vosotros tiene ganas de retozar y el otro no está por la labor. Seguidamente facilitamos una lista de opciones que os permitirán salvar vuestra vida sexual y preservar el amor y la confianza existentes en la relación. Los taoístas siempre han sabido que cuando hay desarmonía en el dormitorio no puede haber armonía en la relación. Por lo tanto, es esencial resolver esos momentos de desarmonía y conflicto conyugal por el bienestar y la felicidad de la relación en general.

Armonizar deseos divergentes

¿Qué hacer cuando uno de vosotros quiere sexo y el otro no?

Es esencial establecer una comunicación abierta y honesta sobre los ciclos de deseo que cada uno de vosotros experimenta. Dicha comunicación suele depender del lenguaje corporal, pero es muy fácil malinterpretar o no entender exactamente las señales del cuerpo de nuestra pareja. En lugar de reaccionar con decepción y dolor, es fundamental que expresemos nuestro deseo verbalmente y que invitemos a nuestro compañero o compañera a expresar el suyo.

Existen varias opciones satisfactorias para intercambiar energía sexual cuando un miembro de la pareja no está interesado en el coito o en el encuentro sexual. Es importante recordar que el amor sanador es mucho más que los orgasmos múltiples. Existen varias maneras de asegurarse la calidad de la relación sexual y de la relación en general.

1. *Si inicias el encuentro sexual, no debes tomarte personalmente los altibajos de la respuesta sexual de tu pareja, ni considerarlos un reflejo de tu atractivo o deseabilidad.* Esta ecuanimidad suele ser difícil de conseguir. Desde las primeras experiencias románticas y de relación que vivimos durante la adolescencia estamos acostumbrados a tomar el interés que despertamos en el otro como una señal de nuestro atractivo y deseabilidad. Como comentamos en el Capítulo 6, «Hacer el amor de verdad», los taoístas sabían que el amor tiene más que ver con nuestra propia capacidad de amar que con el hecho de si nuestra pareja merece o no merece ser amada. Además, la atracción tiene más que ver con nuestro propio nivel de energía sexual que con lo atractiva que sea nuestra pareja. En otras palabras, para sentir deseo o atracción hacia otra persona, debemos tener acceso a nuestra propia energía sexual.

Las facetas más superficiales de nuestra cultura nos bombardean continuamente con imágenes de belleza escultural, de pechos hinchados por la silicona y estómagos planos como una tabla, por lo que no es difícil concluir

La atracción tiene más que ver con nuestro propio nivel de energía sexual que con lo atractiva que sea nuestra pareja.

que si nosotros mismos o nuestra pareja fuéramos más atractivos, uno, otro, o ambos sentiríamos más deseo sexual. Contradiciendo la opinión popular, la energía sexual se genera primera y principalmente en el cuerpo de cada individuo. Como cualquier otro aspecto de nuestra salud, la energía sexual debe ser ejercitada y cultivada individualmente por cada uno de nosotros.

2. *La expresión de nuestro deseo sexual nos hace sentirnos extremadamente vulnerables, y la invitación al encuentro sexual no debe ser nunca evitada ni descartada, aunque uno de los participantes no tenga ganas.* Si no sentimos deseo, es responsabilidad nuestra decírselo a nuestra pareja con amor, evitando que sienta dolor o vergüenza.

3. *Si en ese momento no estás interesado en el sexo, da la cara a tu pareja, no la espalda.* Cuando tu pareja sienta deseo sexual y tú no, no te limites a darte la vuelta en la cama y quedarte dormido. Expresa esa falta de deseo, pero comparte tu amor y tu afecto. Abraza y besa a tu pareja antes de quedarte dormido. Como ya hemos comentado, el toque, sea sexual o no, es esencial para mantener el vínculo con nuestra pareja. Podemos transmitir mucha energía amorosa y curativa con el contacto y con los labios sin sentir deseo sexual.

4. *En el sexo, más vale errar por exceso que por defecto.* Nadie debe tener un encuentro sexual no deseado, pero muchas veces lo único que ocurre es que no estamos en contacto con nuestra energía sexual. Puede que nuestra energía sexual no esté activada, pero podemos acceder a ella con un poco de esfuerzo. Resulta fácil quemar mucha energía con la familia y en las responsabilidades laborales; así, cuando llegamos a la cama, es muy fácil que uno de nosotros esté más interesado en quedarse dormido que en el encuentro sexual. Si eres tú el que desea dormir, considera el deseo sexual de tu pareja como una oportunidad de conectar con el tuyo, de sentir la placentera y vivificante energía sexual. Si practicas el amor sanador, descubrirás que la mayoría de las veces te sentirás contento después de haberlo hecho. Por otra parte, si ambos sois multiorgásmicos, podéis tener un encuentro sexual extremadamente satisfactorio con la rapidez suficiente como para que apenas os quite tiempo de sueño. Si tu falta de deseo es consecuencia de la desarmonía reinante en la relación, dile a tu pareja que quieres comentar algo que te molesta o mira si el toque amoroso puede limar esas asperezas. En cualquier caso, si uno de vosotros está demasiado exhausto para tener un encuentro sexual o si no le interesa por la razón que fuera, os animamos a optar por la posibilidad siguiente:

5. *Elegir un momento alternativo para hacer el amor.* Podéis elegir la oración matinal o reservar tiempo durante el fin de semana, pero en cualquier caso es importante planear la satisfacción de tus apetitos sexuales con la misma precisión y antelación con que planeas satisfacer tus apetitos físicos. Quedad de acuerdo para acostaros temprano o reservad tiempo del modo que sea para plasmar claramente vuestra intención sexual. Por otra parte, si no deseas ha-

cer el amor, hay otras maneras de expresar tu sexualidad y de satisfacer el deseo de tu pareja. Las comentamos en el apartado siguiente.

Actividad sexual sin hacer el amor

Además de los posibles acuerdos que hemos mencionado, hay otros tipos de encuentro sexual que os permitirán armonizar los ciclos de vuestro deseo cuando uno de vosotros tenga más energía sexual que el otro.

HACER EL AMOR CON LA BOCA Y/O LAS MANOS

Si uno de los miembros de la pareja no está interesado en el coito pero está dispuesto al encuentro sexual, puede querer practicar el sexo oral o manual, satisfaciendo a su compañero o compañera con la boca o las manos. La persona que da sexo oral recibe gran cantidad de energía sexual de su pareja. Como mencionamos anteriormente, los taoístas creen que el hombre puede absorber chi de los «tres picos» del cuerpo de una mujer (su lengua, sus pezones y su vagina). Asimismo, la mujer puede absorber el chi del hombre de su lengua, de sus pezones y de su pene. El sexo oral y manual también te dará la oportunidad de explorar los genitales de tu pareja de una manera que no solemos permitirnos cuando el coito constituye el evento principal. Esta alternativa resulta muy práctica cuando un miembro de la pareja está incapacitado por razones de salud o por otras causas. Aunque el sexo oral o manual es ciertamente una alternativa feliz para la persona que siente más deseo sexual, puede exigir demasiado esfuerzo del que está cansado o no está interesado en el sexo. Por esta razón, siempre podemos practicar el cultivo solitario en manos del amado o de la amada.

CULTIVO SOLITARIO EN MANOS DEL AMADO

Cuando un miembro de la pareja no está interesado o está demasiado cansado para la implicación energética que exige la alternativa anterior, o simplemente como otra forma de vivir la intimidad, el miembro de la pareja que siente más deseo sexual puede darse placer en los brazos de su amado o amada.

Muchas personas sienten vergüenza de masturbarse en solitario, por lo que la masturbación, o el cultivo solitario como la llaman los taoístas, puede resultar aún más chocante en brazos de tu pareja. De hecho, es una magnífica manera de mostrarle los toques que más te gustan y de superar la vergüenza que tanta gente siente a la hora de masturbarse. Cuando sacamos el cultivo solitario del aislamiento y lo compartimos, pierde buena parte de su estigma. Tu pareja puede abrazarte o simplemente poner las manos sobre tu cuerpo. Es posible que esas manos elijan acariciarte cuando vean que te estás divirtiendo mucho, pero olvida las expectativas a este respecto.

En uno de los estudios citados anteriormente, se llegó a la conclusión de que más del 70 por 100 de los hombres y mujeres casados se masturban. El autoplacer no debe sustituir al sexo marital, pero es un valioso complemento. Si podéis mantener una discusión abierta sobre esta parte natural de la sexualidad humana e incluso practicarla abiertamente dentro del dormitorio, podréis armonizar vuestros ciclos sexuales y tender un puente entre el deseo de ambos, evitando este escollo que tantas disputas produce en otras parejas.

CULTIVO SOLITARIO EN SOLEDAD

Si no te interesa el cultivo solitario en compañía de tu pareja o si a tu pareja no le interesa abrazarte mientras te cultivas, siempre puedes salir de la cama y darte placer en alguna otra parte. Recuerda que el cultivo solitario está vinculado con el mantenimiento de la salud y de la energía sexual. El hecho de que tu pareja no quiera hacer ejercicio no implica que tú no debas hacerlo. Aunque tu pareja no quiera ponerse el chandal y salir a correr, es posible que tú desees hacerlo. Según el Tao, cada uno de nosotros tenemos energía masculina y femenina, yin y yang, y podemos unir estos dos aspectos internos cuando hacemos el amor con nosotros mismos.

MASAJE

Si el problema es que no tienes deseo sexual pero no estás cansado, puedes intercambiar un masaje con tu pareja. El masaje es un importante y maravilloso complemento del sexo que debes incluir entre tus herramientas amorosas aunque hagas el amor regularmente. Mientras masajeas a tu compañero o compañera, trata de alternar los toques ligeros como una pluma con las presiones más intensas. Si tu pareja está demasiado cansada para intercambiar masajes, ofrécete a dárselo unilateralmente. A menudo tratamos de satisfacer todas nuestras necesidades de contacto en el encuentro sexual. Tocar y ser tocados libera oxitocina, produciendo una sensación de bienestar. Si tu pareja no desea tocarte, puedes ofrecerte para tocarle a ella. Puede que esté dispuesto o dispuesta a que te estimules con su cuerpo. Frotar tus genitales con sus glúteos, piernas o espalda puede resultar muy placentero y concluir un masaje muy agradable para ambos.

TOQUE

Aun cuando uno de vosotros o ambos estáis demasiado cansados para hacer el amor o dar y recibir un masaje, os recomendamos decididamente que dediquéis unos minutos, o incluso unos segundos, a tocaros y besaros antes de dormir. Esto os permitirá armonizar vuestras energías y volver a conectar después de días de separación (física o emocional).

El toque, como sabes perfectamente a estas alturas, es muy importante tanto bioquímica como energéticamente. Cuando le abraces y beses, envía a tu pareja amor sanador a través de los puntos de contacto. (Recuerda que también transmitimos energía a través de los ojos y de la sonrisa.) La secreción de oxitocina que se produce cuando os tocáis aumentará vuestro afecto y fortalecerá el vínculo mutuo.

Hacer el amor durante toda una vida

Como estaban muy conectados con el mundo natural, los taoístas consideraban que nuestra vida se divide en estaciones: primavera, verano, otoño e invierno. Sin embargo, también se dedicaban apasionadamente a buscar la longevidad y la inmortalidad. Como comentamos en el Capítulo 5, los taoístas descubrieron que la fuente de la juventud hallada en el dormitorio era tan importante en la vejez como en las demás etapas de la vida. Sus propuestas han sido confirmadas por muchos estudios recientes, algunos de los cuales ya comentamos en el capítulo anterior. Los taoístas creían que la gente debía hacer el amor hasta el día de su muerte.

En nuestra cultura glorificamos la sexualidad de los jóvenes y denigramos la sexualidad de los ancianos. A los hombres mayores que siguen sintiendo deseo sexual les llamamos viejos verdes. Asumimos que la capacidad sexual masculina llega a su punto álgido en la adolescencia y a partir de ahí declina, pero esto demuestra que no llegamos a entender plenamente el funcionamiento sexual. La fuerza sexual no reside únicamente en la potencia (la cantidad de esperma), la velocidad con la que se consigue la erección o la distancia a la que un hombre puede lanzar su semen cuando eyacula.

Para los taoístas, el sexo no era un deporte olímpico. El verdadero poder sexual, según creían, está relacionado con la capacidad de satisfacerse uno mismo y de satisfacer a nuestra pareja. Esta capacidad puede aumentar a lo largo de la vida según nos adaptamos a los cambios que inevitablemente van ocurriendo. Hay muchas cosas que los hombres pueden hacer para mantenerse interesados en el sexo y en el placer a medida que envejecen.

En nuestra cultura también se asume que las mujeres mayores pierden todo interés en el sexo, y a las mujeres postmenopáusicas se les suele tildar de ancianas o vejestorios. Aunque la fertilidad de la mujer también llega al punto más alto al principio de la edad adulta, su capacidad de sentir placer sexual puede expandirse a lo largo de toda la vida. Cuando llega el final de la fertilidad en la menopausia, muchas mujeres descubren que sienten más deseo sexual que antes, porque el nivel relativo de testosterona aumenta. Hay ciertos cambios fisiológicos que tienen lugar en la menopausia, pero pueden ser integrados, e incluso pospuestos, por medio de tratamientos hormonales o de otro tipo que comentamos más adelante.

A diferencia de lo que indican los estereotipos culturales, la gente de la tercera edad suele tener muchos más encuentros sexuales de lo que se piensa habitualmente. En una encuesta llevada a cabo por la revista *Consumer Report* sobre una muestra de 4.246 hombres y mujeres, se llegó a la conclusión

Los taoístas creían que la gente debe hacer el amor hasta el día de su muerte.

El 80 por 100 de los hombres y mujeres casados de más de setenta años mantienen actividad sexual. El 58 por 100 de ellos mantienen al menos un encuentro sexual semanal.

de que el 80 por 100 de los hombres y mujeres casados de más de setenta años mantienen actividad sexual. El 58 por 100 de ellos mantienen al menos un encuentro sexual semanal [1].

Evidentemente, el sexo cambia a medida que nos hacemos mayores y nuestros cuerpos se transforman, pero esto no significa que debamos deslizarnos hacia la obsolescencia sexual. Por otra parte, es fácil preocuparse por la pérdida de la respuesta sexual que tuvimos en la adolescencia o en la juventud. Cometemos el error de asumir que nuestro deseo seguirá igual en todas las etapas de la vida. Nos preocupa que nuestra sexualidad —o la de nuestra pareja— cambie, pasando a ser otra cosa de lo que estábamos acostumbrados.

Como las investigaciones médicas sobre el funcionamiento hormonal están dejando cada vez más claro, nuestro deseo sexual cambia dramáticamente a lo largo de la vida, y dichos cambios varían según los sexos y de un individuo a otro según su perfil hormonal. Es importante recordar que cada etapa de la vida sexual y cada década ofrece sus posibilidades únicas en el ámbito de la pasión. De hecho, cada nueva etapa nos ofrece la oportunidad de profundizar en la relación si somos capaces de superar las dificultades y tensiones que se presentan en los momentos de transición.

El estereotipo que afirma que los hombres quieren sexo y las mujeres romance pierde progresivamente veracidad a medida que hombres y mujeres envejecen. Con la edad, los niveles de testosterona descienden en los hombres, mientras que en las mujeres mayores el nivel relativo de testosterona (con relación a las demás hormonas) aumenta. En el lenguaje del Tao podemos decir que los hombres se hacen más yin y las mujeres más yang. El resultado final es que hombres y mujeres se hacen más compatibles al envejecer porque sus niveles hormonales no son tan dispares [2].

El amor mejora cada vez más

Según los taoístas, el objetivo de nuestra vida amorosa es lograr un nivel de intimidad y crecimiento espiritual cada vez mayor. Como el amor sanador se basa en el intercambio extático de energías sutiles y no en el frenesí aeróbico del movimiento carnal, la satisfacción sexual no se fundamenta en tener un cuerpo núbil. Aunque el frenesí es genial mientras dura y maravilloso cuando se recupera, los taoístas saben que tan sólo es un modo de compartir el amor con la pareja.

Los taoístas afirman que se requieren siete años para conocer el cuerpo de tu pareja, otros siete para conocer su mente y siete más para conocer su espíritu.

Los taoístas afirman que se requieren años para alcanzar las alturas más elevadas de la unión física, emocional y espiritual. Se suele decir que hacen falta siete años para conocer el cuerpo de tu pareja, otros siete años para conocer su mente y siete más para conocer su espíritu. ¡Según el Tao, hacen falta veintiún años para llegar a conocerse! Cuanto más estemos juntos, más nos conoceremos y más mejorará nuestro vínculo.

Esta antigua comprensión se vio confirmada por un estudio universitario destinado a las parejas mayores en el que los investigadores descubrieron que, a diferencia de lo que presentan los estereotipos culturales, «el amor entre ancianos es el mejor amor». Robert W. Levenson, profesor de psicología de la Universidad de California en Berkeley, concluyó:

> Pensábamos que en estas relaciones encontraríamos cierta cualidad de cansancio o hastío. Pero no fue eso lo que descubrimos. Estos hombres y mujeres vibran, están vivos, son emocionales, son divertidos, son sexys, no están frustrados [3].

Según otro estudio recientemente realizado sobre personas de la tercera edad, aquellos que mantienen su actividad sexual son los ciudadanos más felices de todos. Pero, para mantenerte sexualmente activo, tienes que conservar tu salud sexual y aprender a responder a las necesidades fisiológicas de tu cuerpo.

Salud sexual para la mujer mayor

ANTES DE LA MENOPAUSIA

Los cambios más significativos en el deseo y en la respuesta sexual suelen ocurrir cerca de la menopausia o durante ésta. La producción de hormonas sexuales femeninas empieza a declinar entre diez y quince años antes de que se detenga el período, normalmente entre las edades de cuarenta y cincuenta años. Generalmente estas mujeres han tenido vidas sexuales muy satisfactorias y notan una reducción de su deseo sexual y de su capacidad de llegar al orgasmo.

Además de la reducción de las hormonas sexuales, esta etapa de la vida puede coincidir con muchas circunstancias externas que exigen esfuerzo, como la de tener niños pequeños, padres mayores, responsabilidades laborales, y así sucesivamente. Debido a todo ello, las mujeres suelen sentir síntomas de depresión clínica hacia estas edades, entre los cuarenta y los cincuenta años, y esto suele afectar radicalmente su apetito sexual. En esta etapa es importante consultar a un médico para ver si tus cambiantes niveles hormonales requieren tratamiento. Muchas mujeres que aún no han alcanzado la etapa menopáusica pueden beneficiarse de los anticonceptivos orales de baja dosis, que elevarán su nivel de estrógenos y su deseo sexual [4].

MENOPAUSIA

Con la entrada paulatina en la menopausia, las mujeres sufren síntomas aún más severos de lo que a menudo es una dramática reducción del nivel de estrógenos. Muchas mujeres experimentan subidas de calor, estados de ansiedad e insomnio y alteraciones del estado de ánimo. Como si todo lo anterior no fuera suficiente para afectar al apetito sexual, también ocurren muchos

Aunque nuestra cultura denigra la sexualidad entre personas mayores, los taoístas pensaban que las personas debían seguir haciendo el amor hasta el día de su muerte.

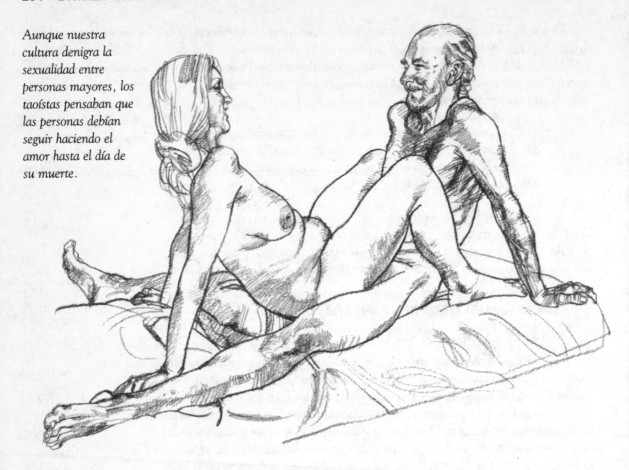

cambios fisiológicos en los órganos sexuales de la mujer. Se produce un adelgazamiento significativo de los tejidos vaginales, que suele ir acompañado de infecciones y picores. Y para complicar aún más el problema, la reducción del nivel de estrógenos produce una disminución de la lubricación vaginal.

Afortunadamente, muchos de estos problemas sexuales pueden remediarse a través de la terapia hormonal o de otros métodos alternativos. Vale la pena añadir que, si decides no hacer nada, las subidas de calor, la ansiedad, el insomnio y las alteraciones anímicas tienden a desaparecer cuando la transición se completa (generalmente, en el plazo de uno o dos años después de que se detiene la menstruación). Desgraciadamente, el adelgazamiento de la pared vaginal y la reducción de la lubricación, que a veces producen dolor durante el coito, permanecen. En cualquier caso, estos cambios pueden minimizarse empleando un buen lubricante y penetrando con más delicadeza durante el coito. Las cremas de aplicación externa a base de estrógenos también pueden ayudar a reducir la irritación vaginal y la sequedad. Como antes mencionamos, cuando las mujeres acaban de atravesar la menopausia, su nivel relativo de testosterona es más alto, por lo que algunas de ellas experimentan un resurgir del deseo sexual.

La terapia hormonal es una opción importante para muchas mujeres menopáusicas. Se ha comprobado que aumenta el deseo, la sensibilidad, y tanto la intensidad como la frecuencia del orgasmo[5]. También alivia los síntomas de la menopausia antes descritos, siempre que se aplique con continuidad. Por desgracia, aún no disponemos de estudios sobre sus efectos a largo plazo. Aunque esta terapia parece segura para la gran mayoría de las mujeres, existe cierta preocupación respecto al hecho de que puede aumentar la probabilidad de sufrir un cáncer de pecho. La terapia hormonal reduce el riesgo de osteoporosis y fracturas, pero sus efectos sobre las enfermedades de corazón y la apoplejía no están claros. Ya se están llevando a cabo estudios que clarificarán estos riesgos[6]. Si te estás planteando la posibilidad de emplear esta terapia, debes discutir con tu médico las opciones de que dispones y los factores de riesgo.

La terapia hormonal aumenta el placer sexual para la mayoría de las mujeres, aunque muchas de ellas siguen experimentando una reducción del deseo sexual después de la menopausia. Esto se debe a que el estrógeno, la hormona que está siendo reemplazada, es tan sólo una más de las hormonas cuya producción se reduce durante la menopausia. Los niveles de testosterona y otras hormonas similares también disminuyen, produciendo la consiguiente reducción del deseo sexual. Existen estudios fiables que demuestran que la testosterona mejora significativamente el apetito sexual y la satisfacción sexual en general (así como el estado de ánimo) de las mujeres postmenopáusicas durante breves períodos de tiempo. Las mujeres pueden tomar testosterona combinada con estrógenos en tabletas. Por desgracia, la testosterona por vía oral puede no ser eficaz a largo plazo y está asociada con ciertos riesgos para la salud[7]. Formas nuevas y más seguras de terapia hormonal estarán disponibles en un próximo futuro.

Para las mujeres que eligen no emplear la terapia hormonal existen otros suplementos disponibles que pueden facilitar la transición menopáusica. Los fitoestrógenos son estrógenos naturales que se encuentran en ciertos alimentos, sobre todo en los derivados de la soja. Aunque no ofrecen todos los beneficios de la terapia hormonal, añadir derivados de la soja a tu dieta puede aliviar algunos de los síntomas menopáusicos[8]. Las progesteronas naturales, en crema o por vía oral, también ayudan a aliviar los síntomas menopáusicos. El tratamiento de la menopausia está evolucionando rápidamente, y vamos a poder disponer de productos cada vez más nuevos y eficaces. Aunque algunos piensan que llegará el día en que la menopausia será tratada como cualquier otro desequilibrio hormonal, es importante mencionar que las mujeres han pasado por ella durante milenios y han continuado teniendo una vida sexual activa y satisfactoria.

Cuando las mujeres acaban de atravesar la menopausia, su nivel relativo de testosterona es más alto, por lo que algunas de ellas experimentan un resurgir del deseo sexual.

Aunque algunos piensan que llegará el día en que la menopausia será tratada como cualquier otro desequilibrio hormonal, es importante mencionar que las mujeres han pasado por ella durante milenios y han continuado teniendo una vida sexual activa y satisfactoria.

Salud sexual para el hombre mayor

Los hombres no sufren cambios hormonales tan drásticos como las mujeres, pero también sufren cambios hormonales significativos, entre los cuarenta y los cincuenta años, que los médicos están empezando a denominar «viropausia». Como ya hemos mencionado, los niveles de testosterona van disminuyendo en el hombre a lo largo de su vida, y esta reducción de las hormonas sexuales puede producir muchos cambios fisiológicos, especialmente a ciertas edades. Por ejemplo, la mayoría de los hombres de más de cincuenta años (a menudo antes) necesitan que la estimulación genital sea más directa y prolongada para conseguir y mantener la erección.

Los días de las erecciones espontáneas en medio de la clase de álgebra quedaron atrás. (Afortunadamente, también pasaron los días de las clases de álgebra.) Es muy posible que esas erecciones a destiempo nos dieran vergüenza, pero cuando esta respuesta sexual que ya se había hecho familiar cambia, los hombres pueden anhelar su retorno.

La erección del hombre también será menos firme y el ángulo de erección cuando esté plenamente erecto será menor. Estos cambios están relacionados con la fuerza física, y no son muy diferentes de otros cambios que se producen en el cuerpo masculino. El hombre no puede esperar levantar tanto peso o correr con la misma velocidad a los cincuenta que a los veinticinco. Pero los hombres suelen vincular su poder personal con su pene, y con la actuación de éste en el dormitorio. A los hombres les preocupa mucho más su pene que su bíceps. Por lo tanto, merece la pena seguir algunas directrices generales para mantener la salud sexual y disponer de ciertas técnicas que puedan ayudarte cuando tu motor no vaya tan ligero como antes.

PONER A PUNTO EL MOTOR

Los hombres mayores suelen necesitar una estimulación más directa de sus genitales, y es probable que les cueste más tiempo alcanzar la erección o volver a conseguirla después de eyacular. Por eso te recomendamos que aprendas una fiable técnica taoísta denominada «entrada suave». Todos los hombres, no sólo los hombres mayores, experimentan lo que se conoce como impotencia situacional, la incapacidad pasajera de tener una erección, en distintos momentos de sus vidas. Un estudio mostró que de los hombres entre cuarenta y setenta años, más de la mitad sufrían de impotencia periódicamente. La impotencia situacional puede ocurrir más frecuentemente a medida que los hombres envejecen, y los taoístas sabían que era una característica habitual de la sexualidad masculina. El secreto taoísta de la vida consistía en colaborar con la naturaleza, y por eso desarrollaron la técnica de la entrada suave, en la que el hombre puede penetrar a la mujer con el pene flácido o semierecto y conseguir rápidamente una saludable y alegre erección. En palabras de los taoístas, el hombre puede «entrar blando y salir duro».

El Emperador Amarillo: «Quiero disfrutar del coito pero el pene no se me levanta. Me siento tan avergonzado que el sudor me sale como perlas. En mi corazón, anhelo hacer el amor y me encantaría ayudarme con las manos. ¿Qué puedo hacer? Deseo escuchar el Tao».

Su Nu, una famosa consejera sexual taoísta: «El problema de su Majestad es un problema común a todos los hombres».

Su Nu, la famosa consejera sexual taoísta, en primer lugar enseñó al emperador a relajarse e intentar armonizarse con su pareja. Es esencial afrontar la situación sin miedo, sin culparse y sin culpar a la pareja. El sentido del humor suele ayudar.

Ahora sabemos que el miedo inicia el denominado «reflejo adrenalínico», también llamado «respuesta de lucha o huida». Cuando tenemos miedo, nuestro cuerpo piensa que tiene que huir o luchar por su supervivencia, y por lo tanto bombea la sangre hacia donde es más necesaria para que podamos correr o defendernos, alejándola de los genitales. Aunque esto tiene su sentido desde el punto de vista evolutivo —es mejor no tener una erección cuando estamos tratando de huir de un tigre dientes de sable—, sólo consigue empeorar las cosas en el dormitorio. Por tanto, relájate sabiendo que, efectivamente, «puedes ayudarte con las manos», que es lo que el Emperador Amarillo esperaba poder hacer. Si el problema para conseguir la erección se hace crónico, te sugerimos que leas la sección «Encantar la serpiente: superar la impotencia» en *El hombre multiorgásmico*.

La técnica de la entrada suave ayudará al hombre a conseguir la erección y a evitar el «reflejo adrenalínico», aunque también hay otras sugerencias que pueden ayudar en esos momentos de ansiedad. En primer lugar, puedes intentar concentrarte en algo erótico y excitante. Los pensamientos excitantes desplazarán a los pensamientos de ansiedad.

Además, puedes enfocar la atención en el placer de tu compañera y darle sexo oral o manual. Centrarte en tu propia erección mientras esperas que se produzca es como dedicarse a observar el agua que nunca llega a hervir. Dirigir la atención al placer de tu compañera tendrá un efecto maravilloso, especialmente si ella se acuerda de darte la estimulación genital que necesitas. Finalmente, si cuentas a tu compañera tus preocupaciones respecto a la erección, será más fácil que se disipe la tensión y puedas reorientar la atención hacia otros placeres que expandirán tu energía sexual.

El nivel de testosterona disminuye año a año en todos hombres después de alcanzar su punto máximo hacia los veinte, pero en algunos se reduce más drásticamente, produciendo una reducción del deseo sexual, menos ereccio-

Ejercicio 28

ENTRADA SUAVE

1. LUBRICA: la mujer debe estar totalmente lubricada. El hombre debe darle placer hasta que sus flujos fluyan con abundancia. También puede emplearse un lubricante artificial en la vagina y/o el pene.

2. EL HOMBRE SE PONE ENCIMA: generalmente será más fácil para el hombre estar encima, ya que de este modo la gravedad le ayuda a dirigir la sangre hacia el pene y dispone de toda la libertad de movimiento necesaria.

3. HAZ UN CÍRCULO ALREDEDOR DEL PENE CON EL PULGAR Y EL ÍNDICE: el hombre debe hacer un círculo con el pulgar y el índice alrededor de la base del pene, formando así un anillo con los dedos. Con este anillo ceñido al pene puede empujar la sangre hacia el glande. Así el pene se pondrá lo suficientemente duro como para penetrar a su compañera.

4. ENTRA Y COMIENZA A REALIZAR MOVIMIENTOS DE PENETRACIÓN: mantenido el anillo de los dedos en su lugar, el hombre debe insertar cuidadosamente el pene en la vagina de su compañera y empezar los movimientos de penetración. El anillo debe mantenerse hasta conseguir una erección firme.

5. CÉNTRATE EN EL PLACER: el hombre debe mantener la atención en la sangre y en la energía sexual que llenan su pene y concentrarse en las placenteras sensaciones del coito.

6. LA PAREJA AYUDA CON LAS MANOS: su pareja puede acariciarle los testículos o presionarle en el perineo (lo que le estimulará y hará que entre más sangre en su pene) o jugar con su ano (si le gusta la estimulación anal). También puede tocarle en cualquier otro lugar que favorezca su excitación, además de sonreírle, besarle o mostrar su placer a medida que empieza a moverse dentro de ella. Como mencionamos anteriormente, para un hombre no existe mayor afrodisíaco que el sonido que acompaña al placer de su compañera.

7. AJUSTA EL ANILLO QUE FORMAS CON LOS DEDOS: ajusta la presión del anillo a medida que el pene se vaya hinchando. (Para producir la erección, la sangre debe atravesar el anillo, por lo que no debe estar tan ajustado como para impedir su flujo.)

8. VUELVE A APLICARTE EL ANILLO SI ES NECESARIO: el hombre debe volver a aplicarse el anillo de los dedos si pierde la erección (aunque generalmente la calidez y suavidad de la vagina de su compañera serán suficiente para mantenerla).

nes y un acortamiento de los testículos. Si experimentas estos síntomas, debes consultar con tu médico. Actualmente, la terapia de testosterona para hombres es relativamente simple y eficaz.

El popular medicamento Viagra también puede ayudar a los hombres que sufren problemas de erección. Tomado una hora antes del encuentro sexual, mejora el flujo de sangre hacia el pene y la capacidad de conseguir y mantener la erección.

Si descubres que tu impotencia es permanente, debes considerar la posibilidad de tener un problema fisiológico. Aproximadamente un 80 por 100 de las veces la impotencia completa es consecuencia de un problema médico, y en la mayoría de los casos puede ser tratada. También debes consultar la lista de medicamentos que facilitamos en el Capítulo 2, que a menudo reducen la capacidad orgásmica y la erección. Puedes aplicarte un sencillo test en tu propia casa para ver si tienes erecciones mientas duermes, como les ocurre a la mayoría de los hombres cuando sueñan. Humedece una tira de sellos y rodea con ella la base de tu pene flácido. Si cuando despiertes por la mañana la tira está rota, has tenido una erección normal. Si la tira de sellos está intacta, debes buscar ayuda médica.

EYACULAR CUANDO UNO SE HACE MAYOR

A medida que el hombre envejece, generalmente su deseo de eyacular disminuirá. De hecho, a medida que se hace mayor y su apetito sexual se reduce, el hombre puede retardar la eyaculación mucho más que cuando era joven. Uno de los beneficios de retrasar la eyaculación es que resulta más fácil hacerse multiorgásmico. En un reciente estudio dirigido por Marion Dunn y Jan Trost, la mitad de los hombres se habían hecho multiorgásmicos después de cumplir los treinta y cinco años. Muchos de ellos ya tenían más de cincuenta años y seguían en plena forma. La capacidad de retardar la eyaculación también puede ayudar a los hombres mayores a satisfacer a sus parejas[9].

Muchos hombres mayores descubrirán que ya no desean eyacular con tanta frecuencia como cuando eran jóvenes. Según el Tao, éste es un cambio natural y deseable. Masters y Johnson subestimaron el hecho de que los hombres no necesitan eyacular cada vez que hacen el amor, especialmente después de cumplir los cincuenta años[10]. Además, la fuerza de la eyaculación masculina decrece con la edad y el hombre necesita más tiempo para recuperar la erección después de haber eyaculado (período refractario).

Como mencionamos en el Capítulo 1, el famoso médico chino Sun Ssu-miao recomendó que los hombres de cuarenta años no eyacularan más de una vez cada diez días, que los hombres de cincuenta no eyacularan más de una vez cada veinte días, y que los hombres de más de sesenta años no eyacularan en absoluto. Recuerda que esto no te impide tener todos los orgasmos que quieras, y cuando puedes tener orgasmos sin eyacular, raras veces anhelas la eyaculación. Tendrás todo el placer que desees sin necesidad de sentirte agotado.

Sin embargo, las recomendaciones de Sun Ssu-miao no pasan de ser meras indicaciones. La medida fundamental que debes emplear para determinar con qué frecuencia eyacular es la sensación corporal que sientes. Cuando eyacules, debes sentirte fresco y ligero, vigoroso en lugar de irritado.

Puede que desees reducir la frecuencia de la eyaculación cada pocos años, pero escucha lo que tu cuerpo tiene que decirte. Y, por favor, recuerda que si eyaculas, no debes castigarte ni culpar a tu compañera. Da la bienvenida a las sensaciones placenteras y disfrútalas. El intercambio amoroso y la alegría del encuentro son mucho más importantes que el hecho de eyacular o no eyacular. Ningún hombre debe vivir con tensión la frecuencia de sus eyaculaciones, ni obsesionarse con ello. El objetivo del amor sanador no es dominar la práctica por sí misma, sino usarla para tu placer, salud y desarrollo espiritual.

Salud sexual para parejas de personas mayores

Hemos expuesto una serie de cambios que influyen en tu salud sexual y en la de tu pareja a medida que envejecéis. Hemos sugerido una serie de maneras de afrontar los cambios que se producen para poder mantener una vida amorosa sana y vibrante. También es importante mencionar que tu salud física general es esencial para la salud sexual. Los problemas cardiovasculares, por ejemplo, son la causa más frecuente de la impotencia masculina.

Un cuerpo sano y la evitación o reducción del consumo de tabaco y alcohol pueden aumentar considerablemente las posibilidades de mantener una vida sexual larga y satisfactoria. La práctica regular de ejercicios físicos también ayuda a prevenir y tratar enfermedades graves como la presión sanguínea alta, la diabetes y las enfermedades coronarias, que pueden comprometer seriamente tu vida sexual. También se ha comprobado que el ejercicio aumenta el apetito sexual tanto en los hombres como en las mujeres.

El sexo mismo es una excelente manera de hacer ejercicio. Curiosamente, también es la mejor manera de elevar el nivel de testosterona de un modo natural (es decir, sin tomar hormonas adicionales), tanto en los hombres como en las mujeres. En realidad el sexo aumenta las hormonas sexuales y el apetito sexual. Cuanto más sexo tengas, más querrás.

En realidad el sexo aumenta las hormonas sexuales y el apetito sexual.

Lo contrario también es cierto: si pasas largos períodos de tiempo sin actividad sexual, sentirás menos deseo. Por esta razón debes intentar mantener actividad sexual con toda la frecuencia que puedas, como mínimo una vez a la semana. Si tu pareja no está disponible o está enferma, debes practicar el cultivo solitario. Considéralo como medicina preventiva. Como explica Theresa Crenshaw: «Tanto los hombres como las mujeres que disfrutan frecuentemente del sexo retienen esta capacidad cuando se hacen mayores. Sin embargo, después de los sesenta años, si el hombre o la mujer interrumpe su actividad sexual durante un período prolongado —a veces de unos pocos meses—, la capacidad sexual desaparece rápidamente» [11]. En resumen, como dice el refrán: «Si no lo usas, lo perderás».

Por último, si tu pareja o tú estáis tomando medicamentos, es importante comprobar que no os causan problemas sexuales. Se calcula que una cuarta parte de los casos de impotencia tienen su origen en las medicinas que toman los hombres para tratar las enfermedades coronarias, la presión sanguínea, la depresión y otros cuadros médicos. Los mismos medicamentos pueden causar problemas a las mujeres; entre otros, la incapacidad de tener orgasmos. Hay otros medicamentos que no afectan negativamente al apetito sexual, e incluso pueden llegar a aumentarlo. Asegúrate de preguntarle directamente a tu médico si los medicamentos que te receta tendrán algún efecto secundario en tu vida sexual. Al final del Capítulo 2 se facilita una lista de los medicamentos más comunes que alteran la función sexual.

Mantener la carga

Como mencionamos anteriormente, las diferencias hormonales entre el hombre y la mujer disminuyen con la edad. En el lenguaje del Tao, a medida que el hombre se hace más yin y la mujer más yang, la polaridad energética entre ambos se reduce. Aunque esto puede hacer que tu pareja y tú seáis más compatibles en la cama y en la vida en general, también puede reducir la atracción o la carga existente entre vosotros.

Según el Tao, nuestra atracción hacia la otra persona está basada en parte en la fuerza de esta carga yin-yang. Cuanto más fuerte sea la carga, más intensa será la pasión. La reducción de la carga es una de las razones por las que las relaciones se vuelven menos excitantes, y esta misma razón explica que la pasión se reactive cuando uno de los miembros de la pareja ha estado de viaje. La separación tiende a recargar la polaridad. Muchas parejas también descubren que dormir en camas o en habitaciones separadas durante algún tiempo aumenta la carga y la atracción mutua.

Cuando un hombre eyacula, pierde buena parte de su carga yang; por tanto, a medida que el hombre aprende a controlar la eyaculación, las parejas perciben que su polaridad aumenta. Además, la práctica del amor sanador, en la que aprendemos a hacer circular y a intercambiar energía sexual, nos ayudará mucho a mantener la carga eléctrica y la pasión sexual de nuestra relación.

Hacer el amor durante toda una vida

- Mantén contacto sexual (con tu pareja o contigo mismo) tan frecuentemente como puedas para mantener tu equipo sexual y tus hormonas en óptimas condiciones; idealmente, al menos una vez por semana.

- Toca y recibe el toque de tu pareja con frecuencia para mantener el nivel de oxitocina y para que pueda fluir el afecto mutuo.

- Si eres hombre, asegúrate de recibir suficiente estimulación genital.

- Emplea la técnica de la entrada suave cuando sea necesaria.

- Si eres mujer, asegúrate de tener suficiente lubricación.

- Plantéate la posibilidad de recibir terapia hormonal.

- El hombre debe reducir el número de eyaculaciones.

- Mantén la polaridad sexual con tu pareja.

- Evita el tabaco, el alcohol y los medicamentos que afectan negativamente la función sexual.

Evita aumentar tus expectativas

Los taoístas creían que el encuentro sexual podía continuar mejorando durante toda la vida, y se dedicaron a explorar las alturas del placer y de la intimidad sexual. En este libro hemos presentado nuevas alturas del encuentro sexual, pero queremos resaltar la importancia de no exagerar tus propias expectativas y las de tu pareja. Tu pareja y tú podréis experimentar esas cumbres cuando ambos estéis preparados. Evitad cargaros de expectativas y no penséis que cuando se hace el amor hay un objetivo que alcanzar.

Con cada nuevo «descubrimiento innovador» sobre la sexualidad femenina que se ha venido produciendo —desde el «hallazgo» de los orgasmos femeninos, hasta el punto G o el potencial multiorgásmico— las mujeres han sido llamadas a experimentarlo, arriesgándose, en caso de no hacerlo, a ser consideradas sexualmente inadecuadas. Al introducir la posibilidad de los múltiples orgasmos masculinos en nuestro primer libro, insistimos en que los hombres no debían incrementar sus expectativas ni las de sus compañeras. El hecho de saber de la existencia de las alturas sexuales ayuda a la gente a escalarlas, pero la expectativa de llegar a la cima en cada ocasión impone una carga exagerada e innecesaria.

En este libro hemos expuesto numerosas posibilidades sexuales que están a disposición de hombres y mujeres, con la esperanza de que dichas opciones añadan alegría y satisfacción a tu vida amorosa. Esperamos que las explores con un espíritu juguetón y aventurero. Las técnicas taoístas reciben el nombre de amor sanador porque lo más importante es enfocarse en la sanación y en el amor. Si te centras en el deseo de amar y sanar a tu pareja, juntos alcanzaréis las placenteras cumbres del amor.

Las artes de alcoba pueden cultivarse a lo largo de toda la vida. No esperes aprenderlas de un día para otro, y tampoco esperes que cada encuentro sexual sea una obra maestra. Excítate mucho, pero mantén a raya tus expectativas. Evitad tomaros a vosotros mismos o vuestra práctica demasiado en serio. No os olvidéis de jugar uno con el otro y de hacer el amor de manera divertida además de profunda.

El verdadero secreto de la sexualidad

El verdadero secreto del Tao es que no hay objetivos, ni en la vida ni cuando hacemos el amor. La vida es un misterio que se despliega continuamente ante nosotros, lo mismo que nuestras relaciones mutuas. Los orgasmos múltiples pueden, evidentemente, cambiar nuestra manera de hacer el amor, pasando del objetivo único y urgente de conseguir el orgasmo al extático proceso de hacer el amor íntimamente, conociendo y siendo conocido por nuestra pareja. En definitiva, el amor sanador no se basa en la cantidad de orgasmos que uno tiene, sino en la cualidad del amor y de la sanación que experimentamos en la relación con nuestro compañero o compañera. Cuando puedes tener todos los orgasmos que deseas, llegas a darte cuenta de que las pulsaciones orgásmicas mismas no son sino una parte de un continuo proceso de armonización con la pareja y con el mundo.

De acuerdo con el Tao y también con la física moderna, el mundo está pulsando constantemente. Cuando hacemos el amor, nos «hacemos uno» no sólo con nuestra pareja, sino con el mundo y sus pulsaciones.

Cuando puedes tener todos los orgasmos que deseas, llegas a darte cuenta de que las pulsaciones orgásmicas mismas no son sino una parte de un continuo proceso de armonización con la pareja y con el mundo.

Compartir secretos

La filosofía y las prácticas que hemos enseñado en este libro fueron secretos celosamente guardados durante miles de años. Las hemos compartido porque creemos que pueden beneficiar a nuestra cultura humana en general. Son de-

La auténtica sanación para nosotros mismos y para el mundo debe comenzar en el dormitorio, porque es en el dormitorio donde el amor y el sexo nos llevan a concebir y gestar la generación siguiente.

masiadas las culturas de todo el mundo que han perdido su sabiduría sexual; como consecuencia, la mayoría nos hemos quedado buscando el placer y la satisfacción a tientas en medio de la oscuridad. Según el Tao, nuestra sexualidad es la base de nuestra salud general. La auténtica sanación para nosotros mismos y para el mundo debe comenzar en el dormitorio, porque es en el dormitorio donde el amor y el sexo nos llevan a concebir y gestar la generación siguiente.

Esperamos que respetes el poder de estas prácticas y que no les des menos valor porque no has tenido que estudiar durante muchos años con un maestro taoísta para aprenderlas. Si las acoges, os ofrecerán a ti y a tu pareja grandes tesoros de alegría y placer. Te animamos a leerlas, releerlas y compartirlas con tu pareja (y otras personas que en tu opinión se puedan beneficiar de ellas). Esperamos que encuentres en estas enseñanzas una fuente de amor sanador con tu pareja que transforme vuestra relación mutua y vuestro vínculo con el mundo.

INTRODUCCIÓN

[1] Alfred Kinsey fue el primero en informar de que los hombres pueden tener múltiples orgasmos. Para ampliar datos sobre sus investigaciones pioneras véase el Capítulo 1, o su libro, que ya se ha convertido en todo un clásico: Alfred C. Kinsey, Wardell B. Pomeroy y Clyde E. Martin, *Sexual Behaviour in the Human Male* (Filadelfia: W.B. Saunders, 1948), páginas 158-9. William Hartman y Marilyn Fithian fueron los primeros en documentar los múltiples orgasmos masculinos en laboratorio. Véase la obra de Hartman y Fithian *Any Man Can: The Multiple Orgasmic Technique for Every Loving Man* (Nueva York: St. Martin Press, 1984), o nuestra obra *El hombre multiorgásmico* Neoperson, Madrid, 1997 para más detalles sobre los múltiples orgasmos en el hombre.

CAPÍTULO 1

[1] Según la decimotercera edición de *Smith's General Urology*, las características del orgasmo son: «contracciones rítmicas involuntarias del esfínter anal, hiperventilación [aumento del ritmo respiratorio], taquicardia [aumento del ritmo cardíaco], y aumento de la presión sanguínea». Véase *Smith's General Urology*, decimotercera edición, ed. Emil A. Tanagho y Jack W. McAninch (Norwalk, CT: Appleton and Lange, 1992), p. 710.

[2] Alfred C. Kinsey, Wardell B. Pomeroy y Clyde E. Martin, *Sexual Behaviour in the Human Male* (Filadelfia: W.B. Saunders, 1948), páginas 158-9.

[3] Kinsey *et al.*, *Human Male*, páginas 158-9.

[4] Herant A. Katchadourian, *Fundamentals of Human Sexuality*, cuarta ed. (Nueva York: Holt, Rinehart and Winston, 1985), p. 292.

[5] William Hartman y Marilyn Fithian, *Any Man Can: The Multiple Orgasmic Technique for Every Loving Man* (Nueva York: St. Martin Press, 1984), p. 157; Marion Dunn y Jan Trost, «Male Multiple Orgasms: A Descriptive Study», *Archives of Sexual Behaviour* 18, número 5 (1989): 382.

[6] La eyaculación femenina ha sido estudiada y demostrada en laboratorio a lo largo de los últimos veinte años a partir de la publicación del libro que popularizó su existencia: *El punto «G»*, de Alice Kahn Ladas, Beverly Whipple y John D. Perry Grijalbo Mondadori, Barcelona, 1996. Los taoístas han descrito desde siempre que la mujer tiene tres aguas (la primera es la lubricación; la segunda, el orgasmo, y la tercera, la eyaculación), que generalmente se experimenta como una copiosa cantidad de fluidos, aunque también hay algunas mujeres que vierten literalmente un chorro de líquido.

CAPÍTULO 2

[1] P. Blumstein y P. Schwartz (1983), citado en Julia R. Heiman y Joseph LoPiccolo, *Para alcanzar el orgasmo*, Grijalbo Mondadori, Barcelona, 1996.

[2] El punto G recibe su nombre del doctor Ernst Gräfenberg, el primer médico moderno que lo describió.

[3] Algunos investigadores sexuales comparan el punto G con la próstata masculina, ya que se derivan del mismo tejido embrionario y ambos están hechos de glándulas y conductos, se hinchan cuando son estimulados y producen secreciones. Aunque la eyaculación fe-

menina es un fenómeno escaso, la liberación de fluidos desde la uretra en el momento del orgasmo es parte natural de la respuesta sexual de algunas mujeres.

[4] Beverly Whipple, William E. Hartman y Marilyn A. Fithian, «Orgasm», en *Human Sexuality: An Encyclopedia*, ed. Vern L. Bullogh y Bonnie Bullogh (Nueva York: Garland Publishing, 1994), p. 432.

[5] William Masters and Virginia Johnson, *Human Sexual Response* (Boston: Little, Brown, 1966).

[6] Beverly Whipple, Gina Ogden y Barry S. Komisaruk, «Physiological correlates of imagery induced orgasm in women», *Archives of Sexual Baheviour*, 21, n.º 2 (1992): 121-133.

[7] Tomar un vaso de vino, una cerveza o una copa al día es beneficioso para la salud, y es improbable que resulte dañino a menos que exista un historial previo, personal o familiar, de abuso del alcohol. Sin embargo, el alcohol puede deteriorar la respuesta sexual y te sugerimos que no lo utilices regularmente para ponerte en un estado de ánimo propicio.

[8] Beverly Whipple, citado en Anne Vachone, «Multiple Orgasms: Why One Orgasm is Never Enough: Cosmo's Guide to Making Orgasms Happen and Happen and Happen», *Cosmopolitan*, julio de 1998, página 156.

[9] Arnold Kegel fue el médico que sugirió el empleo de estos ejercicios por primera vez en 1948 para fortalecer los músculos vaginales y para tratar la incontinencia.

[10] Carol Anderson Darling, Jay Kenneth Davidson y Donna A. Jennings, «The Female Sexual Response Revisited: Understanding the Multi-Orgasmic Experience en Women», *Archives of Sexual Behaviour* 20, n.º 6 (1991), página 529.

[11] Julia Heiman y Joseph LoPiccolo, *Para alcanzar el orgasmo*, Grijalbo Mondadori, Barcelona, 1989.

[12] Darling et al., «Female Sexual Response Revisited», p. 529.

[13] Citado en Susan Bakos, «Just When You Thought You Knew All There Was to Know About Orgasm», *Cosmopolitan*, agosto de 1996, p. 148.

[14] Alan P. Brauer y Donna J. Brauer, *The ESO Ecstasy Program: Better, Safer Sexual Intimacy and Extended Orgasmic Response* (Nueva York: Warner Books, 1990), páginas 103-9.

[15] Brauer y Brauer, *ESO Ecstasy Program*, pág. 70.

[16] Joy Davidson, «You Always Have Orgasm... Then Suddenly You Don't», *Cosmopolitan*, diciembre de 1996, página 90.

[17] Algunos DIU liberan progesterona en el útero y pueden tener pequeños efectos en el apetito sexual. Hay DIU disponibles sin componentes hormonales.

[18] Aunque no incrementa el riesgo de enfermedades de transmisión sexual, el DIU puede hacer que, en caso de contraer una infección, ésta sea mucho más severa. Una infección del útero y de las trompas de Falopio (enfermedad inflamatoria pélvica) puede dejar heridas que comprometan la fertilidad futura.

[19] Linda DeVillers, citada en «Sexual Satisfaction Guaranteed», *Redbook*, noviembre de 1996, página 74.

CAPÍTULO 3

[1] Felice Dunas, *Passion Play* (Nueva York: Riverhead Books), p. 53.

CAPÍTULO 4

[1] Véase el excelente libro de Theresa Crenshaw, *La alquimia del amor y del deseo*, Grijalbo Mondadori, Barcelona, 1997.

[2] Crenshaw, *La alquimia del amor y del deseo*, Grijalbo Mondadori, Barcelona, 1997.

[3] Crenshaw, *La alquimia del amor y del deseo*, Grijalbo Mondadori, Barcelona, 1997.

⁴ Robert T. Michael, John H. Gagnon, Edward O. Laumann y Gita Kolata, *Sex in America* (Boston: Little, Brown and Company, 1994), páginas 158-65.

⁵ P. Blumstein y P. Schwartz, citado en *Para alcanzar el orgasmo*, Grijalbo Mondadori, Barcelona, 1989, de Julia R. Heinman y Joseph LoPiccolo.

CAPÍTULO 5

¹ Susan Crain Bakos, «Just When You Thought You Knew All There Was to Know About Orgasm», *Cosmopolitan*, agosto 1996, página 148.

² Aunque en el estudio no queda claro si los hombres eyaculaban cada vez, asumimos que lo hacían. Este estudio sugiere que el sexo eyaculatorio es mejor que la ausencia de sexo. Desde la perspectiva taoísta, el sexo habría sido más curativo si se hubiese minimizado la eyaculación. Bristish Medical Journal, 20 de diciembre de 1997, vol. 315, no.7123, p. 1641, «Sexo y muerte: ¿están relacionados? Descubrimientos del estudio Caerphilly Cohort.» George Davey Smith; Stephen Frankel; John Yarnell.

³ Theresa L. Crenshaw, *La alquimia del amor y del deseo*, Grijalbo Mondadori, Barcelona, 1997.

⁴ Daniel P. Reid, *El Tao de la salud, el sexo y la larga vida: un enfoque práctico y moderno de una antigua sabiduría*, Urano, Barcelona, 1990.

CAPÍTULO 6

¹ Theresa L. Crenshaw, *La alquimia del amor y del deseo*, Grijalbo Mondadori, Barcelona, 1997.

CAPÍTULO 8

¹ Estudio de *Consumer Report* expuesto en la obra de Herant A. Katchadourian, *Fundamentals of Human Sexuality*, cuarta edición (Nueva York: Holt, Rinehart and Winston, 1985), página 385.

² Para una descripción más completa de nuestras distintas etapas sexuales y de las últimas investigaciones hormonales, recomendamos decididamente el excelente trabajo de Theresa Crenshaw, en particular las «Etapas Sexuales», en *La alquimia del amor y del deseo*.

³ Citado en *Los Angeles Times*, 4 de junio de 1995.

⁴ Como ya hemos mencionado anteriormente, la testosterona es la fundamental responsable de la actividad de la libido femenina, pero el estrógeno suplementario tiene una función importante en el aumento del interés por la sexualidad y en la mejora de la capacidad orgásmica.

⁵ Aumento del deseo en el 90 por 100 de las mujeres; de la sensibilidad, en el 50 por 100 de las mujeres; de la frecuencia de los orgasmos, en el 30 por 100 de las mujeres, y de la intensidad del orgasmo, en el 40 por 100 de las mujeres. Véase Maida Taylor, «Sex, Drugs and Growing Old: Sexual Dysfunction in Premenopause, Menopause and Post-Menopause: Physiology, Psychology and Pharmacology» (trabajo presentado en Asuntos Corrientes dentro de la Conferencia de Salud Femenina, Sacramento, CA., 1999).

⁶ Estudios recientes cuestionan los beneficios de la terapia de remplazamiento de estrógenos para reducir las enfermedades coronarias, particularmente durante los dos primeros años de terapia. Como el campo de la terapia hormonal está evolucionando rápidamente, te sugerimos que consultes con tu médico para disponer de información actualizada.

⁷ Por desgracia, la testosterona oral reduce el buen colesterol y aumenta el colesterol malo. Además, aún no contamos con estudios a largo plazo que demuestren que mejora el apetito sexual después de los primeros tres meses. También se cuestiona su efecto sobre el cáncer de mama. La testosterona pronto podrá aplicarse externamente de forma que no afecte

a los niveles de colesterol. Si te interesa la terapia hormonal, por favor comenta con tu médico las opciones de que dispones actualmente.

[8] Los fitoestrógenos y las progesteronas naturales no aumentan la densidad de los huesos y no son tan eficaces como la terapia hormonal para aliviar los síntomas de la menopausia.

[9] Marion Dunn y Jan Trost, «Male Multiple Orgasms: A Descriptive Study», *Archives of Sexual Behavior*, 18, n.º 5 (1989), página 385.

[10] Masters y Johnson, *La sexualidad humana*, Grijalbo Mondadori, Barcelona, 1998, citado en la obra de Jolan Chang *El Tao del amor y del deseo*, Plaza & Janes Editores, Barcelona, 2000.

[11] Crenshaw, *La alquimia del amor y del deseo*, Grijalbo Mondadori, Barcelona, 1997.

Libros e instructores del Tao Sanador

Las prácticas del amor sanador presentadas en este libro forman parte de un sistema completo de desarrollo físico, emocional y espiritual llamado el Tao Sanador, que está basado en las enseñanzas de la tradición taoísta. A continuación facilitamos una lista de libros del Tao Sanador escritos por Mantak Chia.

Libros del Tao Sanador

Chia Mantak y Chia, Mannewan, *Chi Nei Tsang. Técnicas de masaje Chi para órganos internos*, Equipo Difusor del Libro, Madrid, 2000.

——, *Fusión de los cinco elementos*, Sirio, Málaga, 1996.

——, *Despierta la luz curativa*, Neo Person, Madrid, 1999.

Chia, Mantak y Li, Juan, *La estructura interna del Tai Chi: Tai Chi Chi Kung*, Sirio, Málaga, 1997.

Chia, Mantak y Winn Michael, *Secretos taoístas del amor*, Editorial Mirach, Madrid, 1991.

Chia, Mantak, *Amor curativo a través del Tao*, Editorial Mirach, Madrid, 1990.

——, *Automasaje Chi: sistema taoísta de rejuvecimiento*, Sirio, Málaga, 1990.

——, *Chi Kung camisa de hierro*, Sirio, Málaga, 1996.

——, *Despierta la energía curativa a través del Tao*, Equipo Difusor del Libro, Madrid, 2000.

——, *Sistemas taoístas para transformar el stress en vitalidad*, Sirio, Málaga, 1990.

Libros sobre sexualidad en general

Theresa L. Crenshaw, *La alquimia del amor y del deseo*, Grijalbo Mondadori, Barcelona, 1997.

Una maravillosa explicación del impacto que las hormonas tienen sobre nuestra sexualidad en las distintas etapas de nuestra vida. La doctora Crenshaw hace una investigación que es relevante para la vida cotidiana de las personas y presenta abundante información que todas las parejas deberían conocer.

Paul Joannides. *The Guide to Getting It On! America's Coolest & Most Informative Book About Sex*. Walport, OR: Goofy Foot Press, 1999.

La mejor guía sexual general que hemos hallado. Joannides ofrece más de seiscientas páginas de detallados y divertidos consejos sexuales. Tan legible como útil, el libro de Joannides te dice cómo hacer cosas de las que nunca has oído hablar con partes de tu cuerpo que tal vez ni siquiera sabías que tenías.

Alan P. Brauer y Donna J. Brauer. *The ESO Ecstasy Program: Better, Safer Sexual Intimacy and Extended Orgasmic Response*. Nueva York: Warner Books, 1990.

Los Brauers son dos pioneros de la investigación sexual que han estudiado la prolongación del placer orgásmico. Su programa y su libro de 1982, que fue un gran éxito de ventas, son excelentes guías para intensificar el placer.

Libros sobre sexualidad femenina

Mantak y Maneewan Chia. *Amor curativo a través del Tao*, Mirach, Madrid, 1990.

Una guía más avanzada para trabajar con la energía sexual femenina.

Julia R. Heiman y Joseph LoPiccolo, *Para alcanzar el orgasmo*, Grijalbo Mondadori, Barcelona, 1989.

El mejor programa que hemos encontrado para las mujeres que nunca han tenido un orgasmo.

Alice Kahn Ladas, Beverly Whipple y John D. Perry. *El punto «G»*, Grijalbo Mondadori, Barcelona, 2000.

Un clásico. Después de casi dos décadas este libro sigue teniendo gran cantidad de valiosos consejos sobre sexualidad femenina.

Cathy Winks. *The Good Vibrations Guide: The G-Spot*. San Francisco: Down There Press, 1998.

Una guía breve pero exhaustiva para descubrirte el punto G.

Joani Blank. *The Good Vibrations Guide: The Complete Guide to Vibrators*. Burlingame, CA: Down There Press, 1989.

SI NECESITAS QUE TE ECHEN UNA MANO

Libros sobre sexualidad masculina

Mantak Chia y Douglas Abrams. *El hombre multiorgásmico: secretos sexuales que todo hombre debe conocer*. Neoperson, Madrid, 1997.

Mantak Chia y Michael Winn. *Secretos taoístas del amor*, Mirach, Madrid, 1991.

Una guía más avanzada para trabajar con la energía sexual masculina.

Bernie Zilbergeld, *The New Male Sexuality*. Nueva York: Bantam Books, 1992.

Un libro valioso para entender la psicología y la biología sexual masculinas.

Libros sobre sexualidad taoísta

Felice Dunas. *Passión Play: Ancient Secrets for a Lifetime of Health and Happiness Through Sensational Sex*. Nueva York: Riverhead Books, 1997.

Una excelente explicación de la sexualidad taoísta y de su relación con la salud corporal en general; escrito por un conocido acupuntor.

Jolan Chang. *El Tao del amor y del deseo*, Plaza & Janes, Barcelona, 2000.

El primer libro que popularizó la sexualidad taoísta en Occidente. Más poético que práctico, pero maravilloso.

Daniel P. Reid. *El Tao de la salud, el sexo y la larga vida*, Urano, Barcelona, 1990.

El sexo sólo es un componente más dentro de esta útil guía de las prácticas taoístas para conseguir la salud y la longevidad. Lleno de antiguos ejercicios muy útiles que pueden ayudar al buscador moderno.

Joseph Kramer. *Fire on the Mountain: An Intimate Guide to Male Genital Massage*. Videocassette. EroSpirit Research, P.O. Box 3893, Oakland, CA., 94609.

Una soberbia guía del masaje de pene taoísta; el vídeo está hecho para parejas gays pero es igualmente útil para parejas heterosexuales.

Literatura erótica

Anaïs Nin. *Delta de Venus*, Plaza & Janes, Barcelona, 1990.

Sigue siendo un clásico del erotismo femenino. Una fiesta literaria para la imaginación.

Lonnie Barbach, *Interludios eróticos*, Martínez Roca, Barcelona, 1990.

Gran literatura erótica contemporánea desde la perspectiva femenina.

Lonnie Barbach, *The Erotic Edge: 22 Erotic Stories for Couples*. Nueva York: Penguin Books, 1996.

Historias eróticas de hombres y mujeres, geniales para compartir con tu pareja.

Susie Bright, *The Herotica Series: Collections of Women's Erotic Fiction*. Nueva York: Penguin, 1994.

Excelentes colecciones escritas por y para mujeres heterosexuales, lesbianas y bisexuales.

DESPIERTA LA LUZ CURATIVA *(Vídeo)*

Este vídeo te traslada directamente a los talleres que el maestro taoísta Mantak Chia imparte en el Healing Tao Center, y permite obtener la misma instrucción que reciben los estudiantes y discípulos que asisten en vivo a las enseñanzas del maestro.

Teoría y práctica de la energía curativa según las enseñanzas taoístas

MANTAK CHIA & MANEEWAN CHIA
Libro + 2 vídeos. Duración: 3 h. 30 minutos aprox.

Conjunto de dos vídeos que contienen completas y detalladas instrucciones para la práctica de la meditación orbital microcósmica, en la cual se fundamentan las más elevadas meditaciones y prácticas taoístas. Siguiendo estas sencillas meditaciones guiadas, experimentarás la circulación de la luz curativa (tu fuerza vital o chi) en su ascenso por tu columna vertebral y en su descenso por la parte anterior de tu cuerpo.